나의 생애와 사상

AUS MEINEM LEBEN UND DENKEN
Albert Schweitzer

나의 생애와 사상

알베르트 슈바이처 | 천병희 옮김

문예출판사

머리말

1929년 나는 펠릭스 마이너 출판사가 출판한 《철학자들 자신이 말하는 현대철학》 7권에서 나의 학문적 연구의 성립과 내용에 관하여 42쪽에 걸쳐 간략하게 발표한 적이 있다. 이 책에는 바우흐(예나), 제멜리(밀라노), 헤거슈트룀(웁살라)과 오스카 크라우스(프라하)의 글도 같이 실려 있었다.

이 글은 원래 철학을 전공하는 총서본 독자들을 위해 쓴 것이었는데, 동시에 단행본으로 나오자 나의 생애와 사상 일반에 관한 안내서가 아니냐는 오해를 여러 번 받았다. 그래서 나는 이 오해를 없애려고 이 책을 나의 학문적 연구뿐만 아니라 나의 생애와 사상 일반에 관해서도 보고하는 완전한 것으로 만들기로 했다.

1931년 7월 13일 랑바레네에서

알베르트 슈바이처

차 례

머리말   5
1. 어린 시절과 학창 시절   9
2. 파리와 베를린에서의 생활   25
3. 스트라스부르에서 활동하던 처음 몇 해   34
4. 성만찬과 예수의 생애에 관한 연구   42
5. 대학 강의와 《예수 생애 연구사》 집필기   60
6. 역사적 예수와 오늘의 기독교   71
7. 바흐에 관한 프랑스어 판과 독일어 판 책을 쓰다   81
8. 파이프오르간과 그 제작에 관하여   93
9. 원시림의 의사가 되겠다는 결심을 하다   110
10. 의학 공부를 하던 시절   126
11. 아프리카로 떠나기에 앞서   141

12. 의학 공부를 하던 시절에 쓴 몇 가지 책   148
13. 아프리카에서의 첫 번째 활동   178
14. 가레종과 생 레미에서의 수용소 생활   206
15. 다시 알자스로   219
16. 의사 겸 성 니콜라이 교회 목사로 일하던 시절   226
17. 아프리카 회고록   233
18. 귄스바흐와 외국 여행   243
19. 아프리카에서의 두 번째 활동   254
20. 유럽에서 보낸 2년과 아프리카에서의 세 번째 활동   263

맺음말   271
옮긴이의 말   299

I
어린 시절과 학창 시절

나는 1875년 1월 14일 고지 알자스 카이저스베르크에서 교구 목사 루트비히 슈바이처의 둘째 아이로 태어났다. 아버지는 그곳 가톨릭 지역 내의 소수파인 신교도들을 위하여 교회 일을 보았다.

할아버지는 저지 알자스 파펜호펜에서 학교 교사 겸 교회의 파이프오르가니스트로 일했다. 할아버지의 세 형제들도 모두 같은 직업에 종사했다. 결혼하기 전 이름이 아델레 실링어였던 어머니는 뮌스터 계곡(고지 알자스) 뮐바흐의 목사 딸이었다.

내가 태어난 지 2, 3주 지난 후에 아버지는 뮌스터 계곡의 귄스바흐로 옮겨갔다. 그곳에서 나는 누이 셋과 남동생 하나와 함께 행복한 어린 시절을 보냈다. 다만 아버지께서 가끔 편찮으셔서 우리들을 우울하게 만들었다. 나중에 아버지의 건강은 많이 회복되어서 전쟁중에는 정정한 70 노인의 몸으로 보주 산에서 계곡을 향하여 내리쏘는 프랑스 군의 포화에도 아랑곳없이 자신의 교구를 돌보았다. 이 포화로 말미암아 귄스바흐의 가옥과 주민들이 얼마나 많이 희생되었는지 모른다.

아버지는 1925년 고령으로 세상을 떠났다. 어머니는 1916년 귄스바흐에서 바이어로 가는 계곡 길 위에서 군마(軍馬)에 짓밟혀 세상을 떠났다.

내가 다섯 살이 되자 아버지는 외할아버지에게 물려받은 낡은 사각형 피아노로 내게 피아노를 가르치기 시작했다. 아버지의 음악적 기량은 대단한 것이 못 되었으나 즉흥 연주는 참으로 일품이었다. 일곱 살 때 나는 학교에서 자작한 화음을 붙여가며 하모늄(페달식 오르간)으로 찬송곡들을 연주하여 여선생님을 놀라게 했다. 여덟 살 때는 다리가 페달에 닿을까말까 했지만 파이프오르간을 연주하기 시작했다.

파이프오르간에 대한 나의 정열은 외할아버지에게서 물려받은 것이다. 외할아버지는 파이프오르간 연주와 그 제작에 관심이 대단했으며, 어머니가 전하는 바로는 훌륭한 즉흥 연주자였다고 한다. 어느 도시를 가든 그는 먼저 그곳 파이프오르간에 관해 알려고 했으며, 루체른 대성당에 유명한 파이프오르간이 설치될 때도 제작 과정을 보려고 일부러 그곳에 갈 정도였다.

아홉 살 때 처음으로, 예배를 볼 때 파이프오르가니스트를 대신해도 좋다는 허락을 받았다.

1884년 가을까지 나는 귄스바흐의 마을학교에 다녔다. 그 다음에는 뮌스터에 있는 실업학교(고전어를 가르치지 않는 중학교)를 일년 동안 다녔다. 그곳에서 라틴어 개인 지도를 받으며 고등학교 5급반에 들어갈 준비를 했다. 1885년 가을, 알자스의 뮐하우젠 고등학교에 들어갔다. 할아버지의 이복형제이며 나의 대부인 루트

비히 슈바이처는 그곳 초등학교 교장이었는데 나를 자기 집에서 지낼 수 있게 해주었다. 그렇지 않았더라면 박봉으로 대가족을 부양해야 하는 아버지의 처지로는 나를 고등학교에 보내지 못했을 것이다.

슬하에 자녀가 없는 이 할아버지 댁에서 받은 엄격한 훈련은 내게 퍽 도움이 되었다. 이분들이 내게 베풀어준 호의를 생각할 때마다 진심어린 감사를 표하지 않을 수 없다.

읽기와 쓰기를 그리 쉽게 배운 것은 아니었지만, 그래도 마을학교와 실업학교에서는 그럭저럭 따라가는 편이었다. 그러나 고등학교에 입학한 후 처음 한동안은 성적이 좋지 못했다. 그것은 내가 게으르고 공상을 즐기기 때문만은 아니었고 개인 지도를 통하여 준비한 나의 라틴어 실력이 5급반을 따라가기에는 불충분했다는 데도 그 원인이 있었다.

4급반 때 담임이었던 베만 박사는 내게 올바른 학습 방법을 가르쳐주었고 어느 정도 자신을 갖도록 해주었는데 그제서야 비로소 성적이 나아졌다. 나는 그가 수업에 들어오기 전에 언제나 세심한 준비를 해가지고 온다는 사실에 매우 감명을 받았다. 그는 내게 의무 완수의 본보기가 되었다.

나는 훗날 그를 여러 번 찾아갔다. 전쟁이 끝날 무렵 그가 마지막으로 살았던 스트라스부르를 방문했을 때 나는 즉시 그의 안부를 물어보았다. 그러나 그가 굶주리다 정신질환에 걸려 자살했다는 소식을 들었다.

뮐하우젠 시절의 음악 교사는 그곳 성 슈테판 신교교회의 젊은 파이프오르가니스트 오이게네 뮌히였다. 그는 베를린 음악대학을 갓 졸업한 사람이었는데 당시 고개를 들기 시작한 바흐 열정에 사로잡혀 있었다. 내가 성 토마스 교회 합창 지휘자(바흐)의 작품을 일찍부터 알게 되고 열다섯 살 때부터 훌륭한 파이프오르간 교습을 받을 수 있었던 것은 그의 덕분이었다.

오이게네 뮌히가 1898년 가을 한창 나이에 티푸스로 세상을 떠나자 나는 그의 모습을 프랑스어로 쓴 조그마한 책자 속에 고이 간직했다. 이 책자는 뮐하우젠에서 출판되었는데 활자화된 나의 첫 저술이었다.[1]

고등학교에서는 주로 역사와 자연과학에 흥미를 느꼈다. 역사 선생은 카우프만 박사였는데 그는 역사가 브레슬라우와 형제간이었다. 자연과학은 푀르스터 박사가 아주 잘 가르쳐주었다.

어학과 수학에서는 좋은 성적을 올리려면 노력해야 했다. 그러나 시간이 지남에 따라 차차 특별한 소질이 없는 과목을 마스터하는 데 매력을 느끼게 되었다. 그 결과 상급반에 올라가서는 최우등생은 못 되어도 우수한 축에는 끼게 되었다. 그러나 내 기억이 틀림없다면 작문은 으레 일등이었다.

1급반에서는 뤼베크 출신의 훌륭한 교장 선생 빌헬름 데케에게서 라틴어와 그리스어를 배웠다. 그는 무미건조한 언어학자로서만 가르친 것이 아니라 고대철학을 소개해주었고 동시에 근대사

---

[1] 《오이게네 뮌히(Eugène Munch)》, 28쪽, 1898년에 익명으로 알자스 뮐하우젠 브링크만 출판사에서 간행되었다.

상에 대한 전망도 가질 수 있게 해주었다. 그는 쇼펜하우어의 열렬한 지지자였다.

1893년 6월 18일 나는 졸업시험에 합격했다. 필기시험은 별로 잘 보지 못한 편이었다. 작문 역시 마찬가지였다. 그러나 구두시험에서는 역사에 관한 지식과 판단으로 고시 위원장—스트라스부르 출신의 교육감 알브레히트 박사가 고시 위원장이었다—의 주목을 끌었다. 그가 이유를 들며 제의한 역사 "수"가 다른 과목은 평범하기 짝이 없는 나의 졸업증서를 잘 장식해주었다.

그해 10월 나는 파리에서 장사를 하던 백부님 덕택으로 파리의 파이프오르간의 거장 샤를 마리 위도르에게서 사사하게 되었다. 그는 보통 음악학교에서 파이프오르간을 전공하는 학생 이외에는 다른 학생을 가르치지 않았지만, 내 연주를 듣고 나더니 제자로 받아주었다. 뮐하우젠 시절의 선생님에게서 훌륭한 예비 교육을 받은 덕분이었다.

위도르 교수와의 만남은 나에게는 말할 수 없이 중대한 사건이었다. 그는 기교를 심화하고 연주의 완전한 조각성을 추구하도록 지도해주었다. 동시에 나는 그의 지도로 음악에서의 건축적인 의미를 알게 되었다.

1893년 10월 말 나는 스트라스부르 대학에 입학했다. 그리고 성 토마스 신학기숙사(콜레기움 빌헬르미타눔)에 들어갔다. 사감은 박식한 알프레드 에리히존 목사였다. 당시 그는 칼뱅 전집을 출판하는 사업을 완성하느라 여념이 없었다.

스트라스부르 대학은 당시 전성기였다. 교수도 학생도 전통의 구애를 받지 않고 근대적 이념을 구현하려고 함께 노력했다. 교수진에서 늙은 교수는 찾아볼 수 없었다. 어디서나 싱싱한 젊음을 호흡할 수가 있었다.

나는 신학부와 철학부 강의를 동시에 들었다. 고등학교에서는 히브리어 기초만을 배웠기 때문에 첫 학기는 헤브라이쿰(히브리어 예비 시험)을 준비하는 데 보냈다. 많은 고생 끝에 1894년 2월 17일 이 시험에 합격했다. 훗날 나는 이 힘겨웠던 과목을 다시 정복해보고 싶은 충동을 느꼈기 때문에 이 언어에 대한 훌륭한 지식을 습득할 수가 있었다.

헤브라이쿰 때문에 늘 걱정이 되긴 했지만 그래도 하인리히 율리우스 홀츠만의 공관복음서(共觀福音書)―처음 세 복음서 즉, 〈마태복음〉, 〈마가복음〉, 〈누가복음〉―저자에 관한 강의와 빌헬름 빈델반트와 테오발트 치글러의 철학사 강의를 열심히 들었다.

1894년 4월 1일부터 군복무가 시작되었다. 그러나 중대장―이름이 크롤이었다―의 호의로 일상 근무 시간에도 거의 매일같이 2시경에는 대학에 가서 빈델반트의 강의를 들었다.

1894년 가을 호호펠덴 지방(저지 알자스)에 기동훈련을 나갔을 때는 배낭에 그리스어 성서를 넣어가지고 갔다. 장학금을 타려는 신학생들은 겨울학기 초에 세 과목의 시험에 합격해야 했지만, 군복무 중인 학생은 한 과목만 합격하면 되었다. 나는 공관복음서를 택했다.

나는 존경하는 홀츠만 교수의 과목에 나쁜 성적으로 합격하고 싶지는 않았기 때문에 기동훈련 때도 그리스어 성서를 넣어가지고 갔던 것이다. 당시에는 피로를 모를 만큼 건강했기 때문에 밤에나 휴일에도 공부를 했다. 여름 동안 나는 홀츠만의 주석을 모두 공부했다. 그래서 다음은 원문 지식을 얻어가지고 그의 주석과 강의를 내가 어느 정도 기억하는지 검토해보고 싶었다.

그런데 이상한 일이었다. 홀츠만의 마가 가설(假說)―〈마가복음〉이 가장 오래된 복음이며 그 원안이 〈마태복음〉과 〈누가복음〉의 기초를 이룬다는 이론―은 학계의 인정을 받았다. 그렇다면 예수의 활동은 〈마가복음〉만으로 이해할 수 있다는 결론은 당연한 것으로 보였다. 그런데 구겐하임 마을에서 보낸 어느 휴일날 〈마태복음〉 10장과 11장에 몰두하던 중 〈마태복음〉의 이 두 장에만 기록되고 〈마가복음〉에는 기록되지 않은 부분이 있다는 사실을 알고는 이 결론에 심한 곤혹을 느끼지 않을 수 없었다.

〈마태복음〉 10장에는 열두 제자를 내보내는 이야기가 기록되어 있다.

예수는 그들을 내보내며 머지않아 심한 박해를 받게 될 것이라고 예언한다. 그러나 그들에게는 아무런 일도 일어나지 않았다.

예수는 또한 그들이 이스라엘의 도시를 다 돌기 전에 인자(人子)가 나타날 것이라고 말했는데, 그것은 그들이 이스라엘의 도시를 다 돌기 전에 초자연적인 메시아 왕국이 도래할 것이라는 뜻임에 틀림없다. 따라서 예수는 그들이 돌아오리라고는 전혀 기대하지 않았다.

예수는 왜 이야기의 나머지 부분에서 이루어지지 않는 일들을 제자들에게 예기하게 했을까?

홀츠만은 그것이 예수의 역사적인 말씀이 아니라 예수의 사후 〈예수의 말씀〉에서 수록한 것이라고 해명하지만 나는 여기에 만족할 수가 없었다. 설마 실현되지 않은 말을 후세 사람들이 예수로 하여금 말하게 하지는 않았을 것이다.

이 간결한 원문을 볼 때 예수는 실제로 제자들이 박해를 받게 되고 이어서 곧 초자연적인 인자가 나타날 것이라고 예견했으나 그의 예견은 뒤따라 일어난 사건에 의하여 옳지 않았음이 밝혀졌다고 가정하지 않을 수 없었다. 그렇다면 그는 어떻게 해서 그와 같은 예견을 하게 되었으며, 자기가 생각했던 것과 다른 결과가 나타났을 때 그의 감정은 어떠했을까?

〈마태복음〉 11장은 세례 요한이 예수에게 한 질문과 그에 대한 예수의 답변에 관해 이야기해준다. 여기서도 홀츠만과 주석자들은 대체로 원문의 수수께끼를 충분히 인식하지 못하는 것 같았다. 세례 요한이 예수에게 '오실 그분'이 당신이냐고 물었을 때 세례 요한은 누구를 두고 말하는 것일까? '오실 그분'이란 오직 메시아만을 뜻하는 것일까 하고 자문해보지 않을 수 없었다.

후기 유대교 메시아 교리에 따르면 메시아가 출현하기 전에 그의 선행자로 부활한 엘리야가 오도록 되어 있다. 예수가 제자들에게 세례 요한이 곧 오게 되어 있는 엘리야라고 말한다면(〈마태복음〉 11장 14절), 예수는 '오실 그분'이란 표현을 앞서 올 엘리야에게 적용하고 있다. 그러므로 나는 세례 요한도 예수에게 질문을 했을 때 이 표현을 같은 의미로 사용했을 것이라는 결론을 내렸다. 요한이 제자들을 보낸 것은 예수가 메시아인지 물어보기 위해서가 아니었다. 좀 이상하게 들릴지 모르지만 그가 알고자 했던 것은 예수가 고대하던 메시아의 선구자인 엘리야인가 하는 것이었다.

그렇다면 왜 예수는 그의 질문에 명확한 답변을 하지 않는 것일까? 분명치 않은 답변을 하여 그의 신앙을 시험해보려 했다는 해석은 우리를 당혹케 할 뿐이며, 이로 말미암아 그릇된 설교가 수없이 행해졌던 것이다. 예수는 아직도 자기가 누구라는 것을 공공연히 알리고 싶지 않았기 때문에 긍정도 부정도 하지 않았다고 보는 편이 훨씬 이해하기 쉬울 것이다. 요한이 이러한 질문을 했다는 것은 아무튼 당시 어떤 신자도 예수를 메시아로 생각하지 않았다는 증거다. 만일 요한이 예수를 메시아라고 믿었다면, 그런 뜻으로 질문을 했을 것이다.

세례 요한의 제자들이 가버린 뒤 예수는 제자들에게 "여인이 낳은 사람 중에 세례 요한보다 더 큰 인물은 없다. 그러나 하늘나라에서 가장 미미한 자라도 그보다는 크다"(〈마태복음〉 11장 11절)라고 말했는데, 나는 이 말에 대해서도 새로운 해석을 시도하지 않을 수 없었다.

예수는 이 말로 세례 요한을 비방했을 뿐 아니라 세례 요한을 자기 주위에 모인 하늘나라에 속하는 신자들보다 더 낮은 자리에 놓았다는 통상적인 해석은 나에게는 불충분하고 몰취미한 것으로 생각되었다. 이 신자들도 역시 여인이 낳은 자들이 아닌가!

나는 이 해석을 포기하고 예수가 세례 요한과 하늘나라에 속하는 사람들을 비교한 것은 자연적 세계와 초자연적 메시아 세계의 차이를 설명하기 위해서였다는 가정을 하게 되었다. 출생을 통하여 인간에게 주어진 상태에서는 세례 요한이 일찍이 생존했던 모든 사람들 가운데 가장 위대하다. 그러나 하늘나라에 속하는 사람들은 이미 자연적 인간이 아니다. 그들은 메시아 왕국이 출현할 때 천사와 같은 초자연적 상태로 변신하는 것을 체험한다. 그들은 초자연적 존재기 때문에 그들 가운데 가장 미미한 자라 할지라도 일찍이 자연적 세계에서 생존했던 가장 위대한 인간보다 더 위대하다. 세례 요한 역시 미미한 존재든 위대한 존재든 간에 이 왕국에 속한다. 그러나 모든 인간을 능가하는 그의 독특한 위대성은 그의 자연적 존재 방식 내에서만 가능하다.

이와 같이 나는 대학 생활의 첫해가 끝날 무렵, 예수가 제자들을 내보낼 때 한 말과 행동에 관하여 당시 역사적으로 정당한 것으로 인정받던 해석에 당혹했다. 그렇게 되고 보니 당시 역사적으로 정당한 것으로 간주되던 예수의 생애에 관한 해석 전반에 걸쳐 의혹을 느끼지 않을 수 없었다. 훈련을 마치고 집으로 돌아오자 전혀 새로운 시야가 전개되었다.

예수가 예고한 나라는 그 자신과 신자들에 의하여 자연적 세계에 건설되고 실현될 나라가 아니라, 임박한 초자연적 시대의 시작과 더불어 나타날 것으로 예상되는 나라라는 것이 확실해졌다.

물론 나는 곧 있을 시험에서 홀츠만에게 그가 주장하고 당시의 비평학파에 의하여 일반적으로 인정받던 예수의 생애에 관한 견해를 불신한다고 암시를 주는 것은 불손한 짓이라고 생각했을 것이다. 그리고 실제로 그럴 기회도 없었을 것이다. 그는 호인으로 알려졌는데 과연 나를 군복무 때문에 공부를 제대로 하지 못한 신입생으로 보고 아주 너그럽게 대해주었다. 20분 동안의 면접시험에서 그는 처음 세 복음서의 내용에 관한 개괄적인 비교를 요구했을 뿐이다.

그 뒤에도 나는 대학에 다니는 동안 때로는 다른 학과를 소홀히 하면서까지 복음서 문제와 예수의 생애에 관한 문제를 독자적으로 연구했다. 그리고 연구를 거듭할수록 수수께끼를 풀 열쇠는 제자들을 내보낼 때 예수가 한 말과 세례 요한이 감옥에서 보낸 질문에 대한 해석에서, 그리고 제자들이 돌아온 후의 예수의 태도에서 찾지 않으면 안 된다는 신념이 점점 굳어졌다.

독일 대학에서는 다른 나라에서처럼 학생들의 공부를 심하게 간섭하거나 끊임없는 시험으로 괴롭히지 않는다. 그뿐 아니라 학생들은 독자적인 학문 연구의 기회를 가질 수 있다. 나는 이에 대해 얼마나 고맙게 여기는지 모르겠다.

당시의 스트라스부르대학 신학부는 단연 자유사상적 성격을 띠었다. 홀츠만 외에 카를 부데가 있었는데 그는 최근에 스트라스부르로 온 〈구약성서〉 학자로 내가 가장 좋아하는 신학 교수였다. 특히 나는 학문적 성과에 대한 그의 간결하고 빈틈없는 설명을 좋아했다. 그의 강의가 나에게는 하나의 예술적 즐거움이었다.

부데의 선배 동료인 빌헬름 노바크도 유능한 학자였다. 요하네스 피커와 에른스트 루치우스는 교회사와 교리사를 아주 훌륭하게 가르쳤다. 나는 주로 초기 교리사에 흥미를 느꼈다. 교리학은 리츨의 아류인 파울로브슈타인이 가르쳤다. 윤리학과 교리학의 젊은 교수 에밀 마이어를 우리 학생들은 특히 그의 생기 있는 강의 방법 때문에 높이 평가했다. 실천신학은 〈신약성서〉 강의도 하는 프리드리히 슈피터와 율리우스 스멘트가 가르쳤다.

나는 신학 강의와 함께 철학 강의도 계속해서 들었다.

음악 이론은 벨러만의 제자인 야콥스탈에게서 배웠다. 그는 편파적이어서 베토벤 이전의 음악만을 예술로 인정했다. 그러나 순수 대위법만은 그에게서 철저히 배울 수가 있었다. 나는 그에게 많은 은혜를 입었다.

나의 뮐하우젠 시절의 파이프오르간 선생과는 형제간이 되는 에른스트 뮌히는 스트라스부르 성 빌헬름 교회의 파이프오르가니스트이자 자신이 창설한 이 교회 바흐 합창단의 지휘자였다. 그는 이곳에서 연주되는 칸타타와 수난곡의 파이프오르간 반주를 나에게 맡겨주었는데 그것은 나의 음악 공부에 큰 도움이 되었다. 그것은 뮐하우젠에 있는 그의 형을 대신하는 것이었는데, 처음에는 물론 연습 때에 한해서였고 본 연주 때에는 그가 와서 다시 나의 자리를 맡았다. 그러다가 그의 형이 오지 못할 사정이 생기면 내가 본 연주까지 맡아 하게 되었다.

이리하여 나는 이미 젊은 학생 때 바흐 작품에 친숙해졌고 바흐의 칸타타와 수난곡의 연주 문제를 실제로 다루어볼 수 있는 기회를 가졌다.

당시 스트라스부르의 성 빌헬름 교회는 19세기 말에 싹트기 시작한 바흐 숭배의 가장 중요한 온상의 하나였다. 에른스트 뮌히는 바흐의 작품을 아주 잘 아는 사람이었다. 19세기 말에는 칸타타와 수난곡을 현대화하여 연주하는 것이 일반적인 경향이었는데, 그는 이러한 경향을 지양한 최초의 한 사람으로서 우수한 스트라스부르 관현악단이 반주해주는 그의 조그마한 합창단으로 정말로 우아한 연주를 하려고 노력했다. 우리는 얼마나 많은 밤을 칸타타와 수난곡 악보를 앞에 놓고 올바른 연주 방법을 토론하며 보냈던가!

스트라스부르 음악학교 교장인 프리츠 뮌히가 아버지 에른스트 뮌히의 뒤를 이어 이 연주회의 지휘자가 되었다.

나는 바흐와 더불어 리하르트 바그너도 숭배해 마지않았다. 나는 뮐하우젠 고등학교에 다니던 열다섯 살 때 처음으로 극장에 가도 좋다는 허락을 받았는데 그때 나는 리하르트 바그너의 〈탄호이저〉를 들었다. 나는 이 음악에 너무나 압도되어 며칠 동안 학교 수업에도 주의를 기울일 수 없을 정도였다.

오토 로제 지휘의 훌륭한 오페라 연주를 들을 수 있던 스트라스부르에서 나는 당시 바이로이트에서만 상연이 허락되었던 〈파르시팔〉을 제외한 바그너의 전 작품을 철저히 알 수 있는 기회를 가졌다. 나는 1896년 바이로이트에서, 1876년의 첫 공연 이후 처음으로 있었던 이 4부작의 뜻깊은 공연에 참석할 수 있었는데 그것은 나에게는 커다란 체험이었다. 입장권은 파리의 친구들이 마련해주었다. 그러나 여비를 마련하기 위하여 나는 하루 한 끼로 견녀야만 했다.

오늘날 바그너 공연에서 마치 영화에서처럼 음악 못지않게 여러 가지 무대 효과에 신경을 쓰는 것을 볼 때 간소한 무대 장치로 놀랄 만한 효과를 나타내던 그 옛날 바이로이트에서의 4부작 공연을 회상하며 슬퍼하지 않을 수 없다. 이 공연에서는 무대 장치뿐 아니라 공연 전체가 이미 고인이 된 작곡가의 정신을 따랐다. 가수로서 그리고 배우로서 내게 가장 큰 감명을 준 것은 로게 역을 맡은 포글이었다. 그는 무대에 등장한 순간부터 무대를 지배했다. 그러나 결코 의식적으로 관중의 주의를 끌려고 하지는 않았다. 그는 오늘날 로게 역을 맡은 배우면 으레 입는 어릿광대의 옷도 입지 않았으며, 오늘날 유행하는 것처럼 로게를 주제로 한 리듬에 따라 춤을 추면서 무대 위를 빙글빙글 돌지도 않았다. 그에게서 한 가지 눈에 띄는 게 있다면 그의 붉은 외투였다. 그가 음악의 리듬에 맞추어 취한 유일한 동작은 마지못해 하는 것처럼 외투자락을 때로는 이쪽 때로는 저쪽 어깨 위에 던지면서 주위에서 일어나는 일을 초연히 지켜보는 것이었다. 이렇게 함으로써 그는 아무것도 모르고 파멸을 향하여 치닫는 신들 속의 그칠 줄 모르는 파괴력을 잘 표현했다.

스트라스부르에서의 학생 시절은 빨리 지나갔다. 1897년 여름이 끝날 무렵 나는 1차 신학시험에 응시했다. 우리는 이른바 "테제"의 제목으로 "신약성서 및 신교의 고백 문헌 속에 기록된 제 해석과 슐라이어마허의 최후 만찬론의 비교 연구"를 받았다. 이 테제는 모든 지원자에게 일률적으로 부과되었으며 논문은 8주 이내로 작성 완료되어야 했다. 이 논문의 결과에 따라 수험 자격 유무가 결정되었다.

이 과제는 나를 다시 복음서와 예수의 생애에 관한 문제로 되돌아가게 만들었다. 나는 이 수험을 위한 논문 때문에 최후 만찬에 관한 역사적 및 교리적 견해를 모조리 연구하지 않을 수 없었다. 그 결과 나는 예수가 제자들과 더불어 행한 이 역사적 의식의 의미와 원시 기독교의 성만찬 의식의 기원에 대하여 일반적으로 통용되는 해석이 얼마나 불충분한지 알게 되었다.

슐라이어마허가 그의 유명한 《신앙론》의 성만찬에 관한 장에서 한 말에 대하여 나는 골똘히 생각해보았다. 그는 〈마태복음〉과 〈마가복음〉에 적힌 성만찬에 관한 기록에 따르면 예수는 제자들에게 성만찬을 되풀이할 것을 요구하지 않았으며 따라서 원시 기독교 단체에서 성만찬을 되풀이한 것은 제자들에게서 유래한 것이지 예수 자신에게서 유래한 것이 아니라는 생각에 가능한 대로 익숙해지지 않으면 안 될 것이라고 주의를 환기시키고 있다.

슐라이어마허가 훌륭한 변증법으로 제시하긴 했으나, 역사적으로 가능한 데까지 계속 추구하지 못한 이 생각을 수험 논문이 완성되고 난 뒤에도 계속 연구했다.

만일 가장 오래된 두 복음서 속에 성만찬을 되풀이하라는 명령이 없다면 제자들이 실제로 자진하여 그리고 독단적으로 신자들과 더불어 성만찬 의식을 되풀이했다고밖에는 볼 수 없을 것이다.

그러나 예수의 저 최후의 만찬이 그 본질상 예수의 말씀과 행동 없이도 의미를 지닐 수 있는 것이라면, 제자들은 얼마든지 그렇게 할 수 있을 것이다.

성만찬에 대한 종래의 해석은 그 어느 것도 어찌하여 예수의 명령도 없이 원시 기독교 단체에 성만찬이 받아들여졌는지 해명해 줄 수 없기 때문에 성만찬에 관한 문제는 미해결이라고 결론을 내리지 않을 수 없었다. 그래서 나는 성만찬이 예수와 제자들에게 대하여 갖는 의미가 곧 다가올 하나님의 나라에서 베풀어질 메시아의 만찬을 기다리는 것과 관계가 있는 것이 아닐까 하는 의문을 품고 그것을 추구하기에 이르렀다.

2
파리와 베를린에서의 생활

1898년 5월 16일 나는 소위 국가시험이라는 1차 신학시험에 합격했다. 그해 여름 동안 나는 스트라스부르에 머무르긴 했지만, 철학에 전념하려고 기숙사 밖에다 거처를 정했다.

빈델반트와 치글러는 각기 자기 분야에서 뛰어난 대표적인 사람들이었으며, 교수로서 서로 잘 보완해주었다. 빈델반트의 강점은 고대철학이었다. 플라톤과 아리스토텔레스에 관한 그의 세미나는 실로 나의 대학 시절의 가장 아름다운 추억이었다. 치글러의 전문 분야는 무엇보다도 윤리학과 종교철학이었다. 종교철학을 위해서는 그가 신학자로서 ─ 그는 튀빙겐 신학대학 출신이었다 ─ 얻은 지식이 도움이 되었다.

시험 결과 나는 홀츠만의 주선으로 성 토마스회와 신학부가 공동으로 주관하는 골 장학금을 받았다. 장학금은 연 1천2백 마르크씩 6년 동안 지급되었다. 장학생은 늦어도 6년 안으로 스트라스부르에서 "리첸티아테" 신학 학위를 따야만 했다. 그렇지 않은 경우에는 수령한 금액을 상환해야 했다.

나는 테오발트 치글러의 권고에 따라 우선 철학박사 학위 논문부터 착수하기로 결심했다. 학기가 끝날 무렵 학교 계단 위에서 같이 우산을 받으며 나눈 대화에서 그는 칸트의 종교철학을 테마로 삼는 것이 어떻겠느냐고 제안했다. 나는 대찬성이었다. 1898년 10월 말 소르본에서 철학 강의를 듣고 위도르에게 파이프오르간 공부를 더 할 목적으로 파리로 떠났다. 파리에서는 강의에 자주 나가지는 않았다. 엄숙하지 못한 입학식부터가 기분을 상하게 했다. 훌륭한 교수들이 없는 것은 아니었지만 아무리 훌륭한 교수라 하더라도 그 재능을 충분히 발휘할 수 없게 만드는 낡은 교수 방법 역시 소르본에 취미를 잃게 만들었다. 나는 스트라스부르에 있을 때부터 너덧 시간씩 걸리는 연속 강의에 익숙해 있었는데 여기서는 그런 강의를 찾아볼 수 없었다. 교수들은 시험 과목과 관계가 있는 것을 강의하거나 전혀 특수한 분야에 대해서 강의했다.

신교 신학부(불르바르 아라고에 있는)에서 나는 때때로 교리학자 루이 오귀스트 사바티에와 신약성서 연구학자 루이 외젠 메네고즈의 강의를 들었다. 나는 이 두 분을 진심으로 존경했다.

그러나 그해 겨울 파리에서는 주로 음악과 박사학위 논문에 몰두했다. 위도르―이제 그는 무보수로 가르쳐주었다―에게서 파이프오르간을 배우고, J. 필립에게서 피아노를 배웠다. 그는 얼마 지나지 않아 음악학교 교수가 되었다. 동시에 나는 프란츠 리스트의 천재적 제자이며 친구인 마리 자엘 트라우트만에게서도 배웠다. 그녀는 알자스 출신이었다. 그녀는 잠깐 동안 거대한 별처럼 빛난 후에 연주 생활에서 은퇴했다. 그녀는 전력을 기울여 피아노의 터치를 연구했으며, 그것을 생리학적으로 규명하려 했다. 나는 실험 동물이 되어 그녀가 생리학자 페레와 공동으로 작업하는 실험에 참가했다. 나는 이 천재적인 부인에게 많은 은혜를 입었다.

그녀의 이론은 이런 것이다. 손가락은 건반과의 관계를 완전히 의식하고 있어야 한다. 연주자는 어깨에서 손가락 끝까지 근육의 긴장과 이완을 알아야 하며 또 그것을 조절할 수 있어야 한다. 그는 본의 아닌 동작이나 무의식적인 동작은 일체 제거하는 것을 배워야 한다. 단지 '능숙하게' 치려는 의도에서 손가락 연습을 해서는 안 된다. 손가락은 어떤 동작을 기도할 때 그 동작이 원하는 음의 종류도 항상 의식해야 한다. 잘 울리는 터치는 될 수 있는 대로 빨리 그리고 가볍게 건반을 눌러야만 가능하다. 손가락은 또한 눌렀던 건반을 어떤 방법으로 다시 놓아줄 것인가 하는 것도 의식해야 한다. 건반을 눌렀다 놓아줄 때 손가락은 안으로(엄지손가락을 향해) 또는 밖으로(새끼손가락을 향해) 눈에 띄지 않게 굴러가는 운동을 한다. 손가락이 같은 방향으로 굴러가는 운동을 하며 몇 개의 건반을 계속해서 차례차례 누르면 거기에 상응하는 음과 화음은 유기적으로 결합된다.

이와 같은 단순한 음의 연속에서 내적인 결합이 이루어진다. 손가락이 각기 다른 방향으로 굴러가는 운동을 하면 이때의 음은 그 성질상 분해되고 만다. 그러므로 손가락과 손을 의식적으로 구분하여 움직여야만 음의 분화와 구분이 가능하다.

건반과 좀 더 의식적이고 밀접한 관계를 맺으려면 손가락이 그 촉감을 극도로 발달시켜야 한다. 연주자는 촉감을 완전하게 할 때 음색에 대하여 더욱 민감해진다.

손도 훈련하면 느낄 수 있고 알 수 있다는 마리 자엘의 이러한 이론은 여러 가지 점에서 옳다. 그녀는 이 이론을 극단적으로까지 끌고가, 손을 올바로 훈련하기만 하면 비음악적인 사람도 음악적으로 될 수 있다고 주장하기에 이르렀다. 그녀는 피아노 터치의 생리학에서 출발하여 예술 일반의 본질에 관한 이론에 도달하려고 했다. 그녀는 이와 같이 예술적 터치의 본질에 관해 퍽 정확하고 투철한 관찰을 했지만, 심오하면서도 때로는 괴상망측하게 생각되는 견해를 표명했기 때문에 그녀의 연구가 당연히 받아야 할 인정을 받지 못하고 있다.

마리 자엘에게 사사받은 덕분에 내 손은 완전히 개조되었다. 나는 그녀 덕분에 시간을 덜 들이고도 합리적인 연습을 할 수 있었기 때문에 차츰차츰 손가락을 자유자재로 사용할 수 있게 되었다. 이것은 나의 파이프오르간 연주에 큰 도움이 되었다.[2]

필립의 지도는 전통적인 피아노 교육의 테두리를 벗어나지 못했지만, 나에게는 역시 큰 도움이 되었으며, 나를 자엘 방식의 편향성에 빠져들어가지 않게 해주었다. 이 두 선생은 서로 상대방을 대수롭지 않게 여겼기 때문에 내가 다른 선생에게서도 배운다는

---

[2] 마리 자엘은 프랑스어로 쓴 그녀의 저작 《터치》 1권에서 자기 방법의 근본 사상을 가장 잘 전개했다. 브라이트코프 운트 헤르텔 출판사에서 나온 독일어판에는 나도 익명의 역자로 참가했다.

사실을 알려줄 수가 없었다. 아침에는 마리 자엘에게서 자엘 방식으로, 오후에는 필립에게서 필립 방식으로 연주한다는 것은 무척이나 힘든 일이었다.

자엘은 1925년 세상을 떠났다. 필립과는 위도르와 마찬가지로 오늘날도 우의가 돈독하다. 위도르 덕에 나는 당시 파리의 매력적인 저명인사들과 접촉할 수 있었다. 그는 또한 물질적인 문제까지 염려해주었다. 내가 돈이 떨어져 제대로 먹지 못하는 것 같은 인상을 받으면 그는 수업이 끝난 뒤 룩상부르 근처에 있는 그의 단골집 프와요 레스토랑으로 나를 데리고 가 실컷 먹게 해주었다.

파리에 사는 두 삼촌과 숙모도 여러 가지 호의를 베풀어주었다. 둘째 아저씨 샤를은 현대어 교육 방법을 개선하려는 노력으로 유명해진 언어학자였다. 그를 통해 대학 및 교육계 인사들과 만날 수가 있었다. 이리하여 나는 파리를 고향처럼 느끼게 되었다.

박사학위 논문은 예술이나 교제 때문에 방해받는 일 없이 그대로 계속되었다. 나는 아주 건강했기 때문에 밤에도 얼마든지 공부할 수 있었다. 밤에 한잠도 자지 못하고 다음날 아침 위도르 앞에서 파이프오르간을 연주한 적도 있었다.

국립도서관에 가서 칸트의 종교철학에 관한 문헌을 조사해보고 싶었지만, 열람실의 까다로운 규칙 때문에 불가능했다. 그래서 문헌을 참조하지 않고 논문을 쓰기로 작정하고 칸트의 원문에만 몰두할 경우 어떤 결과가 나타나는지 알아보기로 했다.

연구를 계속해나감에 따라 나는 용어의 사용이 일정하지 않다는 걸 알게 되었다. 예컨대 《순수이성 비판》에는 종교철학에 관한 장이 상당수 있지만, 그 속에서는 칸트의 비판주의에만 어울리는 '예지적(intelligibel)'이란 말은 보이지 않고 대신 더 단순한 '초감각적(übersinnlich)'이란 말이 쓰인다. 그래서 나는 칸트의 종교철학에서 사용되는 표현들이 그의 전 저작을 통하여 얼마나 자주 사용되며 또 의미상 어떤 변화를 겪게 되는지 추적해보았다.

이 연구로 나는 '순수이성의 카논'에 관한 방대한 장은 원래 언어적으로나 사상적으로 《순수이성 비판》과는 도저히 조화를 이룰 수 없는 칸트의 초기 저작이지만, 그럼에도 아랑곳없이 칸트는 이 초기 저작을 《순수이성 비판》의 종교철학적 서문으로 채택했다는 사실을 확인할 수 있었다. 칸트의 비판기 이전의 초기 저작을 나는 '종교철학 초안'이라 불렀다.

또한 칸트는 《순수이성 비판》의 초월적 변증법의 종교철학적 계획을 전혀 수행하지 않았다는 사실도 분명해졌다. 《실천이성 비판》 속에서 전개되는 신, 자유, 불사(不死)라는 세 가지 요구의 종교철학은 결코 《순수이성 비판》에서 기대했던 그런 것은 아니다. 《판단력 비판》과 《단순한 이성의 한계 내에서의 종교》에서는 세 가지 요구의 종교철학을 다시 포기하고 있다. 이들 후기 작품에 나타난 사상은 또다시 '종교철학 초안'의 궤도로 되돌아간다.

세 가지 요구의 종교철학으로 생각해온 칸트의 종교철학은 이와 같이 항상 유동적이다. 그것은 비판적 관념론의 전제와 도덕률의 종교철학적 요구가 서로 상반되기 때문이다. 칸트에게서는 비판적 종교철학과 윤리적 종교철학이 평행선을 긋고 있다.

그는 양자를 융합하고 통일하려 했다. 그는 양자를 《순수이성 비판》의 초월적 변증법으로 어렵지 않게 결합할 수 있으리라 믿는다. 그러나 이를 위한 계획은 실현할 수 없는 것으로 판명되었다. 그것은 칸트가 《순수이성 비판》의 초월적 변증법이 전제로 하는 도덕률의 개념에 그냥 머무르지 않고 이것을 끊임없이 심화하기 때문이다. 심화된 도덕률 개념은 칸트의 비판적 관념론이 도저히 받아들일 수 없는 종교적 요구를 내세운다. 동시에 심화된 도덕률의 종교철학은 비판적 관념론에서 가장 중요한 자리를 점하는 요구에 대해서도 흥미를 잃었다. 이런 관점에서 볼 때 가장 심오한 윤리의 지배를 받는 칸트의 종교적 사상 과정에서 불사의 요구가 아무런 역할을 하지 않았다는 것은 의미심장한 일이다.

이와 같이 칸트는 비판적 관념론에 의하여 확립된 종교철학을 고수하지 않고 점점 심화되는 도덕률의 종교철학이 이끄는 길을 따라갔다. 칸트는 이 길로 점점 깊이 들어가기 때문에 논리의 일관성을 유지할 수가 없는 것이다.

1899년 3월 중순 나는 스트라스부르로 돌아와 완성된 논문을 테오발트 치글러 앞에서 읽었다. 그는 대단한 찬의를 표명해주었다. 학위는 7월 말에 받기로 결정됐다.

1899년 여름은 베를린에서 주로 철학 서적을 읽으며 지냈다. 고대철학과 근대철학의 주요 저작들을 읽어두고 싶었다. 동시에 하르나크, 플라이더러, 카프탄, 파울센과 지멜의 강의도 들었다. 지멜의 강의는 처음에는 틈틈이 들었으나 나중에는 정규로 청강했다.

하르나크의 《교리사》는 이미 스트라스부르에 있을 때 읽고 감격했다. 나는 친구들의 소개로 그의 집을 드나들곤 했지만, 실제로 가까이 지내게 된 것은 상당한 시간이 지난 뒤의 일이었다. 나는 그의 지식과 폭넓은 교양에 위축되어 그가 말을 걸 때면 당황하여 제대로 답변을 할 수 없을 정도였다. 훗날 그는 친절하고도 내용이 풍부한 엽서를 여러 번 보내주었다. 그는 통신할 때 주로 엽서를 사용했다. 1930년 그는 막 출판된 나의 《사도 바울의 신비주의》에 대해 랑바레네로 자상한 엽서를 두 장 보내주었는데 이것이 아마 그가 남긴 마지막 편지였을 것이다.

나는 당시 베를린에서 꽤 많은 시간을 카를 슈툼프의 집에서 보냈다. 그는 그 무렵 음감(音感)에 대해 심리학적 연구를 하고 있었는데 퍽 재미있어 보였다. 나는 그의 조수들이 행하는 실험에 정규적으로 참가했고, 일찍이 마리 자엘의 집에서 그랬던 것과 같이 그의 집에서도 실험 동물 노릇을 했다.

베를린의 파이프오르가니스트들은 에기디를 제외하고는 모두 나를 실망시켰다. 그들은 위도르가 그렇게도 중요시하던 연주의 조각성보다는 외적인 기교를 지향했다. 그리고 베를린의 새 파이프오르간들은 성 쉴피스나 노트르담에 있는 카바이예 콜이 제작한 악기에 비해 둔중하고 메마른 소리를 냈다.

위도르가 소개해준 하인리히 라이만 교수는 빌헬름 황제 기념 교회의 파이프오르가니스트였는데, 그는 그의 파이프오르간으로 규칙적으로 연습해도 좋다고 했다. 그리고 휴가 중에는 나를 대리자로 앉혔다. 그를 통하여 나는 베를린의 음악가, 화가, 조각가들과 접촉하게 되었다.

유명한 그리스학 학자 에른스트 쿠르티우스의 미망인 댁에서 나는 대학 세계와 알게 되었다. 부인은 콜마르의 교구장으로 있는 의붓아들 프리드리히 쿠르티우스의 친구라 해서 나를 반가이 맞아주었다. 이 집에서 나는 헤르만 그림과도 가끔 만났다. 그는 제4복음의 기술(記述)이 처음 세 복음의 그것과 일치하지 않는다는 나의 이단론을 돌이키려고 온갖 노력을 다했다. 나는 그 집에서 당시 베를린의 정신적 지도자들과 직접 접촉할 수 있었던 것을 지금도 크나큰 행복으로 생각한다.

나는 파리의 정신 생활보다도 베를린의 정신 생활에 더 큰 감명을 받았다. 세계적인 도시 파리에서는 정신 생활이 분열되어 있었다. 이 도시 속에 숨은 가치를 발견하려면 먼저 이 도시에 철저히 동화되지 않으면 안 된다. 그러나 베를린의 정신 생활은 거대한 조직 속에서 생생한 유기체를 이루던 대학을 중심으로 결합되어 있었다. 더욱이 당시의 베를린은 아직 세계적인 도시가 아니었고, 모든 점에서 순조롭게 발전해나가는 비교적 큰 시골 도시라는 인상을 주었다. 이 도시는 전체적으로 건전한 자기확신과 자기의 운명의 인도자들에 대한 확고한 신뢰를 품고 있었다.

당시 드레퓌스 사건으로 분열된 파리에는 이런 인도자가 없었다. 이와 같이 나는 베를린을 가장 아름다운 시기에 알게 되었고 또 사랑하게 되었다. 무엇보다도 베를린 사회의 간소한 생활 방식과 그들의 가정에 쉽사리 들어가 섞일 수 있다는 점이 인상적이었다.

3
스트라스부르에서 활동하던 처음 몇 해

1899년 7월 말 나는 스트라스부르로 돌아와 박사학위를 받았다. 구두시험은 논문을 보고 기대했던 것보다 못하다는 것이 치글러와 빈델반트의 일치된 의견이었다. 슈툼프의 집에서 실험하느라 시간을 많이 보냈기 때문에 그만큼 시험 준비를 할 시간이 없었다. 그뿐 아니라 원서를 읽느라 해설서 연구를 너무 소홀히 했던 것이다.

학위 논문은 1899년이 다 가기 전에 《《순수이성 비판》에서 〈단순한 이성의 한계 내에서의 종교〉에 이르기까지의 칸트의 종교철학》이란 책이 되어 나왔다.[3]

테오발트 치글러는 나에게 철학부 전임 강사가 되기를 권했다. 그러나 나는 신학부에서 일하기로 결심했다. 치글러는 내가 철학부 전임 강사로 있으면서 동시에 목사로 활동한다면 사람들이 좋

---

[3] 《칸트의 종교철학》, 325쪽, 1899년(Mohr & Siebeck, Tübingen). 이 유명한 출판사가 나의 방대한 처녀작을 알아준 것은 홀츠만이 추천해준 덕분이다.

게 보지 않을 것이라고 암시를 주었던 것이다. 그러나 설교한다는 것은 나에게는 이제 내적인 욕구였다. 주일마다 모여든 많은 사람들 앞에서 생존의 궁극적 문제에 관하여 이야기할 수 있다는 것은 참으로 훌륭한 일이라 생각되었다.

그때부터 나는 스트라스부르에 머물렀다. 이미 학생이 아니었지만 정든 빌헬르미타눔(성 토마스 기숙사)에서 유료 기숙자로 기숙생들 사이에서 생활해도 좋다는 허가를 받았다. 큰 나무들이 서 있는 조용한 정원이 내려다보이는 방, 나는 이 방에서 학생으로서 얼마나 행복한 시간을 보냈던가. 그리고 이 방은 앞으로의 연구를 위해서도 가장 적절한 장소로 생각되었다.

박사학위 논문의 인쇄 교정을 마치자 나는 신학의 리첸티아테 학위 논문에 착수했다. 그리고 연구를 계속하려고 곧 장학금을 기다리는 다른 학생에게 기회를 주기 위하여 가능한 한 빨리 리첸티아테 학위를 취득하기로 했다. 나는 셈어를 잘 하는 학우 예거 ─ 그는 후일 스트라스부르 신교 계통 고등학교 교장이 되었다 ─ 를 위하여 그렇게 서둘렀으나 그는 이 장학금을 이용하지 않았다.

그럴 줄 알았더라면 여행도 좀 더 하고 영국 대학에 가서 공부도 했을 것이다. 쓸데없이 남의 걱정을 하다가 이 기회를 놓친 것이 평생 후회가 되었다.

1899년 12월 1일 나는 스트라스부르 성 니콜라이 교회에서 목사 일을 보게 되었다. 처음에는 부목사보였지만 2차 신학시험에 합격한 뒤에는 정식 부목사가 되었다.

2차 신학시험은 주로 나이 많은 목사들이 주관하는데 나는

1900년 7월 15일 간신히 이 시험에 합격했다.

리첸티아테 학위 논문에 전념하느라 이 시험에 대비해서 신학 각 부문에 걸친 나의 지식을 새롭게 하는 일을 소홀히 했기 때문이다. 나의 교리사 지식에 기분이 좋아진 연로한 빌 목사의 강력한 항의가 없었더라면 낙제를 면치 못했을 것이다. 무엇보다도 찬송가 작가와 그들의 생애에 대한 지식이 불충분하다는 것이 좋지 못한 인상을 주었다.

설상가상으로 나는 작가를 알지 못하는 어떤 찬송가―그것은 〈시편과 하프〉의 유명한 시인 슈피타가 지은 것이었다―가 제시되자 나의 무지를 변명하기 위하여 그 찬송가는 작가를 알아야 할 만큼 중요하다고는 생각하지 않는다고 말했다. 평소 슈피타를 흠모해 마지않던 나는 신학부를 대표하여 고시 위원석에 앉아 있던 이 시인의 아들 프리드리히 슈피타 교수의 면전에서 이러한 변명을 늘어놓아 모두를 놀라게 했다.

성 니콜라이 교회에는 연로하지만 아직 건강한 목사 두 분이 일했다. 한 분은 귄스바흐에서 아버지의 선임자 중 한 사람이었던 크니텔 목사고 다른 한 분은 성 니콜라이 교회의 목사로 있다가 젊어서 세상을 떠난 외삼촌의 절친한 친구 게롤트 목사였다. 나는 이 두 분을 도와드리려고 주로 오후 예배, 주일날의 어린이 예배, 그리고 종교 교육을 맡았다. 내가 맡은 일은 내겐 끊임없는 기쁨의 샘이었다. 아침 예배 시간보다도 신앙심이 강한 소수의 신자들만이 참가하는 오후 예배 시간에는 아버지에게서 물려받은 친근한 태도로 더 훌륭하게 설교할 수가 있었다. 지금도 나는 많은 청중 앞에 서면 약간 당황한다.

해가 거듭됨에 따라 두 분 노목사는 점점 몸을 돌보지 않으면 안 되었는데 그에 따라 자연 아침 예배도 내가 자주 맡게 되었다. 나는 언제나 설교 내용을 미리 종이에다 써두곤 했는데, 때로는 정서하기 전에 두 번 세 번 초안을 잡았다. 그러나 실제로 설교할 때는 이렇게 정성들여 준비한 문안에 얽매이지 않았기 때문에 이야기가 전혀 엉뚱하게 전개되는 경우도 많았다.

나는 오후 설교를 설교라기보다는 간단한 기도라고 생각했기 때문에 짧게 하는 게 보통이었다. 그래서 이 문제로 해서 일부 신자들이 성무(聖務) 감독의 직책도 겸하던 크니텔 목사에게 불평을 털어놓은 적이 있었다. 그래서 그는 나를 자기 앞으로 부르지 않을 수 없었지만 나 못지않게 당황하고 있었다. 그가 불평하는 신자들에게 무어라고 답변해야 되겠느냐고 물었을 때 나는 준비한 원고가 다 끝나면 더 할 말이 없기 때문이라고 그들에게 얘기하면 되지 않겠느냐고 대답했다. 그러자 그는 나를 좋은 말로 타이르며 20분 이내로 설교해서는 안 된다고 충고한 다음 돌려보냈다.

크니텔 목사는 경건주의에 의하여 완화된 정통파를 대표했고, 게롤트 목사는 자유주의자였다. 그러나 그들은 진정한 우애 속에서 맡은 바 직책을 다했다. 모든 일이 평화의 정신 속에서 수행되었다. 이처럼 성 토마스 교회 맞은편에 서 있는 이 초라한 교회에서는 진실로 이상적인 일이 진행되었다.

이 몇 해 동안 나는 성 니콜라이 교회를 쉬는 주일날에는 아버지를 대신하기 위하여 여러 번 귄스바흐로 갔다.

1주일에 세 번씩 아침 공부가 끝난 11시에서 12시 사이에 나는 사내아이들을 위하여 견신례 준비 교육을 하지 않으면 안 되었다. 나는 이 시간이 그들의 정신과 마음을 깨끗하게 회복시켜주는 시간이 될 수 있도록 가능한 한 숙제를 적게 내주려고 노력했다. 그러므로 수업의 마지막 10분은 그들이 일생 동안 생활 지침으로 삼아야 할 성경 말씀과 찬송가 구절들을 나의 낭독에 따라 되풀이하게 함으로써 이를 암기하도록 만들었다.

  나의 교육 목적은 복음의 진리를 그들의 마음과 생각 속에 심어주어 후일 무종교에 대한 유혹이 다가오더라도 이에 저항할 수 있을 만큼 그들을 종교적인 인간으로 만드는 데 있었다. 또한 교회에 대한 사랑과 주일 예배에서 영혼의 안식을 찾으려는 욕구를 일깨워주려 했다. 그리고 전통적인 교리를 존중하되 동시에 그리스도의 정신이 있는 곳에 자유가 있다는 바울의 말씀을 굳게 지키라고 가르쳤다.

  이렇게 몇 년 동안 뿌린 씨앗에서, 듣자 하니 몇 개의 싹이 돋아난 것 같다. 나는 이 수업에서 그들에게 예수교의 근본 진리는 사고(思考)와 결합되지 않으면 안 된다고 가르쳤다. 그렇게 함으로써 후일 종교를 포기할 위기에 부닥쳤을 때 이를 극복해낼 수 있는 힘을 주었는데 이에 대하여 여러 사람이 감사의 뜻을 표했다.

  이 종교 교육을 하는 동안 나는 조상에게서 교사의 자질을 얼마나 많이 물려받았는지 똑똑히 알게 되었다.

  성 니콜라이 교회에서 받는 봉급은 월 1백 마르크였다. 성 토마스 기숙사의 숙식비가 쌌기 때문에 이것은 내 일상 생활을 위해선

충분한 금액이었다.

내 직책의 한 가지 좋은 점은 학문 연구와 음악을 위해 충분한 시간을 가질 수 있다는 것이었다. 나는 두 분 목사의 호의로 설교를 해줄 대리인만 구해놓는다면(고맙게도 두 분 목사가 대리인 노릇을 해준 적이 적지 않았다), 견신례 준비 교육이 없는 봄방학과 가을방학 때는 나도 휴가를 가질 수 있었다. 이리하여 나는 1년에 3개월 동안의 휴가를 가졌는데 부활절 후에 한 달, 가을에 두 달이었다. 봄 휴가는 보통 파리에서 보냈다. 백부님 댁에 머무르면서 위도르 밑에서 공부를 계속하기 위해서였다. 가을 휴가는 대부분 귄스바흐의 아버지 댁에서 지냈다.

파리에 여러 차례 머무르는 동안 나는 훌륭한 사람들과도 많이 알게 되었다. 로맹 롤랑과 처음 만난 것은 1905년께였다. 처음에는 서로 음악가로서만 대했으나 차차 인간적으로 알게 되어 나중에는 좋은 친구가 되었다.

또한 프랑스의 예리한 독일문학 전문가 앙리 리슈탕베르제와도 친근한 사이였다.

파리의 '외국어협회'에서 나는 금세기 초 몇 년 동안 독일 문학과 철학에 관하여 독일어로 일련의 강연을 했다. 나는 아직도 니체, 쇼펜하우어, 게르하르트 하우프트만, 주더만과 괴테의《파우스트》에 관하여 행한 강연을 기억한다. 1900년 8월 니체에 관한 강연 준비를 하고 있을 때 죽음이 드디어 그를 고통에서 해방시켜 주었다는 소식이 들려왔다.

나의 활동을 위하여 결정적이라 할 수 있는 이 몇 해 동안 나의 생활은 이렇듯 단조롭기만 했다. 나는 전심전력 연구에 몰두했다. 그러나 조금도 서두르지는 않았다.

시간도 없고 돈도 없었기 때문에 나는 세상 구경을 많이 하지 못한 편이었다. 1900년 나는 백모님을 모시고 오버암머가우로 갔다. 무대 배경을 이루는 아름다운 자연이 수난극 자체보다 더 인상적이었다. 수난극의 본 줄거리를 구약성서에 따온 여러 가지 장면 속에 무리하게 맞추어 넣은 데다 무대장식이 너무 호화롭고 대본이 불완전하고 음악이 저속했기 때문에 수난극 자체는 엉망이 되었다. 그러나 배우들의 헌신적인 열성에는 깊은 감명을 받았다.

이 수난극은 원래 마을 사람들이 같은 마을 사람들을 위하여 일종의 예배처럼 원시적 방법으로 공연하던 것이었는데, 이것이 다른 지방에서 몰려들자 본래의 모습을 잃고 관객의 요구를 만족시켜야 하는 연극으로 변질되었으니 불만스러울 수밖에 없는 것이다. 사물의 정신적인 측면에 대해 감수성을 지닌 사람이면 누구나 오버암머가우 사람들이 이 변질된 수난극을 옛날의 소박한 정신으로 연출하려고 애쓴다는 사실을 인정하지 않으면 안 될 것이다.

같은 해에 바이로이트에서 음악제가 개최되었을 때 저금도 충분하고 해서 그곳으로 순례의 길을 떠났다.

스트라스부르에서 바흐 연구를 하던 중 나는 코지마 바그너 부인과 알게 되었는데, 부인은 내게 큰 감명을 주었다. 부인은 바흐의 음악이 서술적이라는 나의 견해에 흥미를 느꼈으며, 교회사가 (教會史家) 요하네스 피커의 손님으로 스트라스부르에 와 있었을 때는 나로 하여금 그곳 새 교회의 아름다운 파이프오르간으로 바흐의 합창 전주곡을 몇 곡 연주하여 이러한 나의 견해를 증명할 수 있게 해주었다. 부인은 그 며칠 동안 젊은 시절과, 후일 신교로 개종할 준비를 할 때 받은 종교 교육에 관하여 여러 가지 재미있는 이야기를 들려주었다. 부인을 만날 때마다 남다른 예술적 재능과 위엄 있는 몸가짐 때문에 언제나 조심스러웠다.

지그프리트 바그너는 여러 가지 점에서 뛰어난 재능을 가진 사람이었는데, 나는 그의 단순하고 겸손한 성격을 높이 평가했다. 그가 바이로이트에서 일하는 것을 본 사람이면 누구나 그가 해놓은 일과 그의 일하는 방식에 감탄을 금하지 못할 것이다. 그의 음악 역시 의미심장하고 아름다웠다.

바이로이트에 살면서 철학에 관해 이야기를 나누던 어떤 모임에서 에바 바그너와 결혼한 휴스턴 스튜어트 체임벌린을 알게 되었다. 그러나 나는 그의 후기 저술과 세상을 떠나기 전에 오랫동안 고통을 참아나가는 모습을 보고 비로소 그의 인품을 알게 되었다. 그가 세상을 떠나기 얼마 전 그와 함께 지낼 수 있었던 마지막 시간을 잊어버릴 수 없다.

4
성만찬과 예수의 생애에 관한 연구

칸트에 관한 논문을 끝내고 다시 신학으로 돌아왔을 때 나는 만사 제쳐두고 대학에 들어온 첫해부터 관심의 대상이었던 예수 생애에 관한 연구를 종합하여 리첸티아테 시험을 위한 논문부터 작성했어야 옳았을 것이다. 그러나 성만찬에 관해 연구를 하다 보니 나의 시야와 관심권이 넓어졌다. 나는 예수의 생애에 관한 문제의 영역에서 바로 원시 기독교에 관한 문제로 들어갔던 것이다.

최후의 만찬에 관한 문제는 두 영역에 다 속한다. 이 문제는 예수의 신앙이 원시 기독교의 신앙으로 발전하는 과정의 중심점에 서 있다. 성만찬의 기원과 의미가 수수께끼로 남는다면 그것은 우리가 예수와 원시 기독교의 사상 세계를 완전하게 이해하지 못한 때문이며, 반대로 우리가 예수와 원시 기독교의 신앙의 문제들을 본래의 모습 그대로 보지 못한다면 그것은 우리가 성만찬과 세례에 관한 문제에 입각해 이 문제들을 검토하지 않기 때문인 것이다.

이러한 생각에서 나는 예수의 생애 및 원시 기독교의 역사와 관련시켜 성만찬의 역사를 쓸 계획을 세웠다. 첫 번째 연구에서는 종전의 성만찬 연구에 대한 나의 견해를 표명하고 문제가 무엇인가를 밝힐 생각이었다. 두 번째 연구에서는 예수가 제자들과 더불어 베푼 성만찬의 이해를 위한 전제 조건으로 예수의 사상과 생애를 서술할 생각이었다. 세 번째 연구에서는 원시 기독교와 초기 기독교 시대의 성만찬을 취급할 생각이었다.

성만찬 문제에 관한 논문으로 나는 1900년 7월 21일 신학의 리첸티아테 학위를 땄다.4 그리고 수난과 메시아의 신비를 취급한 두 번째 논문으로 1902년 대학 전임 강사로 취임할 수 있었다.5

원시 기독교와 초기 기독교 시대의 성만찬의 발전에 관한 세 번째 연구로 계획했던 논문은 작성되어, 이와 짝을 이루는 신약성서 및 원시 기독교에서 세례의 역사에 관한 연구와 마찬가지로 강의되기까지 했다. 그러나 이 두 논문은 결국 인쇄되지 않았다.

처음에는 예수 생애 약전(略傳)에 대한 보충 정도로밖에 생각하지 않았던 예수 생애 연구사가 점점 방대한 책이 되어가는 바람에 이 논문들을 인쇄에 넘길 수 있도록 손질할 겨를이 없었다. 그 다음은 역시 처음에 수필 정도로밖에 생각하지 않았던 바흐에 관한 책 때문에 그랬고, 또 그 다음은 의학 공부 때문에 그랬다. 그리고 의학 공부가 끝날 무렵 또 한 번 신학 연구를 할 시간이 있었지만

---

4 《19세기의 학문적 연구와 역사적 보고에 입각한 성만찬의 문제》, 619쪽, 1901년(J. C. B. Mohr, Tübingen). 1929년 개정하지 않은 재판이 나왔다.
5 《메시아의 신비와 수난의 신비—예수 생애 약전》, 109쪽, 1901년(J. C. B. Mohr, Tübingen). 1929년 개정하지 않은 재판이 나왔다. 영어판은 The Mystery of the Kingdom of God이란 제목으로 1914년(Dodd, New York)과 1925년(A. & C. Black, London)에 각각 출판되었다.

그때는 예수 생애 연구사의 한 짝으로, 그리고 바울 교리의 해설에 대한 입문으로 바울의 사상 세계에 대한 학문적 연구사를 쓰는 것이 적합하다고 생각되었다.

그 뒤 나는 아프리카에 가서 1년 반 내지 2년 동안 활동한 다음 다시 유럽으로 돌아와 쉬면서, 예수와 바울의 가르침에 대한 새로운 이해를 토대로 하여, 성만찬 및 세례의 기원과 초기 기독교 시대의 그 발전사에 최종 형태를 부여할 생각이었다. 그러나 전쟁으로 인하여 2년이 아닌 4년 반 후에, 그것도 생활 수단을 빼앗긴 채 병든 몸을 이끌고 유럽으로 돌아와야 했기 때문에 이 계획 역시 수포로 돌아가고 말았다.

그리고 그동안 또 다른 방해가 생겼다. 그것은 내가 문화 철학에 관한 책을 쓰기 시작한 것이다. 그리하여 〈초기 기독교 시대에서의 성만찬 및 세례의 역사〉는 강의를 위한 원고 형태로 남게 되었다. 앞으로 이 원고를 인쇄에 넘길 수 있도록 손질할 시간과 정력이 있을는지 모르겠다. 그 근본 사상은 바울의 신비주의에 대한 저술에서 전개되고 있다.

성만찬의 문제에 관한 연구에서 나는 학문적 신학이 19세기까지 시도한 여러 가지 해결들을 면밀하게 검토했다. 동시에 나는 이 문제의 본질을 변증법적으로 규정하려 했다. 그 결과 초기 기도교의 의식을 빵과 포도주가 자기의 몸과 피라고 한 예수의 말씀을 되풀이함으로써 몸과 피의 의미를 지니는 빵과 포도주의 분배로 해석하려는 모든 시도가 불가능하다는 것이 밝혀졌다.

초기 기독교의 만찬 의식은 예수의 속죄의 죽음의 성스러운 반복이나 상징적 재현과는 전혀 다른 것이다. 예수가 제자들과 함께 베푼 최후의 만찬의 반복이 처음으로 이러한 의미를 지니게 된 것은 죄사함을 재현하기 위한 가톨릭의 미사 제물과 신교의 성만찬 의식에서였다.

빵과 포도주가 자기의 몸과 피라고 한 예수의 비유의 말씀은 이상하게 들릴지 모르지만 그의 제자들과 초기의 신자들에게는 의식의 본질을 규정하는 것이 아니었다. 이러한 말씀은 원시 기독교와 초기 기독교에 관하여 우리가 아는 한 초기의 공동체 만찬에서는 반복되지 않았다. 의식을 구성하는 것은 따라서 빵과 포도주가 자기의 몸과 피라는 이른바 예수가 제정했다고 하는 말씀이 아니라, 빵과 포도주에 대한 감사 기도였다. 이러한 감사 기도는 예수가 제자들과 함께 베푼 만찬뿐 아니라 원시 기독교 공동체의 만찬 의식에 대해서도 대망의 메시아 만찬을 시사하는 어떤 의미를 부여한다. 이렇게 보면 왜 성만찬 의식이 초기에 "감사 기도(Eucharist)"라고 불렸는지, 그리고 1년에 한 번씩 세족(洗足) 목요일 저녁에 거행되지 않고 예수가 부활한 날이며 동시에 하나님의 나라가 열릴 때 그가 돌아올 날인 주일날 이른 아침마다 거행되었는지 그 까닭을 알 수 있다.

《메시아의 신비와 수난의 신비》라는 예수의 생애 약전에서 나는 19세기 말에 역사적으로 확실한 것으로 인정되었으며 홀츠만이 그의 복음에 관한 연구에서 하나하나 증명한 바 있는 예수의 공적 활동 과정에 대한 견해를 충분히 검토했다. 이 견해는 두 가지 근본 사상, 즉 예수는 그 당시 유대 민족 사이에 전파된 소박하고 현실적인 메시아 대망에 참여하지 않았다는 생각과 예수는 초기의 성공 다음에 실패를 감수했기 때문에 죽음을 결심하게 되었다는 생각에 입각하고 있다.

19세기 후반기의 학문적 연구에 따르면 예수는 자신이 지상에 세우려고 하는 순수 윤리적인 하나님의 나라를 신자들에게 예고함으로써 그들이 대망하는 초자연적인 하나님의 나라에서 그들의 시선을 딴 데로 돌리려 한다. 따라서 예수는 자신을 청중이 상상하는 그러한 메시아로 생각하지 않고, 그들에게 정신적 윤리적 메시아에 대한 믿음을 심어줌으로써 그 믿음을 통하여 자기 속에서 메시아를 발견하도록 하려고 애쓴다.

예수는 그의 예고로 일단 성공을 거둔다. 그러나 그 뒤 바리새인들과 예루살렘의 통치자들에게 설득된 대중이 그에게서 떨어져나간다. 이와 같은 사실에 직면하여 그는 하나님의 나라를 위하여, 그리고 자신이 메시아임을 증명하려고 죽는 것만이 하나님의 뜻에 따르는 길이라는 인식에 도달한다. 그리하여 그는 적의 손에 넘어가 십자가에 못박혀 죽기 위하여 다음 부활제 때 예루살렘으로 올라간다.

예수의 활동 과정에 대한 이러한 견해는 그 두 가지 근본 사상이 사실에 부합되지 않기 때문에 유지될 수 없다. 가장 오래된 출전인 〈마가복음〉과 〈마태복음〉의 어느 곳에서도 예수가 초자연적 방법으로 영광 속에서 나타날 왕국에 대한 유대 민족 사이에 전파된 현실적 대망을 정신적인 대망으로 대치하려고 한 흔적은 찾을 수 없다. 마찬가지로 이 두 복음서에서는 예수의 활동에서 행복했던 시기 다음에 불행했던 시기가 왔다는 기록도 찾을 수 없다.

마가와 마태가 예수에 관하여 전하는 말에 따르면 예수는 옛 예언자들과 기원전 165년경에 나온 〈다니엘서(書)〉까지 거슬러 올라가는 후기 유대교의 메시아 대망 속에서 살고 있다. 우리는 〈에녹서〉(기원전 100년경)와 솔로몬의 〈시편〉(기원전 63년)과 바룩 및 에스라의 〈묵시록〉(기원후 80년)을 통하여 이러한 대망이 무엇인지를 잘 안다. 예수는 그의 동시대인들과 마찬가지로 메시아를 〈다니엘서〉에서 언급되는 '인자(人子)'와 동일시하며, 그는 하늘의 구름을 타고 올 것이라고 말한다. 그가 설교하는 하나님의 나라는 자연적인 생존이 끝날 무렵 인자가 도래할 때 지상에 시작될 천상의 메시아 왕국이다. 그는 청중에게 언제든지 심판을 받을 준비를 하고 있으라고 권하며, 심판을 통하여 어떤 자들은 메시아 왕국의 영광 속으로 들어갈 것이고, 어떤 자들은 지옥으로 떨어질 것이라고 말한다. 그는 제자들에게 이 심판 때 그들이 그의 왕좌를 둘러싼 열두 의자에 앉아 이스라엘의 열두 지파를 심판하게 될 것이라고 예고한다.

예수는 이와 같이 후기 유대교 메시아 대망의 외형성을 그대로 다 받아들였다. 그는 결코 이것을 정신화하려 하지 않는다. 그러나 그는 율법과 율법 학자를 초월하여 사람들에게서 그들이 하나님과 메시아에 속하고 다가오는 메시아 왕국에 들어가도록 선택되었다는 증거로, 사랑의 절대 윤리의 실행을 요구함으로써 이 대망을 그의 강력한 윤리적 정신으로 충만시켰다.

예수의 말에 따르면 마음이 가난한 사람, 자비로운 사람, 평화를 위해 일하는 사람, 마음이 깨끗한 사람, 하나님 나라의 의(義)에 주리고 목마른 사람, 애통한 사람, 하나님의 나라를 위하여 박해받는 사람, 어린아이처럼 되는 사람 들은 복을 받게 된다.

종전의 연구가 범한 과오는 예수가 실제로는 후기 유대교 메시아 대망 속에 사랑의 윤리적 종교를 삽입했을 뿐인데 이 대망을 정신화한 것으로 생각한 데에 있다. 그토록 심오하고 정신적인 종교성과 윤리가 어떻게 그와 같이 소박하고 현실적인 견해와 결합될 수 있었는지 좀처럼 이해가 가지 않는다. 그러나 그것은 사실이다.

예수의 활동을 행복했던 시기와 불행했던 시기로 구분할 수 있다는 주장에 대해서 예수가 갈릴리에 있을 때나 예루살렘의 성전에 있을 때나 언제나 감격한 군중에게 둘러싸여 있었다는 사실을 지적하지 않을 수 없다. 그의 추종자들에게 둘러싸여 있는 동안 그는 적의 음모에 대해 안전하다. 그는 그들의 지지를 믿고 성전에서 한 말씀에서 바리새인들을 통렬하게 비판하고, 환전상과 장사꾼들을 성전에서 몰아낼 수 있었던 것이다.

제자들이 그의 지시에 따라 하나님의 나라가 임박했다는 예고를 하고 돌아온 지 얼마 안 되어 그는 제자들과 함께 이방인 지역인 티레(두로)와 시돈으로 가는데 그것은 그가 적 앞에서 후퇴를 해야 했기 때문이 아니다. 백성들이 그에게서 떨어져나간 것이 아니라, 그가 잠시 가까운 사람들과 조용한 시간을 보내려고 그들을 피한 시기다. 그가 다시 갈릴리에 나타나자마자 그를 추종하는 무리가 그의 주위에 몰려들었다. 그는 축제에 참가하려고 순례의 길을 떠난 갈릴리인들의 앞장을 서서 예루살렘에 입성한다. 그가 붙잡혀 십자가에 못박힐 수 있었던 것은 그가 제 발로 권력자들의 손에 넘어가 이들이 밤에 그를 재판하여 예루살렘 사람들이 채 잠을 깨기 전인 이른 아침에 십자가에 못박았기 때문에 가능했던 것이다.

가장 오래된 두 복음서의 명백한 진술에 따라 나는 예수 생애에 대한 근거가 박약한 종전의 해석에 대항하여 그의 사상과 언행을 임박한 세계 종말과 이어서 출현할 초자연적 메시아 왕국의 대망에 의해 결정된 것으로 보는 그러한 해석을 내세운다. 이러한 해석은 '종말론적'이라고 불린다.

왜냐하면 종말론이란 말은("eschatos"는 그리스어로 종말을 의미한다) 관례적으로 세계 종말에 일어날 모든 사건에 대한 유대교적 기독교적 가르침을 의미하기 때문이다.

이렇게 보면 예수의 생애 또는 그의 공적 활동과 최후—사실 우리가 그의 생애에 관해 아는 것은 이것뿐이다—는 다음과 같이 그릴 수 있을 것이다. 예수는 하나님의 나라를 이미 시작한 것으로 알리지 않고 앞으로 나타날 것으로 알리는 것과 마찬가지로 자신에 대해서도 자기가 이미 메시아라는 생각은 품지 않고, 메시아 왕국이 출현하여 선택된 자들이 그들에게 정해진 초자연적 생존 방식으로 들어갈 때 메시아로 계시될 것이라는 확신만 품었다. 자신의 미래의 존엄에 대한 이러한 지식은 어디까지나 그의 비밀이다. 그는 단순히 임박한 하나님의 나라의 예고자로서 백성들 앞에 나타난다. 청중은 그들이 상대하는 사람이 누구인지 알 필요가 없다. 메시아 왕국이 출현할 때 그들은 알게 될 것이다. 예수의 자의식은 그가 자기와 하나님의 나라에 대한 자기의 예고를 신봉하는 자들에게 인자가(그는 자기가 인자가 아닌 것처럼 인자에 관해 3인칭으로 이야기하고 있다) 곧 그들을 자기 사람들로 인정할 것이라고 약속할 때에 한해서 나타난다.

예수를 자신뿐 아니라 자기와 더불어 하나님의 나라의 조속한 도래를 열망하는 사람들을 위하여, 먼저 그들이 메시아가 나타나기 전에 받게 되는 환난을 함께 견디어내고 이 환난을 통하여 그들의 충성을 입증하지 않으면 안 될 것이라고 예기한다. 종말기에 일어날 사건에 관한 후기 유대교의 교리에 따르면 메시아 왕국으로 부름을 받은 모든 사람은 메시아 왕국이 출현하기 직전에 잠깐 동안 하나님을 반대하는 세속적인 권세에 내맡겨지게 되어 있다.

언젠가—그가 공적 활동을 시작한 지 몇 주일 후인지 아니면 몇 달 후인지 모르겠다—예수는 하나님의 나라가 도래했다는 확신을 가진다. 그는 이 소식을 전하기 위하여 제자들을 둘씩 둘씩 이스라엘의 도시로 급히 내보낸다. 그는 제자들을 내보내는 말씀에서(〈마태복음〉 10장) 곧 메시아 도래 이전의 환난이 시작될 것인데 그때가 되면 그들은 다른 선택된 사람들과 마찬가지로 심한 박해를, 아니 어쩌면 죽음을 당하게 될지 모르니 미리 각오를 하라고 한다. 그는 그들이 다시 돌아올 것이라고 예기하지 않고 그들이 이스라엘의 도시를 다 돌기 전에 "인자의 출현"(하나님의 나라와 동시에 출현할 것으로 예기되는)이 이루어질 것이라고 그들에게 예고한다.

그의 예기는 그러나 실현되지 않는다. 제자들은 아무 박해도 받지 않고 그에게로 돌아온다. 메시아 도래 이전의 환난은 일어나지 않고 메시아 왕국도 계시되지 않는다. 예수는 이것을 먼저 일어나야 할 그 무엇이 일어나지 않은 것으로밖에 볼 수가 없다. 하나님의 나라가 도래하지 않았다는 사실과 씨름을 하는 가운데 그는 자기가 미래의 메시아로서 수난과 죽음을 통하여 하나님의 나라로 선택된 사람들을 위하여 속죄를 함으로써 그들을 메시아 도래 이전의 환난에서 해방시켜줄 때에 비로소 하나님의 나라가 도래할 것이라는 인식을 하게 된다.

하나님이 자비를 베풀어 선택된 사람들에게 메시아 도래 이전의 환난을 면제시켜줄 가능성을 예수는 일찍부터 계산에 넣어두었다. 하나님 나라의 도래에 관한 기도인 주기도문에서 그는 신자들에게 하나님이 그들을 '시험'에 들지 않게 해주고 '악한 자'에게서 구제해주도록 기도드리라고 한다. 이때 그는 이 시험이란 말로 죄악에 대한 어떤 개인적인 유혹을 뜻하지 않고 종말기에 가서 하나님의 허가 아래 '악한 자', 즉 하나님을 반대하는 권세의 대표자인 악마에 의해 모든 신자들에게 가해질 박해를 뜻한다.

예수가 죽음을 맞이하여 마음속에 품은 생각은 그러므로 하나님이 스스로 선택한 그의 죽음을 신자들을 위해 행한 속죄로 받아들여, 그들이 수난과 죽음을 통하여 자신을 정화하고 또 하나님의 나라에 들어갈 가치가 있음을 증명하려면 마땅히 받아야 할 메시아 도래 이전의 환난을 면제시켜준다는 것이다.

어떻게 보면 속죄의 죽음을 감수하기로 한 예수의 결심은 다른 사람의 죄를 위해 고통을 받지만 다른 사람은 왜 그가 참고 견디는지 그 뜻을 알지 못하는 하나님의 종에 관한 〈이사야서〉의 구절(〈이사야〉 53장)에 근거를 둔다. 추방기에 속하는 〈이사야서〉의 이 구절은 원래 이민족이 유대 민족을 통하여 하나님을 인식하게끔 하려고, 유대 민족이 추방기에 '하나님의 종'으로서 이민족들 사이에서 받은 수난에 관한 것이었다.

, 예수는 메시아-인자의 존엄을 부여받은 사람은 반드시 수난을 당하고 죽음을 당할 것이라는 사실을 가이사랴 빌립보 지방에 체류할 때 제자들에게 알린다. 동시에 그는 자기가 이 사람임을 그들에게 알린다(〈마가복음〉 8장 27~33절). 그러고는 부활제 때 갈릴리인들의 축제 행렬과 함께 예루살렘으로 올라간다. 그가 자기를 누구라고 생각하는지 제자들 외에는 아직 아무도 모른다. 예루살렘에 입성할 때의 환호성은 메시아를 위한 것이 아니라 다윗의 후손인 나사렛의 예언자를 위한 것이다. 유다의 배신은 그가 대제사장들에게 예수가 어디서 잡힐 수 있는지를 가르쳐준 데 있는 것이 아니라 예수가 메시아의 존엄을 주장한다는 사실을 폭로한 데 있는 것이다.

그는 제자들과 베푼 최후의 만찬에서 감사 기도로 깨끗이 한 빵과 포도주를 그들에게 먹고 마시라고 주며 자기는 아버지의 나라에서 그들과 함께 새로 마실 그날까지 결코 포도로 만든 것을 마시지 않을 것이라고 예고한다. 지상에서의 마지막 만찬에서 예수는 그들을 다가오는 메시아 만찬의 동석자로 임명한다. 그때부터 신자들은 메시아 만찬에 부름을 받았다는 확신을 품은 사람들로서 이 최후의 만찬을 계승하여, 음식을 마련해놓고 하나님의 나라와 메시아 만찬의 도래에 대해 감사 기도를 올리는 성만찬 의식을 거행한다.

예수는 이와 같이 자신의 속죄의 죽음을 통해 메시아 도래 이전의 고난을 겪지 않아도 메시아 왕국이 도래할 것이라고 예기한다. 그는 재판관들에게 자기가 인자로서 하나님의 오른편에 앉은 것과 하늘에서 구름을 타고 오는 것을 볼 것이라고 예고한다(《마가복음》 14장 62절).

제자들은 안식일 다음날 아침, 무덤이 빈 것을 발견하고 또 그들의 선생이 영광 속에서 계시될 것을 열망한 나머지 그가 부활한 환상을 본 뒤로 그가 하늘나라의 하나님 곁에 가 있고 곧 메시아로 나타나 왕국을 도래하게 할 것이라고 굳게 믿었다.

가장 오래된 두 복음서가 전하는 바에 따르면 예수의 활동은 1년을 넘지 않는다. 그는 봄에 씨 뿌리는 사람의 비유로 하나님의 나라의 비밀을 알리기 시작한다. 그리고 추수기에는 이제부터 하늘나라의 추수가 시작될 것을 예기하고(《마태복음》 9장 37~38절) 하늘나라가 가까이 왔다는 마지막 선포를 하기 위해 제자들을 내보낸다. 그리고 곧 공적 활동을 포기하고 오직 제자들과 함께 부활절 때까지 가이사랴 빌립보 근방의 이방인 지역에 머무르다가 부활절이 되자 예루살렘으로 떠난다. 그러므로 그의 공적 활동 기간은 기껏해야 5, 6개월밖에 되지 않는다.

슈바이처의 가족사진. 1889년
(가운데가 슈바이처)
슈바이처는 양친과 누이 셋과 남동생 하나와 함께 귄스바흐에서 행복한 어린시절을 보냈다.

딸 레나를 안고 있는 슈바이처
레나는 1919년 1월 4일 슈바이처의 생일날 태어났다.

21세의 슈바이처 "어느 청명한 여름날 아침, 나는 자리에서 일어나기 전에 조용히 생각해본 끝에 서른 살까지는 학문과 예술을 위해 살고, 그 이후부터는 인류에 직접 봉사하기로 마음을 정했다."

1928년, 오르간 앞에 앉아서 슈바이처는 랑바레네에서의 의료활동 자금을 마련하려고 유럽에서 순회 연주회를 가졌다.

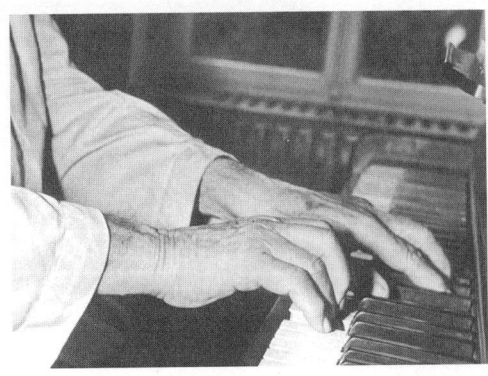

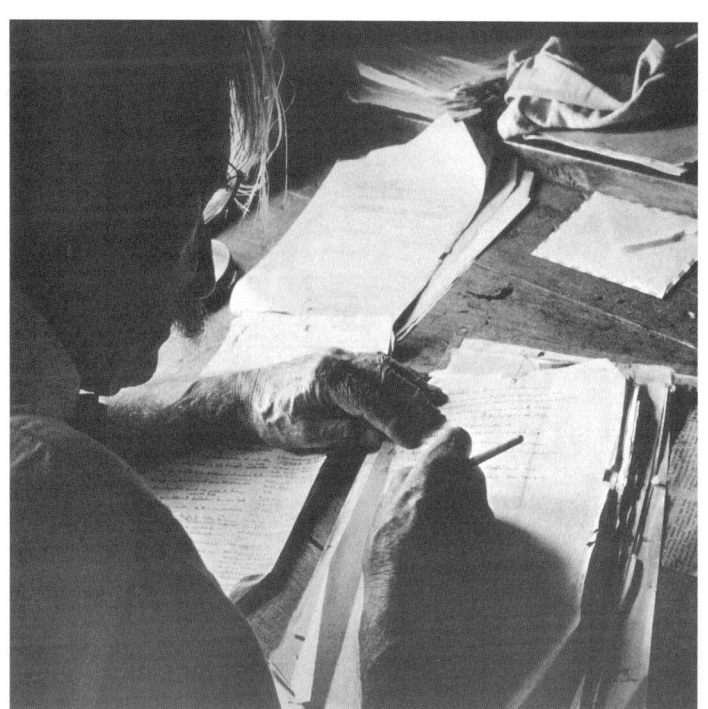

"우리의 생명 의지 속에는 생명의 존속과, 이른바 쾌락이라고 하는 생명의지의 신비스런 상승에 대한 동경이 있는가 하면 파멸과 이른바 고통이라고 하는 생명 의지의 신비스런 하강에 대한 불안이 있다."

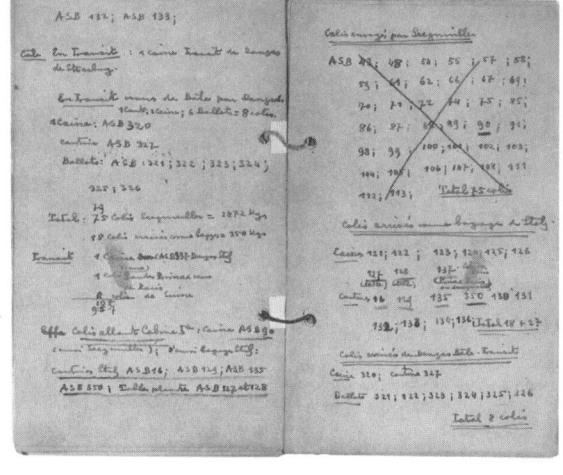

아프리카로 보낼 짐짝에 꾸릴 내용물들을 적어놓은 슈바이처의 자필 메모장.

튀빙겐에서 그를 환영하러 나온 인파에 화답하는 슈바이처.

2차 세계대전 동안에 바흐의 원고를 보관해두었던 튀빙겐에서
바흐의 악보를 연구하고 있는 슈바이처, 1959년.

5
대학 강의와 《예수 생애 연구사》 집필기

1902년 3월 1일, 나는 스트라스부르대학 신학부 앞에서 〈요한 복음〉의 로고스론에 관해 강사 취임 강의를 했다. 뒤에 안 일이지만 나의 강사 취임에 대하여 신학부의 두 교직원이 우려를 표명했다. 그들은 역사적 연구를 수행하는 나의 방법에 찬동하지 않았으며, 내가 나의 견해로 학생들을 혼란에 빠뜨릴까 봐 두려워했다. 그러나 나를 옹호해준 홀츠만의 권위 앞에서는 그들도 무력했다.

취임 강의에서 나는 〈요한복음〉의 예수가 한 말씀 가운데 애매한 부분은 그 구절들이 사실은 서로 앞뒤가 맞을 뿐 아니라 로고스에 의해 이루어진 성사(聖事)가 그의 사후에 효력을 발생할 것이라는 사실에 대해 그의 청중에게 마음의 준비를 시키기 위한 암시라고 해석할 때 비로소 이해될 수 있다는 점을 논증했다. 나는 《사도 바울의 신비주의》라는 나의 책에서 비로소 이 이론을 자세히 논증할 수 있는 기회를 가졌다.

1902년 여름 학기에 맨 처음 시작한 강의는 '목회서간(牧會書簡)'에 관한 강의였다.

슈피타 교수에게서 예수의 생애에 대한 강의를 들었으나 예수의 생애에 대한 종전의 연구에 대해서는 실제로 아무것도 배운 바가 없는 학생들과 이야기를 나눈 것이 계기가 되어 나는 '예수 생애 연구사'에 몰두하게 되었다. 그래서 나는 홀츠만의 동의 아래 1905년 여름 학기에 1주일에 두 번씩 '예수 생애 연구사'에 관해 강의하기로 결심했다. 나는 열심히 일했다. 나는 이 소재에 완전히 마음을 빼앗겼기 때문에 강의를 다 끝낸 뒤에 본격적으로 여기에 전념했다.

에두아르트 로이스와 다른 스트라스부르 신학자들이 기증한 덕택에 스트라스부르대학 도서관은 예수의 생애에 관한 문헌을 완비했으며, 게다가 슈트라우스와 르낭의 《예수전(傳)》을 논박하는 저술들도 거의 다 구비하고 있었다. 아마 세계 어느 곳을 가더라도 예수 생애 연구사를 공부하기 위해서는 여기보다 조건이 더 좋은 곳은 없었을 것이다.

이 저작에 몰두하는 동안 나는 신학 기숙사(콜레기움 빌헬르미타눔)의 사감이 되었다. 에리히존이 세상을 떠난 뒤부터 구스타프 안리히 ― 당시는 스트라스부르 근교 링골스하임의 목사였으며 후에는 튀빙겐 대학 교회사 교수가 되었다 ― 가 후임자로 올 때까지, 즉 1901년 5월 1일부터 1901년 9월 30일까지 나는 이 직책을 임시로 맡았다. 1903년 여름 안리히는, 돌연 세상을 떠난 에른스트 루치우스의 후임으로 교회사 교수로 임명되었다. 그리하여 나는 1903년 10월 1일 연봉 2천 마르크의 사감직과 함께 양지 바른 토마스 제방 위에 자리 잡은 아담한 관사를 인계받았다. 그러나 학생 시절 사용하던 방은 그대로 공부방으로 썼다. 구스타프 안리히가 사감이었을 때 나는 시내에 거주했다.

《예수 생애 연구사》는 1906년에 이미 출판되었다. 초판의 제목은 《라이마루스에서 브레데까지》였다.[6]

함부르크의 동양어 교수였던 헤르만 새무얼 라이마루스(1694~1768)는 그의 사후 레싱에 의해 저자의 이름도 밝혀지지 않은 채 출판된 그의 논문 〈예수와 그의 제자들의 목적〉에서 처음으로 예수가 그의 동시대인들의 종말론적 메시아 대망에 참여했다는 가설에서 출발하여 예수의 생애를 규명해보려 했다.

브레슬라우의 신학 교수였던 윌리엄 브레데(1859~1907)는 그의 저서 《복음에서의 메시아 신비》에서 처음으로 예수의 종말론적 표상을 완전히 부인하려는 본격적인 시도를 했다. 그 결과 그는 예수는 자기를 메시아로 생각하지 않았는데 그의 사후에 제자들이 그렇게 만들었다고 주장하기에 이르렀다.

이와 같이 이 두 사람의 이름은 예수 생애 연구의 양극을 의미하기 때문에 나는 그들의 이름에서 내 책의 제목을 따왔다.

수많은 예수전을 일일이 연구한 다음 이것을 장별로 나누느라 무진 애를 먹었다. 처음에는 종이 위에다 써서 분류해보려 했으나 헛된 시도임을 알고 모든 예수전을 방 가운데 한무더기로 쌓아올

---

[6] 《라이마루스에서 브레데까지》, 418쪽, 1906(J. C. B. Mohr, Tübingen). 재판(1913)부터는 《예수 생애 연구사》라는 제목으로 나왔다.

려놓고 계획한 각 장마다 방구석이나 가구 사이에 자리를 만들어 주었다. 그러고는 충분히 생각한 다음 책들을 해당 장별로 쌓아올렸다. 이때 나는 어떻게든 모든 책을 해당 장별로 수용하고, 해당 장의 초안이 완성될 때까지 쌓아올려놓은 채 그대로 두기로 혼자서 다짐했는데 과연 그대로 실행했다. 그러는 몇 달 동안 나를 찾아온 손님들은 책 무더기 사이로 다녀야만 했다. 내 방을 청소해 주던, 뷔르템베르크 출신의 성실한 미망인 뵐페르트 부인은 무엇이나 정돈하지 않고는 못 배기는 성미였는데, 나는 그녀의 정돈열(熱) 앞에서 이 책 무더기를 지켜내느라 무척 애를 먹었다.

예수 생애 연구를 취급하는 역사학의 최초의 대표자들은 예수의 생존을 역사적으로 규명하고 그에 관한 우리의 지식의 원천인 복음서를 비판적으로 검토하려고 노력하지 않을 수 없었다. 그러나 차츰차츰 자신의 신적 사명에 대한 예수의 의식(意識)은 그의 생애를 이루는 사건과 그가 선포한 이념을 비판적·역사적으로 취급할 때는 존립할 수 없다는 사실을 인정하게 되었다.

18세기와 19세기 초의 예수전들은 예수를 유대교의 비정신적 교리에서 자기 민족을 사랑의 신과 지상에 건설될 윤리적 하늘나라에 대한 합리적이고도 모든 교리를 초월하는 믿음으로 인도하려는 위대한 계몽주의자로 그렸다. 이 예수전들은 무엇보다도 예수가 행한 모든 기적을 군중이 잘못 이해한 자연스러운 사건으로 해명하고 그렇게 함으로써 기적에 대한 신앙에 종지부를 찍으려 한다.

이러한 합리주의적 예수전 가운데 가장 유명한 것은 카를 하인리히 벤투리니의 《나사렛의 위대한 예언자의 자연적 역사》인데 2천 7백 페이지에 달하는 네 권으로 된 이 방대한 책은 1800년과 1802년 사이 익명으로 '베들레헴'(사실은 코펜하겐)에서 독일어로 출판되었다. 예수의 예고를 후기 유대교의 종말론적 메시아 교리의 입장에서 이해하려는 라이마루스의 시도를 당시 사람들은 거들떠보지도 않았다.

예수의 생애에 대한 연구는 복음이 전하는 이야기가 역사적인 가치가 있는지 없는지 비판적으로 검토하게 됨으로써 비로소 진정한 의미의 역사적인 궤도에 오른다. 그리고 19세기 초부터 몇 십 년 동안 계속된 연구 끝에 〈요한복음〉의 진술은 다른 세 복음의 그것과 일치하지 않으며, 이 세 복음이 오래되고 따라서 더 신빙성이 있고, 이들의 공통된 소재는 〈마가복음〉에서 그 원형을 찾아볼 수 있으며, 끝으로 〈누가복음〉은 〈마가복음〉이나 〈마태복음〉보다 상당히 후기의 것이라는 결론에 도달한다.

예수의 생애에 대한 연구는 1835년에 출판된 그의 《예수전》에서, 가장 오래된 두 복음이 예수에 관해 전하는 것 가운데 일부분만 역사적 사실로 인정하려는 다비드 프리드리히 슈트라우스(1808~74)로 말미암아 궁지에 빠진다. 그는 그 대부분을 원시 기독교 시대에 차츰차츰 생기기 시작한, 그리고 주로 구약성서의 기적사나 메시아에 관한 구절에서 찾아볼 수 있는 모티프에서 유래한 신화 비슷한 이야기로 취급했다. 슈트라우스가 가장 오래된 두 문헌의 신빙성을 그 정도로 의심하게 된 것은 그가 태어날 때부터 회의주의자이기 때문이 아니라, 이 두 문헌이 예수의 활동과 가르침에 관해 전하는 바를 하나하나 올바로 이해한다는 것이 얼마나 어려운지 처음으로 알았기 때문이다.

19세기 중엽부터 예수는 당시 유대교의 현실적 메시아 대망을 정신화하려 했으며, 정신적 메시아와 윤리적 하나님 나라의 건설자로 등장했으며, 마지막에 가서 백성들이 그를 이해하지 못하고 그에게서 떨어져나갔을 때는 자기의 주장을 승리로 이끌려고 스스로 죽음을 택하기로 결심한다는 근대적 역사적 견해가 차츰 고개를 들기 시작했다.

이와 비슷한 요지의 예수전 가운데 가장 잘 알려진 것은 에르네스트 르낭(1863), 테오도르 카임(3권, 1867, 1871, 1872), 카를 하제(1876)와 오스카 홀츠만의 것이다. 하인리히 율리우스 홀츠만은 처음 세 복음에 대한 그의 여러 논문과 《신약성서 신학》에서 이러한 견해를 상세하게 학문적으로 규명하려 한다. 그러나 이와 같은 근대화한 예수론의 가장 생생한 전개는 아돌프 하르나크의 《기독교의 본질》(1901)에서 찾아볼 수 있을 것이다.

그러나 이미 1860년부터, 예수 생애에 대한 문제를 다룬 개별적인 연구를 통해 그가 당시의 종말론적 메시아관을 정신화하려 했다는 견해는 유지될 수 없음이 드러났다. 왜냐하면 그는 여러 구절에서 세계의 종말이 오면 인자와 왕국이 출현할 것이라고 아주 현실적으로 이야기하기 때문이다. 만일 이 구절들을 달리 해석하거나 또는 논박하기를 단념한다면, 예수가 실제로 후기 유대교의 종말론적 표상 속에서 살았다는 사실을 인정하거나, 아니면 예수가 메시아와 메시아 왕국에 관해 순수 정신적으로 말하는 부분만이 신빙성이 있고 나머지는 후기 유대교의 현실적 견해로 되돌아간 원시 기독교에 의해 그가 말한 것으로 추정되었다고 주장하거나 양자택일을 하지 않으면 안 된다.

예수 생애 연구는 이 양자 가운데 일단 두 번째 길을 택한다. 예수가 우리들에게 그렇게도 낯선, 후기 유대교의 메시아 표상에 관여했다고 하는 것은 도저히 이해할 수 없고 또 불쾌한 일로 생각되기 때문에 차라리 가장 오래된 두 복음의 신빙성을 어느 정도 의심하고 두 복음이 전하는 예수의 말씀 가운데 일부분을 그 이상한 내용 때문에 신빙성이 없는 것으로 보려고 한다.

그러나 티모테 콜라니(《예수 그리스도와 당시의 메시아 신앙》, 1864)와 구스타프 폴크마(《나사렛 예수》, 1882)의 저작에서 이와 같이 신빙성이 있는 '정신적 메시아적' 발언과 신빙성이 없는 '종말론적 메시아적' 발언을 구별해보려 하자 예수가 자기를 메시아로 생각했다는 사실을 전적으로 부인하지 않으면 안 된다는 것이 확실해졌다.

말하자면 예수가 제자들에게 자기가 곧 메시아임을 밝히는 구절들은 그가 자기를 세계의 종말이 올 때 인자로 나타나게 될 바로 그 사람으로 간주한다는 사실을 밑받침해주는 이상 모두 '종말론적 메시아적'이다.

예수가 종말론적으로 생각했는가, 비종말론적으로 생각했는가 하는 문제는 그러므로 결국 예수가 자기를 메시아로 간주했는가 간주하지 않았는가 하는 문제로 귀착된다. 그가 자기를 메시아로 간주했다는 사실을 인정하는 사람은 또한 그의 메시아 표상과 대망이 후기 유대교적 종말론적인 것이라는 사실도 인정하지 않으면 안 될 것이다. 그에게서 후기 유대교적 종말론적 요소를 인정하려 들지 않는 사람은 또한 그의 메시아 의식도 부인해야만 할 것이다.

윌리엄 브레데는 그의 저서 《복음에서의 메시아 신비》(1901)에서 일관성 있게 이 방법을 사용했다. 그는 예수는 단순히 선생으로 활동했을 뿐인데, 사후에 신자들의 관념 속에서 메시아가 되었다는 생각을 끝까지 밀고 나간다. 그의 주장에 따르면 예수 '선생님'의 행동과 활동에 대한 원래의 전설 속에 이와 같은 후기의 견해가 섞여들어갔는데 그것도 그가 자신이 메시아임을 공개하지 않고 이것을 혼자만의 비밀로 간직하는 그런 방식으로 섞여들어갔다는 것이다. 물론 브레데는 이와 같은 가상적이고 문학적인 처리 방식을 다소나마 이해시키는 데 실패했다.

예수의 종말론적 메시아 발언을 의심하게 되면 가장 오래된 두 복음서에는 예수라고 하는 어떤 나사렛 사람의 교육 활동에 관한 약간의 아주 일반적인 보고를 제외하고는 역사적 사실로 인정받을 수 있는 것은 아무것도 없다는 결론에 어쩔 수 없이 도달하게 마련이다.

예수 생애 연구는 그와 같은 과격론에 빠져들어가기보다는 차라리 종말론적 메시아 표상을 예수에게 인정하려 했다. 그리하여 19세기 말경 예수의 가르침과 그의 메시아적 자의식의 종말론적 성격을 인정하는 견해가 유포되기 시작했다. 하이델베르크의 신학자 요하네스 바이스는 1892년 놀라우리만큼 명확하게 쓴 그의 저서 《하나님의 나라에 대한 예수의 설교》에서 이 견해를 전개했고, 그런데도 학문적 신학은 바이스가 제의하는 것을 결국 모두 시인하지 않아도 되기를 마음속으로 희망했다.

그러나 실제로는 학문적 신학은 중도에서 그만둔 바이스보다 더 앞으로 나아가지 않으면 안 되었다. 그는 예수를 종말론적으로 생각하고 말하게 했지만 거기서 그의 행동 역시 종말론적 표상에 의하여 규정되지 않을 수 없다는 결론을 추출해내지는 않았다. 그는 예수의 활동 과정과 죽기로 한 결심을 처음의 성공과 나중의 실패라는 통상적인 견해로 해명했다.

그러나 예수 생애의 역사적인 이해를 위해서는 그가 후기 유대교의 종말론적 메시아 표상 세계에 살았다는 사실을 깊이 생각해보고 그의 결심과 행동을 통상적인 심리학이 아니라 그의 종말론적 대망 속에 내포된 동기에서 이해하려고 노력하는 것이 필요하다.

예수 생애 문제의 이와 같이 일관성 있는 종말론적 해결을 나는 1901년 《예수 생애 연구사》에서 자세하게 다루었다. 이 해결은 예수의 사상과 언행에서 지금까지 이해할 수 없었던 많은 것을 이해할 수 있게 만들어주었기 때문에 지금까지 이해할 수 없다는 이유로 역사적 사실이 아닌 것으로 간주되어왔던 많은 구절들을 아주 신빙성이 있는 것으로 밝혔다.

이리하여 예수 생애의 종말론적 해석은 〈마가복음〉과 〈마태복음〉의 신빙성에 대한 모든 의혹에 종지부를 찍었다. 이러한 해석은 이 두 복음이 예수의 공적 활동과 죽음에 대해 세세한 점에서까지 믿을 수 있는 충실한 전설에 따라 보고를 했다는 것을 가르쳐준다. 만일 이 전설 속에 애매하고 종잡을 수 없는 것이 다소 있다면 그것은 주로 제자들 자신이 예수의 말씀과 행동의 의미를 이해하지 못한 경우가 비일비재하다는 사실에서 기인한다.

《예수 생애 연구사》가 출판되자 윌리엄 브레데와 나 사이에는 우정에 넘친 서신 왕래가 시작되었다. 나는 그가 불치의 심장병을 앓고 있으며 죽음을 각오하고 있다는 것을 알고는 깊이 감동되었다. 그가 나에게 보낸 마지막 편지들 가운데 어느 편지에 그는 "주관적으로 볼 때 나는 견딜 수 있습니다. 그러나 객관적으로 볼 때 내 상태는 희망이 없습니다"라고 적었다. 그는 한창 나이에 활동을 단념하지 않으면 안 되는데, 나는 건강 걱정을 할 필요 없이 쉬지 않고 일할 수 있다고 생각하니 마음이 무거웠다. 나는 나의 저서에서 그의 연구의 가치를 인정해주었는데 그것은 진리를 향하여 대담하게 나아가는 그의 연구 활동이 받아야만 했던 비판에 대해 어느 정도의 보상이 되었다. 그는 1904년에 죽었다.

놀랍게도 나의 저서는 영국에서 곧 인정을 받았다. 옥스퍼드의 윌리엄 샌디가 예수 생애의 문제에 관한 그의 강의에서 처음으로 나의 견해를 그곳에 알렸다. 나는 샌디에게서 그곳으로 와달라는 간절한 초청을 받았지만 시간을 낼 수가 없어 유감스럽게도 응할 수 없었다. 당시 나는 의과 대학생이었고 나의 신학 강의 준비 이외에도 프랑스어로 쓴 바흐에 관한 저술의 독일어 판을 내야만 했다. 이리하여 나는 영국을 알 수 있는 두 번째 기회를 놓치고 말았다.

케임브리지에서는 프랜시스 크로포드 버킷이 나의 저서를 옹호해주었을 뿐 아니라 영어 판 발행도 주선해주었다. 그의 제자인 W. 몽고메리 목사가 훌륭한 번역을 했다.[7] 이 두 사람과의 신학적인 관계는 곧 따뜻한 우정으로 변했다.

버킷이 나의 견해에 대해 순수 학문적인 관심을 표명한 데 비해 샌디는 나의 견해가 자기가 표방하는 종교적 입장을 지지해주기 때문에 이에 찬동했다. 그의 가톨릭적 정신 자세에는 자유사상적 신교 연구가 대표하는 현대화한 예수상(像)은 아무 매력도 없었다. 그러한 예수상이 다름아닌 자유사상적 연구 집단에서 나온 비판에 의해 사실에 부합되지 않는 것으로 판명되었다는 사실은 그에게는 만족스러웠고 또 그의 가톨릭적 종교성을 위해 길을 터놓는 것같이 보였다.

또한 내 저서는 조지 타이렐에게도 중요한 것이었다. 만일 내 저서에서 예수의 사상과 행동이 종말론의 제약을 받았다는 견해를 학문적으로 규명하지 않았더라면, 그는 그의 《기로에 선 기독교》(1910년)에서 그처럼 단호하게 예수를 본질상 신교적이라기보다는 가톨릭적인 윤리적 묵시론자로 그릴 수는 없었을 것이다.

---

[7] 번역판은 The Quest of the Historical Jesus. A Critical Study of its Progress from Reimarus to Wred란 제목으로 1910년에 나왔다(Black, London).

6
역사적 예수와 오늘의 기독교

 예수의 생애에 관한 나의 두 저서가 차츰 알려지자 세계 종말과 초자연적 방법으로 다가오는 하나님의 나라를 대망하면서 살아가는 종말론적 예수가 대체 우리들에게 무엇을 의미하는가 하는 질문이 사방에서 날아왔다. 나 자신도 연구를 하는 동안 항상 이 문제를 생각하고 있었다. 예수의 생존에 관한 많은 역사적 수수께끼가 풀린 데 대해서는 만족을 느꼈지만, 이러한 역사적 인식이 독실한 기독교 신자들에게 불안과 곤혹을 유발하리라 생각하니 마음이 아팠다. 그러나 나는 어릴 때부터 익히 알던 사도 바울의 "우리는 진리를 거슬러서는 아무것도 행할 힘이 없습니다. 다만 진리를 위해서만 힘이 있습니다"라는 말씀으로 자신을 위로했다.
 정신적인 것의 본질은 진리이므로 모든 진리는 결국 하나의 쟁취를 의미한다. 어떤 상황 아래서도 진리는 비진리보다 더 가치 있다. 이 점에서는 역사적 진리도 마찬가지다. 설사 역사적 진리가 신앙심이 깊은 사람들에게 이상하게 생각되고 또 처음에는 곤혹을 유발한다 하더라도 결국에 가서는 신앙의 손상이 아닌 신앙의 심화를 의미한다. 그러므로 종교는 역사적 진리와의 타협을 꺼릴 아무런 이유도 없는 것이다.

만일 기독교의 진리가 역사적 진리와 모든 면에서 본연의 관계를 유지했더라면, 기독교의 진리는 오늘날 얼마나 강력한 힘을 가졌을까! 그런데 기독교의 진리는 역사적 진리의 정당함을 인정하기는커녕 곤혹을 유발할 때마다 여러 가지 방법으로 의식적 무의식적으로 이를 회피하거나 왜곡하거나 은폐해왔다. 기독교의 진리는 스스로 추구해야만 할 새로운 것을 새로운 것으로 인정하고 행동을 통해 정당화하지 않고 논란의 여지가 많은 억지 논거에 의해 이를 과거로 되돌려보냈다. 오늘날 기독교는 역사적 진리와의 공공연한 논의를 그토록 소홀히 해왔기 때문에 이를 만회하기 위해 어려운 투쟁을 하지 않으면 안 될 입장에 서 있다.

초기 기독교 시대에는 많은 저술들이 그 속에 내포된 사상에 더 큰 권위를 부여할 목적으로 사도들의 이름을 부당하게 도용하는 경우가 많았는데 이 한 가지 이유만으로 우리는 어떠한 상황에 처했는가! 이 저술들은 여러 세대에 걸쳐 가슴 아픈 불화의 원인이 되었다. 사실 자료에 의거하여 신약성서에는 우리들이 아끼는 귀중한 내용에도 아랑곳없이 신빙성이 없는 저술들이 포함되었을 가능성이 있다고 판단하는 사람들이 있는가 하면, 그들에 맞서서 초기 기독교의 명망을 지켜주려고 그렇게 생각할 아무런 증거가 없다고 주장하는 사람들도 있다. 그러나 여기에 대해 모든 책임을 져야 할 사람들은 자기들이 옳지 못한 짓을 했다고 생각하지 않았을 것이다. 고대에는 어떤 사람의 사상을 대표하는 저술들은 곧 그 사람이 쓴 것으로 보는 것이 일반적인 관습이었는데 그들도 이러한 관습에 따랐을 뿐이다.

나는 초기 기독교의 역사를 연구하면서 초기 기독교가 역사적 진리에 대해 저지른 여러 가지 과오의 결과를 자주 다루지 않을 수 없었기 때문에 오늘의 기독교의 진실성에 대해서도 열심히 생각하게 되었다.

예수가 종교적 진리를 시대성을 초월하여 어느 세대나 쉽사리 받아들일 수 있는 형태로 가르쳤더라면 이상적이었을 것이다. 그러나 그는 그렇게 하지 않았다. 그리고 거기에는 아마 어떤 의미가 있을 것이다.

말하자면 우리는 예수의 사랑의 종교가 세계 종말 대망이라는 세계관 속에서 나타났다는 사실을 받아들이지 않으면 안 된다. 우리는 예수의 사랑의 종교를 그가 가르쳤던 형태 그대로 우리의 것으로 만들 수 없다. 우리는 이것을 우리들의 근대적 세계관의 형태로 바꾸어야만 한다.

우리는 지금까지 이러한 일을 태연하게 그리고 은밀하게 행해왔다. 원문을 무시하고 예수의 가르침이 우리들의 세계관과 일치하는 것처럼 해석해왔다. 그러나 지금 우리가 분명히 알아야 할 것은 이 양자는 우리가 필연적으로 취하지 않을 수 없는 하나의 행동에 의해서만 조화될 수 있다는 것이다.

이와 같이 우리는 종교적 진리도 변한다는 명백한 사실을 인정해야만 할 것이다.

그것을 어떻게 이해해야 할 것인가?

그 본래의 정신적 및 윤리적 측면에서 보면 기독교의 종교적 진리는 세기가 거듭되어도 본질적으로 동일하다. 변하는 것은 그것이 상이한 세계관의 표상에 맞추어 취하는 외형뿐이다. 이와 같이 원래 후기 유대교의 종말론적 세계관 속에서 나타났던 예수의 사랑의 종교는 후에 후기 그리스와 중세 및 근대의 세계관과 결합한다. 그러나 세기가 거듭되어도 그 본질은 변하지 않는다. 그것이 어떤 세계관의 표상과 결합하느냐는 상대적인 것에 불과하다. 결정적인 것은 처음부터 그 속에 내포된 정신적·윤리적 진리가 인간에게 얼마만큼의 영향력을 행사할 수 있는가 하는 것이다.

이제 우리는 예수의 설교를 들을 수 있었던 당시의 사람들처럼 하나님의 나라가 초자연적 사건을 통해 실현되리라고는 예기하지 않는다. 우리는 그것이 오직 예수의 정신력에 의하여 우리의 마음과 세계 속에서 실현될 것이라고 믿는다. 한 가지 중요한 것은 예수가 자기의 추종자들에게 요구한 것처럼 우리들이 하나님 나라의 관념에 완전히 지배되는 것 바로 그것이다.

사랑을 통하여 하나님을 인식하고 또 하나님에게 속한다는 산상수훈의 강력한 사상을 예수는 후기 유대교의 메시아 대망 속에 도입했지만, 하나님의 나라와 축복에 대한 후기 유대교의 현실적 표상을 결코 정신화하려고는 하지 않았다. 그러나 이 사랑의 종교 속에 내포된 정신성은 모든 것을 정화하는 불꽃처럼 이 종교와 결합하는 모든 표상에 점차로 파급되게 마련이다. 그러므로 기독교는 운명적으로 부단한 정신화의 과정을 통하여 발전하도록 되어 있는 것이다.

예수는 결코 메시아와 메시아 왕국에 관한 후기 유대교의 교리를 설명하려 하지 않았다. 그는 신앙이 사물을 어떻게 생각하는가에 대해서는 관심이 없었고, 우리가 하나님의 자녀가 되고 하나님의 나라에 참여하려면 필요불가결한 사랑이 신앙 속에 생동하는가에 대해서만 관심이 있었다. 그는 사랑에 관해, 그리고 일반적으로 하나님의 나라에 들어갈 마음의 준비에 관해 가르쳤다. 메시아 교리는 표면에 나타나지 않는다. 그가 때때로 그것에 관해 언급하지 않았더라면 그것이 전제가 된다는 것을 잊어버릴 정도다. 그렇게 보면 그의 사랑의 종교가 시대의 제약을 받는다는 사실을 그토록 오랫동안 간과할 수 있었던 것도 무리가 아니다.

후기 유대교의 메시아적 세계관이란 분화구에서 영원한 사랑이라는 종교의 불길이 솟아오른다.

현대인들에게 설교를 할 때 역사적 예수의 말씀을 인용한다 하더라도 그들은 그 말씀을 종말론적 메시아적 세계관 속에서 가졌던 그러한 의미로 받아들이지는 않을 것이다. 예수가 세계 종말과 초자연적으로 다가올 하나님의 나라를 대망하여 살았다는 사실을 그들이 자명한 것으로 여긴다면 그것으로 충분하다. 그러나 그들에게 예수의 복음을 설교하는 사람은 그의 말씀의 본래적 의미를 규명하고 역사적 진리를 통해 영원한 진리로 나아가지 않으면 안 된다. 그는 이렇게 할 때 비로소 예수가 우리들에게 말하려 했던 모든 것의 참뜻을 깨닫게 될 것이다.

역사적으로 인식된 예수는 비록 우리와는 다른 사상 세계에서 우리에게 말하지만 설교를 어렵게 만들기는커녕 오히려 더 쉽게 만든다는 나의 경험이 옳다는 것을 많은 목사들이 입증해주었다.

우리가 예수의 말씀을 들을 때마다 우리와는 다른 세계관의 영역에 발을 들여놓게 된다는 것은 깊은 의미가 있다. 우리들의 세계 긍정과 인생 긍정의 세계관 속에서는 기독교는 외면화할 부단한 위험에 처해 있다. 세계 종말 대망에 근거를 두는 예수의 복음은 하나님의 나라를 위한 번잡한 봉사의 큰 길에서 내면화의 작은 길로 인도해주며, 세속으로부터의 정신적 자유를 누리면서 하나님의 나라의 정신 속에서 참다운 활동력을 찾도록 촉구한다. 기독교의 본질은 세계 부정을 거쳐온 세계 긍정이다. 예수는 세계 부정의 종말론적 세계관 속에 활동적 사랑의 윤리를 제시했다.

역사적인 예수에게는 다소 생소한 점이 없지 않지만, 사실 그대로의 예수는 교리나 종전의 연구 속에 나타난 예수보다는 우리들에게 더 강력하고 더 직접적인 영향력을 행사한다. 그의 인격은 교리 속에서는 생기를 잃어버렸다. 그리고 지금까지의 연구는 그를 현대화하고 왜소하게 만들었다.

역사적 예수를 똑바로 바라보고 그의 힘찬 말씀에 귀를 기울이는 자는 이 생소한 예수가 자기에게 무슨 관계가 있겠는가 하는 질문을 즉시 포기하고 만다. 그는 이 예수가 자기 위에 군림하려는 자임을 깨닫게 된다.

예수를 올바로 이해한다는 것은 마음에서 마음으로 이해하는 것을 의미한다. 예수에 대한 참다운 관계는 그에게 사로잡히는 것이다. 모든 기독교의 신심은 우리 의지가 그의 의지에 귀의하는 것을 의미할 때에만 가치가 있다.

예수는 사람들에게 자기가 누구인가를 말이나 개념으로 파악할 것을 요구하지 않는다. 그는 자기의 말에 귀를 기울였던 사람들에게 자기의 인격의 비밀을 들여다보게 하거나 자기가 바로 메시아로 계시될 다윗의 자손임을 공개할 필요를 느끼지 않았다. 그의 유일한 요구는 그들이 행동할 때나 수난을 당할 때나, 그로 말미암아 세속적 존재에서 비세속적 존재가 되었고 또 그의 평화에 참여하게 되었음을 스스로 입증해야만 한다는 것이다.

나는 예수에 대해 연구하고 생각하는 동안 이와 같은 확신을 갖게 되었기 때문에 《예수 생애 연구사》를 다음과 같은 말로 끝맺었다.

그는 호숫가에서 자기가 누구인지 알지 못하는 사람들에게 다가갔던 것처럼 한낱 생소한 무명인으로 우리들에게 다가온다. 그는 '나를 따르라'는 옛날과 똑같은 말을 한다. 그리고 자기가 우리 시대에 해결해야 할 과제들을 우리들에게 제시한다. 그는 명령한다. 그리고 자기에게 복종하는 사람들에게는 현명한 사람이든 어리석은 사람이든 간에 그들이 자기와 공동으로 체험하는 평화, 활동, 투쟁, 수난을 통하여 자기를 계시할 것이다. 그리고 그들은 그가 누구인지를 표현할 수 없는 신비로서 체험하게 될 것이다……

예수는 초자연적인 하나님의 나라가 곧 출현할 것이라고 예고했지만, 이 나라는 결국 출현하지 않았기 때문에 역사적인 예수는 '과오를 범할 수 있다'고 해서 많은 사람들의 반발을 샀다.

복음서에 명확하게 기록된 말씀에 우리가 어떻게 반대하겠는가? 모험적인 궤변에 의해 예수의 말씀을 그의 오류의 가능성을 완전히 배제하는 교리와 일치시키려 하는 것이 과연 예수의 정신에 부합되는 것일까? 예수 자신은 자기가 그와 같이 모든 것을 안다고 주장한 적이 한 번도 없다. 그는 자기를 보고 '선하신 선생님'이라고 부르는 젊은이에게 선하신 이는 하나님 한 분밖에 없다고 했는데(〈마가복음〉 10장 17~18절), 자기를 하나님 같은 절대 무오(無誤)의 존재로 간주하려는 사람들에게도 똑같은 대답을 했을 것이다. 정신적인 진리에 대한 지식은 세계사의 사건이나 일상사에 대한 지식에 의해서는 증명될 수 없다. 전자는 후자와는 다른 영역에 속하는 별개의 것이다.

우리가 역사적 예수에 감동하는 점은 하나님에 대한 그의 복종이다. 이 점에서 예수는 그리스 형이상학의 요구 때문에 전지 무오라고 간주되었던 교리상의 그리스도 인격보다 더 위대하다.

예수의 가르침이 종말론의 제약을 받는다는 사실에 대한 논증은 무엇보다도 자유사상적 신교에게는 큰 타격이었다. 자유사상적 신교는 역사적 인식이 발전할수록 예수교의 비교리적 성격이 더욱더 분명하게 드러날 것이라 믿고 여러 세대에 걸쳐 예수의 생애를 연구해왔다. 19세기 말 자유사상적 신교는 우리의 종교 사상이 지상에 건설될 하나님의 나라에 관한 예수의 종교를 무난히 자신의 종교로 받아들일 수 있다는 것이 결정적으로 증명되었다고 믿었다.

그러나 그 뒤 얼마 지나지 않아 자유사상적 신교는 이러한 견해가 자신에 의해 부지불식간에 현대화한 예수의 가르침에만 적용되고 실제로 역사적인 예수의 가르침에는 적용되지 않는다는 것을 시인하지 않을 수 없었다. 자유사상적 기독교가 의존하던 그리스도상을 파괴하는 일에 가담한다는 것은 내게도 괴로운 일이었다. 그러나 동시에 자유사상적 기독교가 어떤 역사적 환상으로 살아가게끔 된 것이 아니라 역사적 예수에게도 의존할 수 있으며 나아가서는 그 나름대로 명분이 있다는 것이 나의 신념이었다.

자유사상적 기독교는 비록 종래의 방법으로 그의 신앙과 예수의 가르침을 동일시할 수는 없게 되었지만, 역시 예수의 정신에 위배되는 것이 아니라 오히려 부합된다. 예수는 확실히 그의 가르침을 후기 유대교의 메시아 교리에 끼워맞추었다. 그러나 그는 교리적으로 생각하지는 않는다. 그는 여하한 교리도 말하지 않는다. 그는 결코 신앙을 교리상으로 옳으냐 옳지 않느냐에 따라 판단하지는 않는다. 그는 청중에게 신앙을 위해 사고를 희생하라고 요구한 적이 없다. 오히려 정반대다. 그는 그들에게 종교에 대해 깊이 생각해보라고 명령한다. 산상수훈에서 예수는 청중으로 하여금 종교의 본질인 윤리에 대해 깊이 생각하게 하며, 신심을 그것이 윤리적 관점에서 인간을 어떻게 만드느냐에 따라 판단하게 한다. 그는 그의 청중이 마음속에 품은 메시아 대망에 윤리적 신앙의 불을 붙였다. 산상수훈은 이와 같이 자유사상적 기독교의 이론의 여지가 없는 권리 헌장이다. 윤리가 종교의 본질이라는 진리는 예수의 권위에 의해 확립되었다.

게다가 예수의 사랑의 종교는 후기 유대교의 종말론적 세계관의 붕괴로 인하여 본래 지녔던 교리적인 요소에서 해방되었다. 견고한 틀은 깨졌다. 이제 우리는 예수의 종교를 그 직접적인 정신적 윤리적 본질에 따라 우리의 사고 속에 살아 있게 할 수가 있다. 우리는 그리스적 교리 속에서 계승되어왔으며 몇 세기 동안의 신심에 의하여 생명을 유지해온 교회적 기독교 속에 귀중한 것들이 얼마나 많이 들었는지 잘 안다. 그러므로 우리는 교회를 사랑과 외경과 감사하는 마음으로 대한다. 그러나 우리는 "주님의 정신이 있는 곳에 자유가 있다"는 사도 바울의 말씀에 의지하며, 모든 신조에 대한 맹종보다는 예수의 사랑의 종교에 대한 헌신을 통해 기독교에 더 잘 봉사할 수 있다고 믿는다. 만일 교회에 예수의 정신이 있다면, 그것은 자유사상적 신앙을 포함해서 모든 형태의 기독교 신앙을 받아들일 수 있을 것이다.

기독교 신앙을 설득하여 역사적 진리와 진지하게 대화를 나누게끔 하는 것이 나에게 부과된 사명이지만, 그것은 쉬운 일이 아니다. 그러나 나는 진리는 모두 예수의 정신에 속한다고 확신하기 때문에 기꺼이 거기에 따른다.

7
바흐에 관한
프랑스어 판과 독일어 판 책을 쓰다

《예수 생애 연구사》의 집필로 바쁜 중에도 나는 바흐에 관한 프랑스어로 된 저서를 완성했다. 나는 봄이면 늘, 그리고 가을에는 가끔 파리에 가서 위도르와 몇 주간씩 같이 지내곤 했는데, 그는 프랑스어로 쓴 바흐 전기는 있어도 그의 예술에 대한 안내서는 전혀 없다고 불평을 털어놓았다. 그래서 나는 1900년 가을 휴가를 이용하여 파리 음악 학교 학생들을 위하여 바흐 예술의 본질에 관한 논문을 쓰기로 약속하지 않을 수 없었다.

나는 성 빌헬름 교회 바흐 합창단의 파이프오르가니스트로 있으면서 이론적으로 또 실제적으로 바흐를 자세히 연구할 수 있었는데, 이 과제는 그때 얻은 생각들을 발표할 수 있는 기회를 제공하는 셈이기 때문에 내겐 매력적이었다.

그러나 최대한의 노력을 했지만, 방학이 끝날 무렵에도 논문은 아직 준비 단계에 머물렀다. 그러나 이 논문은 논문 정도를 넘어서서 바흐에 관한 책이 될 것이 분명해졌다. 나는 용감하게 나의 운명에 순응했다.

1903년과 1904년은 모든 자유 시간을 바흐에 바쳤다. 당시 시장에서는 구하기 힘들었고 또 아주 비싼 값으로밖에 구할 수 없었던 바흐 작품 전집을 손에 넣을 수가 있어 더는 대학 도서관의 총보(總譜) 연구에만 의존할 필요가 없게 되었으므로 일하기가 쉬워졌다.

나는 바흐를 위해 밤 시간밖에 낼 수가 없었기 때문에 대학 도서관에 의존한다는 것은 여러 가지로 지장이 많았다. 그러던 차에 스트라스부르의 어떤 악보상한테서 반가운 이야기를 들었다. 파리에 있는 어떤 부인이 바흐 협회의 사업을 도와주려고 바흐 작품 전집을 예약했지만 이 수많은 회색 표지의 대형 책들이 막상 그녀의 서재에 너무 많은 자리를 차지하자 이를 처분하고 싶어한다는 것이었다. 그녀는 이 책들로 누군가 즐겁게 해줄 수 있다는 것이 기뻐 2백 마르크란 아주 싼 값으로 내게 넘겨주었다. 이러한 행운은 내 연구의 성공에 대한 좋은 징조로 생각되었다.

내가 바흐에 관해 책을 쓰려고 한다는 것은 사실 무모한 짓이었다. 나는 광범위한 독서를 했기 때문에 음악사나 음악 이론에 관해서 약간 아는 편이었지만, 역시 전문적인 음악 학자는 아니었다. 그러나 내가 하고자 하는 일은 바흐나 그 시대에 관한 새로운 역사적 자료를 제시하려는 것이 아니었다. 나는 음악가로서 음악가들에게 바흐의 음악에 관해 이야기하고자 했다. 그러므로 나는 주로 지금까지의 연구에서 너무 소홀히 취급되어왔던 점, 즉 바흐 음악의 본질에 대한 해석과 올바른 연주법에 관한 문제를 다루어야만 될 것 같았다. 따라서 내 연구에서는 전기적인 것이나 역사적인 것은 다만 서론적 성격을 띨 뿐이다.

워낙 힘든 일이라, 내 힘에 겨운 일을 떠맡은 게 아닌가 하고 겁이 났지만, 그럴 때면 바흐 학문의 본고장인 독일을 위해 이 책을 쓰는 것이 아니라 바흐의 예술이 아직 제대로 알려지지 않은 프랑스를 위해 쓰는 것이라고 자위했다.

강의와 설교는 독일어로 하면서 프랑스어로 책을 쓴다는 것은 힘든 일이었다. 나는 어릴 때부터 프랑스어와 독일어를 똑같이 자유롭게 말했다. 나는 어려서부터 부모님에게 편지를 낼 때는 프랑스어만을 사용했지만, 프랑스어가 모국어처럼 느껴지지는 않았다. 나의 언어가 뿌리박고 있는 알자스 방언은 독일어이므로 나의 모국어는 독일어다.

경험에 비추어 보건대 두 가지 언어를 모국어로 생각하는 것은 자기 기만인 것 같다. 두 가지 언어를 똑같이 자유자재로 구사한다 하더라도 사실은 언제나 한 가지 언어로만 생각하며, 또 이 언어에 한해서만 진실로 자유롭고 창조적이다. 누가 두 가지 언어를 절대 똑같은 정도로 구사할 수 있다고 주장한다면, 나는 그가 어느 언어로 계산하는지, 어느 언어로 주방 집기와 목수나 대장장이의 도구를 가장 잘 댈 수 있는지, 어느 언어로 꿈을 꾸는지 묻고 싶다. 나는 이러한 시험을 해보고 나서도 어느 한쪽 언어에 우위를 인정하지 않는 사람을 아직 본 적이 없다.

바흐에 관한 책을 쓰는 동안 다시 스트라스부르대학의 프랑스어 강사였던 위베르 질로가 내 원고의 문체에 관해 여러 가지 조언을 해주었는데, 이것이 큰 도움이 되었다. 그는 무엇보다도 프랑스어 문장은 독일어 문장보다 리듬에 대한 요구가 훨씬 크다는 점을 강조했다.

나는 이 두 언어의 차이를 이렇게 느낀다. 프랑스어를 사용할 때는 마치 아름다운 공원의 잘 손질된 길을 거니는 것 같은 느낌이다. 그러나 독일어를 사용할 때는 마치 웅장한 숲속을 헤매는 것 같은 느낌이다. 독일어의 문장에는 방언과의 접촉을 통해 끊임없이 새로운 생명이 흘러들어 가고 있다. 프랑스어는 이러한 토착성을 상실하고 말았다. 프랑스어는 그 문학에 뿌리박고 있다. 그러므로 프랑스어는 좋은 의미에서든 나쁜 의미에서든 완성품이다. 반면에 독일어는 같은 의미에서 미완성품이다. 프랑스어의 장점은 어떤 사상을 가장 간결하고 명백하게 표현할 수 있다는 것이고, 독일어의 장점은 어떤 사상을 여러 가지 형태로 제시할 수 있다는 것이다.

내가 보기에는 프랑스어에서 가장 위대한 언어적 창조는 루소의 《사회계약론》이고 독일어에서 가장 완전한 것은 루터의 성서 번역과 니체의 《선악의 피안》인 것 같다.

프랑스어로 글을 쓰는 동안 문장의 리드미컬한 구성과 간결한 표현을 추구하는 습관이 붙었기 때문에 나는 독일어에 대해서도 이와 같은 것을 요구하게 되었다. 프랑스어 책을 쓰는 동안 나는 내 성격에 맞는 문체가 어떤 것인지 확실히 알게 되었다.

예술에 관해 글을 쓰는 사람이면 누구나 마찬가지지만, 나도 예술적 판단과 인상을 말로 표현하느라고 애를 먹었다. 예술에 관해서는 비유적 표현을 사용할 수밖에 없기 때문이다.

1904년 가을 나는 계속해서 편지로 격려해준 위도르에게 그가 휴가를 보내던 베니스로 일이 상당히 진척되었으니 약속한 서문을 써달라는 통지를 낼 수가 있었다. 그는 곧 서문을 써주었다.

이 책은 1905년에 출판되었다. 나는 이 책을 파리에 살던 백모님 마틸데 슈바이처에게 바쳤다.[8]

만일 백모님이 1893년 위도르와 만날 기회를 마련해주지 않았더라면, 그리고 그를 따뜻하게 맞이해줌으로써 그와 자주 만날 수 있게 해주지 않았더라면 내가 어떻게 바흐에 관한 책을 쓸 수가 있었겠는가!

단지 프랑스 음악 문헌의 빈 틈을 메우려고 쓴 것에 불과한 나의 저서가 독일에서도 바흐 연구에 공헌한 것으로 인정을 받게 되었다는 것은 놀랍고도 반가운 일이었다. 《쿤스트바르트》지를 통해 폰 뤼프케가 번역을 촉구했다. 그래서 1905년 가을에는 브라이트코프 운트 헤르텔사와 독일어 판을 내기로 합의를 보았다.

1906년 여름 《예수 생애 연구사》를 완성하고 난 뒤 나는 바흐의 독일어 판에 착수했다. 그러나 나 자신이 직접 번역할 수는 없고 만족할 만한 것을 만들려면 다시 자료에 몰두하지 않으면 안 된다는 사실을 곧 깨달았다. 그래서 나는 프랑스어로 쓴 바흐 책을 덮어버리고 독일어로 더 나은 것을 새로 쓰기로 결심했다. 455페이지 책이 844페이지가 되는 바람에 출판사에서는 놀라고 당황

---

8 《J. S. 바흐, 음악가 시인(J. S. Bach, le musicien-poète)》, 455쪽, 1905(Constallat, paris:Breitkopf & Härtel, Leipzig).

스러워했다.

새 책의 처음 몇 페이지는 바이로이트에서 멋있는 〈트리스탄〉 공연을 보고 난 뒤 '흑마옥(黑馬屋)'이라는 여관에 돌아와서 쓴 것이다. 몇 주간이나 일에 착수해보려 했으나 허사였다. 축제가 벌어졌던 언덕에서 돌아온 흥분된 기분에서 나는 드디어 일에 착수할 수가 있었다. 아래층 비어홀의 떠들썩한 소리가 나의 후텁지근한 방으로 들려왔을 때 쓰기 시작해서 해가 이미 높이 솟아오른 것을 보고 쓰기를 멈추었다. 이때부터 재미가 나서 일에만 몰두했기 때문에 2년 만에 완성할 수가 있었다. 물론 그동안에도 의학 공부다, 강의 준비다, 설교 준비다, 연주 여행이다 하여 계속해서 이 일에 몰두할 수가 없었다. 때로는 여러 주일 동안 중단하지 않으면 안 될 때도 있었다.

바흐 연구의 독일어 판은 1908년 초에 출판되었다.[9] 어니스트 뉴먼의 유창한 영역 판 대본이 된 것이 바로 이 책이다.[10]

반(反) 바그너파들은 반 바그너 투쟁을 할 때 저희들 마음대로 조작한 고전 음악의 이상을 들고나오곤 했다. 그들은 그것을 순수 음악이라고 정의했다. 그들이 주장하는 순수 음악이란 시적 또는 회화적 의도라곤 전혀 품지 않고 오직 아름다운 음선을 가장 완전하게 살리는 데만 신경을 쓰는 그러한 음악을 말한다. 바

---

[9] 알베르트 슈바이처, 《J. S. 바흐》, 844쪽, 1908(Breitkopf & Härtel, Leipzig).
[10] 영어판 역시 Breitkopf & Härtel사에서 1911년 두 권으로 나왔다. 판권은 1923년 런던의 A. & C. Black사에서 인수했다.

흐의 작품은 바흐 협회판(版)을 통하여 19세기 중엽부터 차츰 그 전모가 드러나기 시작했는데, 그들은 바흐도 모차르트와 마찬가지로 그러한 고전 예술에 속한다고 주장하며 반 바그너 투쟁에 이용했다. 그들은 바흐의 푸가야말로 바흐가 그들의 순수 음악의 이상에 봉사했다는 움직일 수 없는 증거라고 생각했다. 필립 슈피타는 처음으로 출전에 대한 세밀한 연구를 토대로 하여 바흐 전기를 썼는데 그는 두 권으로 된 이 방대한 저서에서 바흐를 이러한 종류의 고전 음악가로 그렸다.[11]

바흐를 순수 음악의 성배를 지키는 사람이라고 생각한 데 반해 나는 내 책에서 그를 음악에서의 시인이요 화가라고 내세웠다. 바흐는 정서적인 것이든 회화적인 것이든 원문에 있는 것이면 무엇이나 가능한 한 생생하고 명확하게 음(音)이란 소재를 통해 재현하려고 한다. 무엇보다도 그는 회화적인 것을 음선으로 그리려 한다. 그는 음의 시인이라기보다는 오히려 음의 화가다. 그의 예술은 바그너보다 베를리오즈에 더 가깝다. 원문이 만일 이리저리 떠도는 안개, 불어오는 바람, 흘러가는 강물, 출렁이는 파도, 떨어지는 낙엽, 울려퍼지는 조종(弔鐘), 굳건한 걸음걸이로 걸어오는 확고한 신앙, 불안한 걸음걸이로 비틀거리며 다가오는 약한 신앙, 굴욕을 맛본 교만한 자들, 반항하는 악마, 하늘의 구름 위를 거니는 천사들에 관해 얘기하면 우리는 이 모든 것을 그의 음악 속에서 보고 듣는다.

---

11 1권은 1873년에, 2권은 1880년에 각각 나왔다.

바흐는 음의 언어를 자유자재로 구사한다. 그의 음악에서는 평화스런 축복, 생동하는 기쁨, 격심한 고통, 숭고한 고뇌를 표현하는 운율적 동기가 끊임없이 되풀이된다.

시적 또는 회화적 사상을 표현하고자 하는 욕구는 음악의 본질에 속한다. 음악은 듣는 사람의 창조적 상상력에 의존한다. 그리고 이 상상력을 통하여 그 자신의 모태인 감정 체험과 환상을 생생하게 재현하려고 한다. 그러나 그것은 음의 언어로 말하는 자가 음악으로 하여금 그 본래의 표현 능력 이상으로 명확하게 사상을 재현케 할 수 있는 신비스런 능력을 가졌을 때에만 가능하다. 이 점에서 바흐는 위대한 자들 가운데서도 가장 위대하다.

바흐의 음악은 시적이며 회화적이다. 그 이유는 그의 음악의 주제가 시적이나 회화적인 표상에서 나왔기 때문이다. 악곡은 이와 같은 표상에서 나와 완전한 음선 건축을 이루는 가운데 전개된다. 본질적으로 시적이며 회화적인 음악은 음으로 화한 고딕 건축으로 나타난다. 근원적인 생명에 넘치고 놀라우리만큼 조형적이고, 유일무이하게 완전한 형식을 갖춘 이 음악의 가장 위대한 점은 이 음악에서 발산되는 정신이다. 이 음악에서는 속세의 불안에서 평화를 동경하다 마침내 이를 맛본 하나의 영혼이 다른 사람들로 하여금 자신의 체험에 참여케 하는 것이다.

바흐의 음악이 그 성격상 효과를 나타내기 위해서는 듣는 사람 앞에 생생하고 완전한 조각으로 재현되지 않으면 안 된다. 바흐 음악 재현에 대한 이러한 기본 원칙은 오늘날에도 인정을 받기 위하여 투쟁을 하지 않으면 안 되는 형편이다.

　바흐의 음악을 대관현악단이나 대합창단으로 연주한다는 것은 벌써 그 음악 양식에 위배된다. 칸타타와 수난곡은 25명 내지 30명 정도의 합창단과 대략 같은 인원의 관현악단을 위해 작곡된 것이다. 바흐의 관현악단은 합창단을 반주하기 위한 것이 아니라, 그와 대등한 권리를 갖는 짝이다. 1백 50명으로 구성된 합창단에 상당하는 관현악단은 없다. 그러므로 바흐 연주를 위해서는 40명 내지 50명 정도의 합창단과 50명 내지 60명 정도의 기악연주자로 구성된 관현악단이 좋을 것이다. 그 경탄할 만한 목소리의 짜임새를 투시할 수 있는 한도 내라야 할 것이다.

　바흐는 알토와 소프라노를 위해 여자 목소리를 사용하지 않고 소년의 목소리만을 사용했다. 독창의 경우도 마찬가지다. 남자 목소리로 구성된 합창단은 전체가 동질성을 유지한다. 그러므로 여자의 목소리에는 적어도 소년의 목소리가 가미되어야만 한다. 그러나 이상적인 것은 역시 알토나 소프라노를 위한 독창까지 소년이 부르는 것이다.

　바흐의 음악은 건축이기 때문에, 베토벤과 베토벤 이후의 음악에서 감정적 체험에 해당하는 크레센도와 데크레센도를 사용하는 것은 적당치 않다. 바흐의 음악에서 강약의 변화가 의미를 갖는 것은 주악절을 강조하고 부악절을 억제하는 데 도움이 될 때뿐이다. 이와 같은 강약의 변화 내에서만 연설조의 크레센도와 데크레센도가 허용된다. 만일 이들이 강약의 차이를 지워버린다면 악곡의 건축은 무너지고 만다.

바흐의 푸가는 언제나 주악절로 시작하여 주악절로 끝나기 때문에 약(弱)으로 시작하거나 약으로 끝나는 일은 있을 수 없다.

모두들 바흐를 너무 빨리 연주한다. 나란히 나아가는 여러 음선의 시각적 포착을 전제로 하는 음악은 지나치게 빠른 템포로 말미암아 듣는 사람이 이를 포착할 수 없을 때는 혼동 상태가 되고 만다.

바흐 음악 속에 내포된 생명이 약동하는 것은 템포에 의해서라기보다는 오히려 음선을 살아 있는 조각으로 듣는 사람 앞에 재현하는 악구법(樂句法)에 의해서다.

19세기 중엽까지 사람들은 이상하게도 바흐를 보통 스타카토로 연주했다. 그러나 그 이후부터는 정반대로 단조로운 레가토로 연주하게 되었다. 나는 이 연주법을 1893년 위도르에게서 배웠다. 그러나 시간이 흘러감에 따라 바흐 연주에는 생생한 악구법이 필요하다는 것을 깨닫게 되었다. 바흐는 바이올리니스트와 같이 생각한다. 그의 음표는 바이올린에 알맞게 결합되기도 하고 분리되기도 한다. 바흐의 피아노 곡을 잘 연주한다는 것은 곧 현악 사중주로 연주하는 것처럼 연주하는 것을 의미한다.

바른 악구법은 바른 악센트에 의해서 가능하다. 바흐는 음선의 진행에 대해 결정적인 음표에 악센트를 주어 그 의미를 강조할 것을 요구한다. 그의 악장의 구조성의 특징은 대체로 악센트에서 출발하는 것이 아니라, 악센트를 향해 나아가는 데 있다. 그의 악장은 상박(上拍) 형식으로 구상되었다. 또 한 가지 주의해야 할 점은 바흐의 음선의 악센트는 일반적으로 자연적인 박자의 악센트와 일치하지 않고 자유롭게 이와 병행한다는 것이다. 음선의 악센트와 박자의 악센트 사이의 이러한 긴장에서 바흐 음악의 특출한 운율적 생기가 솟아나는 것이다.

이상은 바흐 음악 재현에 대한 외적인 요구다. 그러나 그의 음악 속에 내포된 심오한 정신을 조금이라도 되살리려면 무엇보다도 침착하고 내면적인 인간이 되어야 할 것이다.

바흐 음악의 본질과 바른 연주법에 관한 나의 이론은 적기에 나왔기 때문에 인정을 받았다. 음악가들은 19세기 말엽에 출판된 완전한 바흐 전집을 연구한 결과 바흐를 아카데믹한 고전 음악의 대표자로 보기에는 어딘지 석연치 않은 점이 있다는 것을 알게 되었다. 마찬가지로 그들은 전통적인 연주법에 대해서도 의혹을 품게 되었으며, 그래서 이제는 바흐의 음악 양식에 맞는 연주법을 구하게 되었다. 그러나 이 새로운 인식은 아직도 구체적으로 표현되지 않았을 뿐 아니라 그 토대가 마련되지도 않았다. 이와 같이 나의 저서는 바흐를 연구하는 음악가들이 품었던 의견을 처음으로 표현한 셈이다. 따라서 나는 많은 친구들을 얻을 수가 있었다.

이 책이 나오자마자 사방에서 호의적인 편지가 날아왔는데 나는 이 편지들을 생각할 때마다 감동하지 않을 수 없다.

내가 멀리서 존경하던 지휘자 펠릭스 모틀이 라이프치히에서 편지를 보내왔다. 그는 뮌헨에 있는 친구들이 여행 중에 읽으라고 열차에 넣어준 바흐에 관한 나의 책을 여행 도중에, 그리고 호텔에서 단숨에 읽어버렸다는 것이다. 그후 곧 나는 그를 만났으며,

그 다음에도 몇 번 만나 즐거운 시간을 보냈다.

바흐에 관한 책 때문에 나는 베를린의 바흐 음악 지휘자 지그프리트 옥스와도 알게 되었는데, 우리 두 사람의 우의는 점점 두터워졌다.

카르멘 실바는 그녀가 좋아하는 바흐를 나 때문에 더욱 좋아하게 되었다고 장문의 편지를 보내왔는데 그 뒤에도 계속해서 많은 편지를 보내주었다. 아프리카로 보내준 그녀의 마지막 편지들은 류머티즘의 고통으로 말미암아 손에 펜을 쥘 수가 없어 연필로 간신히 그린 것이었다. 이 여왕은 하루에 두 시간씩 파이프오르간을 연주해준다는 유일한 조건으로 휴가 동안 자기에게 와 있어달라고 여러 번 초대해주었지만, 나는 이에 응할 수가 없었다. 아프리카로 떠나기 전 마지막 몇 년 동안은 휴가를 즐길 처지가 못 되었다. 그리고 내가 아프리카에서 돌아왔을 때는 그녀는 이미 이 세상 사람이 아니었다.

8
파이프오르간과 그 제작에 관하여

바흐에 관한 연구의 부산물로 파이프오르간 제작에 관한 조그마한 논문 하나가 나왔다. 나는 이것을 의학 공부를 시작하기 전인 1905년 가을에 완성했다.

나는 외조부 실링어로부터 파이프오르간 제작에 대한 관심을 물려받았기 때문에, 어릴 적부터 파이프오르간의 내부를 알고 싶었다.

사람들은 19세기 말에 제작된 파이프오르간들을 진보된 기술의 기적이라고 찬양했지만, 이상하게도 이 악기들은 내 마음에 들지 않았다. 1896년 가을 나는 처음으로 바이로이트에 갔다가 돌아오는 길에 슈투트가르트에 들렀다. 신문에서 열심히 보도하던 그곳 '리더할레'의 새 파이프오르간을 구경하기 위해서였다. 대성당의 파이프오르가니스트이며 음악가로서나 인간적으로나 훌륭한 랑 씨가 고맙게도 새 악기를 보여주었다. 그렇게도 칭찬받던 악기에서 딱딱한 소리가 나고, 또 랑 씨가 그 악기로 연주해주는 바흐의 푸가가 개개의 음을 구분할 수 없는 음의 혼돈 상태임을 알게 되자, 현대의 파이프오르간은 음향이란 측면에서 볼 때 진보가 아니라 오히려 퇴보를 의미한다는 나의 예감은 돌연 확신으로 변했다. 이 사실과 그 이유를 명확히 알리고 나는 그후 몇 년 동안 틈이 나는 대로 옛날식이건 현대식이건 파이프오르간을 가능한 한 많이 구경해두었다. 그뿐 아니라 내가 만난 모든 파이프오르간 연주자와 제작자들과도 이 문제를 논의해보았다.

옛 악기가 새 악기보다 음향이 더 좋다는 나의 견해는 대부분의 경우 조소와 조롱의 대상이 되었다. 이상적인 파이프오르간의 복음을 전파하려고 쓴 책자 역시 처음에는 이해해주는 사람이 많지 않았다. 이 책자는 슈투트가르트에 들른 지 10년 만인 1906년, 《독일 및 프랑스의 파이프오르간 제작법과 연주법》이란 제목으로 나왔다. 나는 이 책자에서 독일보다도 프랑스의 제작법에 우위를 인정했다. 왜냐하면 프랑스의 제작법은 아직도 여러 가지 점에서 옛 제작법에 충실하기 때문이다.

파이프오르간의 음질과 효능은 네 가지 요소, 즉 파이프와 통풍 상자와 풍압과 악기의 실내 위치에 의하여 결정된다.

여러 세대 동안의 경험에 따라 옛날의 파이프오르간 제작자들은 파이프를 통해 최상의 균형과 형태를 발견하게 되었다. 또한 그들은 파이프 제작을 위해 최상의 재료만을 사용했다. 현대의 파이프오르간 제작자들은 왕왕 옛날 대가들의 업적을 무시하면서까지 물리학적 이론에 따라 파이프를 조립한다. 그뿐 아니라 제작비를 절감하려고 재료도 아낀다. 그리하여 공장에서 생산된 오늘날의 파이프오르간에서는 종종 소리가 나지 않는 파이프를 발견할 수 있는데, 그것은 파이프의 직경이 너무 작고 그 벽이 너무 얇기 때문이거나 아니면 파이프가 최상의 목재나 최상의 주석이 아닌 다른 재료로 만들어졌기 때문이다.

통풍 상자, 즉 파이프 밑에 있으면서 파이프를 통해 바람을 빨아들이는 상자로는 옛날에는 소위 '슐라이플라데(Schleiflade)'란 것을 사용하였다. 그것은 현대의 파이프오르간 제작자들이 사용하는 통풍 상자에 비해 몇 가지 기술상의 불리한 점을 안고 있다. 게다가 현대의 통풍 상자보다 비용도 비싸게 먹힌다. 그러나 음질에서는 월등히 낫다. 왜냐하면 특정한 이유에서 그 구조가 청각적으로 아주 유리한 점을 가졌기 때문이다.

옛 통풍 상자 위에서는 파이프가 낭랑하고 부드럽고 풍만한 소리를 내지만, 새 통풍 상자 위에서는 딱딱하고 메마른 소리를 낸다. 옛 파이프오르간의 음향은 부드러운 물결처럼 듣는 사람의 주위를 맴돈다. 그러나 새 파이프오르간의 음향은 노도처럼 밀려온다.

옛 파이프오르간에서는 파이프에 공급되는 바람의 압력이 그다지 세지 않았다. 왜냐하면 당시의 불완전한 송풍기로는 압력이 더 센 바람을 낼 수가 없었기 때문이다. 그러나 그 뒤 완전한 전기 송풍기로 원하는 압력의 바람을 마음대로 낼 수 있게 되자 압력이 센 바람을 파이프 속으로 몰아넣었다. 앞으로는 25개의 음전을 가진 파이프오르간이 종전의 40개의 음전을 가진 파이프오르간만큼 강할 수 있다는 사실에 현혹되어, 이제 파이프에서는 관악기처럼 안정된 소리가 나는 게 아니라 요란한 소리가 나며 따라서 양에서 얻은 것을 질에서 잃었다는 사실을 간과하고 말았다.

또한 파이프오르간의 연주 장치, 즉 건반과 파이프를 결합시키는 방법에서도 사람들은 예술적이고 합리적인 면에서 거의 신경을 쓰지 않고, 다만 어떻게 하면 더 싸게 생산할 수 있고 또 기술상의 완전성을 기할 수 있는가 하는 점만 생각했다.

옛 파이프오르간이 오늘날에 제작된 것보다 음향이 더 좋다면 그것은 대개 그 위치가 유리한 데도 그 원인이 있는 것이다. 파이프오르간을 위한 위치로는 교회의 본당이 그다지 길지 않은 경우 성단 맞은편 입구의 위쪽이 가장 좋다. 여기라면 높아서 걸리는 게 없다. 그래서 음향은 아무런 방해도 받지 않고 사방으로 퍼져나갈 수 있다.

본당이 상당히 길 경우에는 본당의 측벽을 따라 중간쯤의 어디 높은 곳에 설치하는 것이 더 좋다. 그래야만 연주의 명쾌함을 해치는 반향을 피할 수 있을 것이다. 유럽에는 아직도 파이프오르간이 이와 같이 '제비집'처럼 본당 중앙에 걸린 대성당이 비일비재하다. 이와 같은 위치라면 40개의 음전을 가진 파이프오르간이 60개의 음전을 가진 것에 못지않은 효과를 낼 수 있다.

가능한 한 큰 파이프오르간을 제작하려고 애쓰고 또 파이프오르간과 합창대를 같은 장소에다 나란히 배치하고 싶어하기 때문에 오늘날에는 파이프오르간을 적절하지 못한 장소에다 설치하는 경우가 허다하다.

흔히 볼 수 있듯이 입구 위쪽의 회랑에 큰 파이프오르간이 들어설 자리가 없는 경우에는 이를 성단에다 설치한다. 그렇게 하면 파이프오르간과 합창대가 자리를 함께한다는 실질적인 이점이 있다. 그러나 평지에 설치된 파이프오르간은 결코 높은 곳에 설치된 것과 같은 효과를 낼 수는 없다. 특히 교회에 사람이 가득 찬 경우에는 그 음향이 제대로 울려퍼지지 못한다. 원래는 좋은 파이프오르간이 이와 같이 성단에 설치되었기 때문에 제대로 효과를 발휘하지 못하는 경우가 허다한데, 특히 영국에서 그런 경우를 많이 볼 수 있다.

파이프오르간과 합창대를 나란히 설치하기 위한 다른 방법은 정문 위쪽의 회랑을 합창대와 관현악단에 내어주고 파이프오르간을 그 뒤쪽에 소리도 제대로 나지 않는 아치 형의 공간에다 갖다놓는 것이다.

현대 건축가들에게는 파이프오르간을 구석에다 설치하는 것이 어느새 자명한 것으로 되어버렸다.

최근에 와서 건축가들과 파이프오르간 제작자들은 건반과 파이프의 전기 결합에 의해 실현된 거리의 극복을 이용하여, 하나의 파이프오르간을 따로따로 설치되었으나 한 군데서 건반을 치면 동시에 소리가 나는 여러 개의 파이프오르간으로 분해하고 있다. 그로 인하여 얻을 수 있는 효과는 대중을 위압할 수 있을지 모른다. 그러나 진실로 예술적이고 엄숙한 효과는 통일성이 있는 음의 복합체로서 그 음을 높은 데 있는 자연스러운 장소에서 그 본당 속으로 흘러들어가게 하는 파이프오르간만이 낼 수 있다.

인원이 많은 합창대와 관현악단을 거느린 비교적 큰 교회인 경우 파이프오르간과 합창대의 문제를 올바로 해결할 수 있는 유일한 방법은 가수와 기악 연주자들을 성단에다 배치하고 그곳에 설치된 조그마한 파이프오르간으로 하여금 이들을 반주하게 하는 것이다. 그러나 물론 파이프오르간이 큰 경우에는 파이프오르가니스트가 동시에 합창대의 지휘자가 될 수는 없다.

가장 훌륭한 파이프오르간들은 대략 1850년과 1880년 사이에 제작되었다. 당시의 파이프오르간 제작자들은 예술가들이었는데 그들은 질버만을 비롯한 18세기의 위대한 파이프오르간 제작자들의 파이프오르간에 대한 이상을 가능한 한 완전하게 실현하려고 기술의 성과를 이용했다. 그들 가운데 가장 중요한 사람은 성 쉴피스 교회와 파리 노트르담 교회의 파이프오르간을 제작한 아리스티드 카바이에 콜이다.

몇 가지 결점만 빼놓는다면 내가 아는 파이프오르간 중에서 가장 아름다운 것이라고 할 수 있는 성 쉴피스 교회의 파이프오르간은 1862년에 완성되었는데 오늘날에도 처음이나 다름없이 제 구실을 하고 있고 또 손질만 잘 하면 앞으로도 2백 년 동안은 제 몫을 하게 될 것이다. 노트르담의 파이프오르간은 전쟁 중에 깨질까 봐 교회의 채색 유리창을 빼놓는 통에 비바람을 맞아 손상을 입었다.

나는 늙은 카바이에 콜이 주일마다 예배를 드리려고 나가곤 하던 성 쉴피스 교회의 파이프오르간을 치는 장면을 여러 번 목격했다. 그는 1899년에 세상을 떠났다. 그가 좋아하는 금언 중 하나는 "파이프와 파이프 사이가 사람이 한 바퀴 돌 수 있을 만큼 넓어야 파이프오르간의 소리가 제대로 난다"는 것이었다.

그 밖에 당시의 대표적인 파이프오르간 제작자들 중에서 내가 누구보다도 높이 평가하는 사람은 북부 독일의 라데가스트, 남부 독일의 발케르, 그리고 라데가스트처럼 카바이예 콜의 영향을 받은 영국 및 북유럽의 몇몇 대가들이다.

19세기 말경에 가면 파이프오르간 제작의 대가들은 파이프오르간 제조업자가 된다. 이러한 추세에 따르기를 거부하는 사람들은 망하고 말았다. 그때부터 사람들은 파이프오르간이 소리가 잘 나는지 묻지 않고 음전을 바꾸기에 가능한 현대 장치를 모두 갖추었는지, 그리고 가능한 한 싼 값이며, 가능한 한 많은 음전을 지녔는지 묻는다. 사람들은 그야말로 눈이 멀어 아름다운 옛 파이프오르간들은 경건한 마음으로 정성껏 수리할 생각은 않고 덮어놓고 뜯어내버리고는 공장 파이프오르간으로 바꿔버린다.

아직도 옛 파이프오르간의 아름다움과 가치를 가장 잘 아는 나라는 네덜란드다. 이 나라의 파이프오르가니스트들은 그들의 훌륭한 옛 악기들이 연주하기도 어렵고 또 여러 가지 기술상의 불리한 점을 안고 있는데도 그 악기에서 나는 훌륭한 소리를 포기하려 하지는 않았다. 그리하여 네덜란드의 교회에는 세월이 흐르는 동안 적절한 수리를 통해 기술상의 미비한 점은 보완하고 아름다운 음은 그대로 보전한 크고 작은 파이프오르간들이 수없이 많다. 또한 옛날에 나온 멋있는 파이프오르간 집도 네덜란드만큼 많이 가진 나라는 없을 것이다.

파이프오르간 제작의 개혁에 관해 내가 이 책자에서 제시한 의견은 차츰차츰 주목을 끌기 시작했다. 1909년 5월 빈에서 개최된 국제 음악협회 회의에서 귀도 아들러의 발의로 파이프오르간 제작을 위한 분과가 처음으로 생겼다. 나는 뜻을 같이하는 몇몇 동료들과 함께 이 분과에서 '파이프오르간 제작을 위한 국제조례'를 작성했는데, 그것은 순수 기술상의 성과에 대한 맹목적인 감탄을 불식하고 소리가 고운 견고한 악기의 제작을 다시 요구하는 것이었다.[12]

그 다음부터는 이상적인 파이프오르간은 옛 악기의 아름다운 소리와 새 악기의 기술상의 이점을 한데 묶지 않으면 안 된다는 사실을 차츰 깨닫게 되었다. 파이프오르간 제작에 관한 나의 책자는 처음 나온 지 22년 만에 그 원리를 인정받은 파이프오르간 제작의 개혁에 대한 프로그램으로서 파이프오르간 제작의 현황에 관한 후기만 붙였을 뿐 초판 그대로, 말하자면 일종의 기념판으로 다시 출판될 수 있었다.[13]

---

[12] 《파이프오르간 제작을 위한 국제 조례》, 47쪽, 1909(Artaria, Wien, Breitkopf & Härtel, Leipzig). 프랑스어 판 Règlement général international pour la facture d'orgues, 1909(Artaria, Wien:Breitkopf & Härtel, Leipzig). 이탈리아어 판 Regolamento generale internazionale per la costruzione degli organi, 170쪽 (123~70쪽, 역자 D. 카르멜로 상조르조의 부록), 1914(Bronte).

[13] 《독일 및 프랑스의 파이프오르간 제작법과 연주법》(Leipzig, Breitkopf & Härtel), 2판 1927년. 1~48쪽, 본문 49~73쪽, 후기.

나는 음향이란 관점에서 카바이예 콜과 다른 대가들이 완성시킨 18세기의 기념비적 파이프오르간을 이상적이라고 보는데, 최근 독일의 음악사가들은 바흐 시대의 파이프오르간에까지 거슬러 올라가려 한다. 그러나 바흐 시대의 것은 진정한 의미의 파이프오르간이 아니라 그 전신에 불과하다. 바흐 시대의 파이프오르간에는 이 악기의 본질 가운데 하나인 장엄한 맛이 없다. 예술에는 절대적 이상은 있어도 복고적 이상은 없다. 우리는 예술에 대해 "완전한 것이 오면 부분적인 것이 사라진다"라고 말할 수 있을 것이다.

예술적이고 견고한 파이프오르간 제작에 대한 간단한 진리는 인정을 받았지만, 실지 응용은 지지부진이었다. 그것은 오늘날 이 악기가 공장에서 양산되기 때문이다. 영리적 이해가 예술적 이해를 가로막고 있다. 진실로 견고하고 예술적인 파이프오르간은 시장을 지배하는 공장 파이프오르간보다 30% 정도 더 비싸다. 따라서 진짜 좋은 놈을 만들어보려고 하는 파이프오르간 제작자는 자기의 생존을 위험에 내맡기는 셈이다. 교회가 40개의 음전이 달린 것을 살 수 있는 돈으로 30개밖에 달리지 않은 것을 사는 것이 낫다고 확신하는 경우는 극히 드물다.

언젠가 나는 음악을 좋아하는 제과업자와 파이프오르간과 그 제작에 관해 이야기를 나눈 적이 있는데 그는 이렇게 말했다.

"파이프오르간 제작도 결국 과자 만드는 것과 다를 게 없지요. 요즘 사람들은 어떤 것이 좋은 파이프오르간인지 모르듯이 과자도 어떤 것이 더 좋은 것인지 모르지요. 그들은 신선한 우유와 신선한 크림과 신선한 버터와 신선한 계란과 특상품 기름과 특상품 라드와 진짜 과즙으로 만들어 설탕 이외의 다른 감미료는 일체 사용하지 않은 과자 맛이 어떤 것인지 기억하지 못한답니다. 그들은 이제 통조림 우유와 통조림 크림과 통조림 버터와 말린 계란 흰자와 말린 노른자와 싸구려 기름과 싸구려 라드와 합성 과즙과 온갖 감미료로 만든 것을 좋다고 생각하게 되었답니다. 그럴 것이 그런 것밖에는 먹어보지 못하니까요. 질을 모르다 보니 겉모양만 근사하면 만족이지요. 옛날처럼 좋은 물건을 만들어내려고 하다가 손님을 다 놓치고 말걸요. 훌륭한 파이프오르간 제작자처럼 나도 30% 정도 더 비싸게 받아야 하니까요……."

나는 연주 여행을 하는 길에 거의 모든 유럽 나라의 파이프오르간을 구경할 수가 있었는데, 이렇게 막상 구경을 해보니 우리가 이상적인 파이프오르간에 도달하자면 아직도 멀었다는 사실을 새삼 깨닫게 되었다. 언젠가는 파이프오르가니스트들이 진실로 견고하고 예술적인 악기를 요구하고 또 그러한 요구를 통하여 파이프오르간 제작자들로 하여금 공장 제품 생산을 중단하도록 만들 날이 올 것이다. 그러나 이념이 상황을 이길 날이 언제 올 것인가?

가장 큰 문제는 역시 통풍 상자다. 18세기의 대가들과 카바이예 콜이 사용한 '슐라이플라데'의 음질을 보유하면서 그 기술상의 미비점을 보완한 통풍 상자를 제작하는 데 성공하지 못하는 한 파이프오르간의 소리는 만족스럽지 못할 것이다. 물론 파이프오르간 제작자들은 그들의 현대적 통풍 상자를 자랑하며 '슐라이플라데'에 못지않다고 주장한다. 그러나 사실은 그렇지 않다.

나는 진정한 파이프오르간을 위해 투쟁하느라 많은 시간과 노력을 바쳤다. 사람들은 좋은지 나쁜지 보아달라거나 또는 수정해달라며 파이프오르간 설계도를 보내왔기 때문에 나는 이 일로 해서 여러 날 밤을 보냈다. 내가 주교, 대성당 수석 신부, 종교 국장, 시장, 목사, 교회 집사, 교회 장로, 파이프오르간 제작자와 파이프오르가니스트들에게 낸 편지는 몇백 장이나 되었다.

이 편지들은 그들의 아름다운 옛 파이프오르간을 새 것으로 바꾸지 말고 수리를 해야 한다고 설득하려는 것이거나, 음전의 숫자만 보지 말고 그 질을 보고, 연주대(臺)에다 음전을 바꾸려는 이러저러한 불필요한 장치를 다는 데 사용하기로 결정한 돈은 파이프를 위한 가장 좋은 재료를 구하는 데 사용하라고 부탁하려는 것이었다.

그런데도 당사자들이 종이 위에서는 아주 훌륭해 보이는 공장 파이프오르간을 택하기로 결정을 내렸기 때문에, 얼마나 많은 편지와 여행과 상담이 결국 헛수고가 되고 말았던가!

가장 어려운 투쟁은 옛 파이프오르간을 보존하려는 투쟁이었다. 아름다운 옛 파이프오르간에 내려진 사형 선고를 취소시키려고 나는 별의별 말을 다 하지 않으면 안 되었다. 오래되어 다 허물어져가기 때문에 대수롭지 않게 여기던 파이프오르간이 아름다우며, 따라서 보존되어야만 한다는 소식을 받았을 때 얼마나 많은 파이프오르가니스트들이 마치 자식을 얻게 될 것이라는 고지를 받았을 때의 사라(구약성서에 나오는 아브라함의 아내로 늙도록 자식을 두지 못했다. 자식을 얻게 될 것이라는 고지를 받고 이삭을 낳았다)처럼 이를 불신하는 웃음으로 받아들였던가. 내가 옛 파이프오르간을 새 것으로 바꾸려는 그들의 계획을 방해했거나 또는 나로 인하여 음전의 질을 위해 자기들이 원하는 수에서 음전을 서너 개 빼버리지 않을 수 없었기 때문에 얼마나 많은 친구가 적이 되고 말았던가.

지금도 나는 사람들이 오늘날의 개념으로 봐서 힘이 충분하지 못하다는 이유로 고상한 옛 파이프오르간을 원래의 아름다움은 흔적도 찾아볼 수 없을 만큼 개조하고 확대하거나 또는 아예 뜯어 내버리고 많은 비용을 들여 천민적인 공장 파이프오르간으로 바꾸는 것을 보고도 어쩔 수가 없다.

내가 애써 구한 최초의 옛 파이프오르간은 스트라스부르의 성 토마스 교회에 설치된 질버만의 아름다운 작품이었다.

"그는 아프리카에서는 늙은 흑인을 구하고 유럽에서는 낡은 파이프오르간을 구한다"라고 내 친구들은 말했다.

소위 거대한 파이프오르간의 제작을 나는 현대적 착각이라고 본다. 파이프오르간은 교회의 본당이 요구하고 그것이 들어설 자리가 허용하는 정도보다 더 커서는 안 된다. 음전이 70개 내지 80개 달린 진짜로 좋은 파이프오르간이라면 아무것도 걸릴 게 없는 높은 장소에 설치될 경우 아무리 큰 교회 본당이라도 가득 채울 수 있다. 내게 세계에서 가장 크고 가장 아름다운 파이프오르간은 어느 것이냐고 물어오면, 내가 듣고 읽은 바에 따르면 1백 27개의 가장 큰 파이프오르간과 1백 37개의 가장 아름다운 파이프오르간이 있음에 틀림없다고 대답하곤 한다.

파이프오르간의 효과는 음전의 수보다는 오히려 그 배열 방법에 달렸다. 페달 이외에 본(本) 오르간, 최저음 오르간, 증음기(增音器) 오르간을 구비해야만 파이프오르간이라 할 수 있다. 이 가운데 두 번째 오르간이 진짜 최저음 오르간으로 제작되었다는 사실, 즉 옛 파이프오르간에서처럼 모두 상자 속에 든 채 본 오르간 앞에 자리 잡고 있음으로써 위치상으로나 음향상으로 본 상자 속에 들어 있는 다른 두 오르간과 구별된다는 사실이 아주 중요하다. 만일 두 번째 오르간이 다른 오르간과 마찬가지로 본 상자 속에 자리 잡고 있다면 그것은 독특한 음의 개성을 갖지 못하고 단순히 본 오르간의 보조 역할밖에 하지 못한다.

현대의 파이프오르간은 최저음 오르간을 갖고 있지 않기 때문에 아무리 많은 음전과 건반을 가졌다 하더라도 역시 불완전하다. 현대의 파이프오르간은 세 개의 음의 개성 대신 두 개의 음의 개성으로 구성된다.

세 세대가 지나는 동안 파이프오르가니스트와 파이프오르간 제작자들이 최저음 오르간의 의미를 깨닫지 못했다는 것은 도저히 이해가 가지 않는 사실이라고 말할 때가 언젠가는 올 것이다. 이상하게도 카바이예 콜마저 두 번째 오르간의 독립성을 빼앗아 버리고 이를 본 상자 속에 설치하는 과오를 범했다. 그가 성 쉴피스 교회에서 최저음 오르간의 큼직한 상자 속에 음전을 넣지 않고 그냥 비워두었다는 것은 분명히 과오였다.

물론 최저음 오르간의 상자를 설치하자면 그 대신 건반 몇 개를 단념하지 않으면 안 된다. 그러나 그것은 대단한 손실이 아니다. 최저음 오르간 상자 속에 10개의 음전을 설치하는 효과는 본 상자 속에 16개의 음전을 설치했을 때보다 훨씬 효과적이다.

현대의 파이프오르간 제작자들이 범하는 또 한 가지 실수는 여러 개의 오르간을 증음기 오르간으로 제작하는 데 있다. 그렇게 하면 상자 속에 서 있는 수많은 나무 개폐기 때문에 음이 제대로 퍼져나가지 못한다는 사실은 제외하고라도, 본래의 증음기 오르간의 효과가 죽고 말 것이다.

파이프오르간을 구성하는 여러 오르간들은 공간적, 음향적으로나 그 특성을 갖는 경우 개성이라 할 수 있을 것이다. 본 오르간의 특성은 그 음전이 본 상자의 아래층을 차지하여 풍만하고 낭랑한 소리를 내는 것이다. 최저음 오르간의 특성은 그 자체가 이미 맑은 소리를 내는 음전을 가진 오르간인데 본 오르간의 아래쪽에서 교회 내부를 향해 거리낌없이 노래를 부르는 것이다. 증음기 오르간의 특성은 본 상자 위층에 자리 잡고 멀리 떨어진 높은 곳에서 전조(轉調)가 가능한 강렬한 음을 교회 안으로 내려보내는 것이다.

파이프오르간은 이 세 가지 독립된 음이 통일을 이루는 삼위일체다. 각 오르간의 특성이 훌륭하게 개발될수록 그리고 이 삼자가 완전하게 통일을 이룰수록 그만큼 더 파이프오르간은 아름다워진다.

옛 파이프오르간은 중음기 오르간이 없기 때문에 불완전하며, 현대의 파이프오르간은 최저음 오르간이 없기 때문에 불완전하다. 이 양자의 결합에 의해 완전한 파이프오르간이 나온다.

제작상 또는 음향상의 이유에서 하나의 파이프오르간은 사실상 음의 개성이라 할 수 있는 세 개의 오르간 이상은 가질 수 없다. 그러므로 하나의 파이프오르간에 넷 또는 다섯 개의 오르간을 단다는 것은 예술적 요구를 충족시켜주는 것은 아니다.

파이프오르간 제작에서와 마찬가지로 피아노 제작에서도 사람들은 최대한도로 음량이 풍부한 악기를 지나치게 고집한다. 물론 힘찬 그랜드 피아노는 현이 해머에 두들겨 맞고 내는 소리로, 큰 콘서트홀이 요구하는 풍만한 음감을 주기 때문에 그와 같이 넓은 공간에는 필수품이라 해도 과언이 아니다. 그러나 그랜드 피아노는 이 부자연스런 풍부한 음감을 얻은 대신 피아노 음의 독특한 아름다움을 잃었다. 음악실에서 연주할 경우 아름다운 구식의 에라르드 그랜드 피아노와 둔탁한 소리를 내는 이 거대한 그랜드 피아노 사이에는 얼마나 큰 차이가 있는가! 에라르드는 성악 반주에 훨씬 더 적합하다. 그리고 그 온화한 음은 현악기의 음과도 훨씬 더 잘 융합된다. 베토벤의 바이올린 소나타를 오늘날의 그랜드 피아노 반주로 듣는다는 것은 나에게는 고문이나 다름없다. 나는 연주가 끝날 때까지 계속 은백색의 맑은 물과 시커먼 흙탕물이 서로 섞이지 않고 나란히 흘러가는 것을 보게 될 것이다.

나는 연주용 파이프오르간에 대해서는 교회용 파이프오르간에 대해서만큼 관심이 없었다. 콘서트홀에서는 아무리 좋은 파이프오르간이라 해도 충분한 효과를 발휘할 수 없을 것이다. 홀을 꽉 메운 청중 때문에 파이프오르간의 음향은 광택과 풍만감을 상실한다. 게다가 건축가들은 연주용 파이프오르간을 대체로 구석진 곳에 밀어넣는데 그런 곳에서는 이러나저러나 제대로 소리를 낼 수가 없다. 파이프오르간은 사람들이 모임으로 인해 공간이 꽉 찬 느낌을 주지 않는 석조 아치 건물을 필요로 한다. 파이프오르간은 콘서트홀에서는 교회에서처럼 독주 악기로서의 의미는 그다지 없고 오히려 합창대와 관현악단을 보완해주는 반주 악기가 된다. 앞으로 작곡가들은 지난날보다 파이프오르간을 관현악단에 더 많이 사용할 것이 틀림없다. 파이프오르간이 관현악단에 가담한다면 거기서 나는 소리로서 관현악단에서는 광택과 유연성을 얻고 파이프오르간에서는 풍만함을 얻는다. 파이프오르간에 의한 현대 관현악단의 보완이란 기술상으로 볼 때 관현악단이 파이프오르간의 보완을 통해 저음 플루트 음을 얻게 되며 또 이 음을 얻게 됨으로써 처음으로 고음에 해당하는 하나의 저음을 갖게 되는 것을 의미한다.

콘서트홀에서 파이프오르간의 음과 관현악단의 음을 결합하는 것은 나에게는 즐거운 일이다. 그러나 콘서트홀에서 파이프오르간을 독주 악기로 연주해야만 할 입장에 놓이게 되면, 나는 이 악기를 세속적인 연주 악기로 취급하는 일은 가능한 한 피할 것이다. 곡목의 선택과 연주 방법을 통해 나는 콘서트홀을 교회로 만들려고 노력한다. 그러나 내가 가장 좋아하는 것은 교회에서든 콘서트홀에서든 합창대를 끌어들임으로써 연주회를 일종의 예배로 바꾸어놓고 파이프오르간이 합창전주곡을 연주하면 합창대가 합창을 불러 이에 답창하는 것이다.

파이프오르간은 그 균일하고 지속적인 음으로 말미암아 영원한 그 무엇을 내포하고 있다. 그것은 세속적인 장소에서도 세속적인 악기가 될 수 없다.

나는 몇몇 새 파이프오르간에서 나의 교회 파이프오르간의 이상이 상당히 실현된 것을 보고 기뻐하지 않을 수 없었다. 그러나 그것은 질버만의 파이프오르간에서 배운 알자스 출신의 파이프오르간 제작자 프리츠 헤르퍼의 예술적 능력과, 사용할 수 있는 금액으로 가장 큰 파이프오르간 대신 가장 훌륭한 파이프오르간을 주문하라는 나의 충고에 따르기로 한 몇몇 교회 참사회의 통찰력 덕택이다.

파이프오르간 제작에 대한 관심 때문에 괴로움을 당할 때는 차라리 이런 일에 관여하지 않았더라면 좋았을 것이라고 생각될 때가 한두 번이 아니었다. 그런데도 이를 포기하지 않는 것은 좋은 파이프오르간을 위한 투쟁은 나에게는 진리를 위한 투쟁을 뜻하기 때문이다. 그리고 주일날 내가 천박한 파이프오르간에서 구해준 이 교회 또는 저 교회에서 고상한 파이프오르간 소리가 날 것을 생각하면, 30년 동안 파이프오르간 제작을 위해 바친 시간과 노고가 충분히 보상받은 듯한 느낌이 든다.

9
원시림의 의사가 되겠다는 결심을 하다

1905년 10월 13일 금요일. 나는 파리의 아브뉴 드 라 그랑드 아르메에 있는 한 우체통에 편지를 몇 장 부쳤다. 이 편지들은 내가 장차 의사로서 적도 아프리카에 가려고 겨울 학기가 시작되면 의과 대학에 입학하겠다는 것을 나의 양친과 가까운 친지들에게 알리는 것이었다. 그 중 한 편지는 앞으로 있을 공부 때문에 바빠서 성 토마스 신학 기숙사의 사감직을 내놓는다는 나의 뜻을 전하는 것이었다.

지금 실행하기로 한 이 계획을 품은 지는 벌써 오래되었다. 그 근원은 학생 시절에까지 거슬러 올라간다. 주위의 많은 사람들이 고통과 근심에 시달렸는데 나만 행복한 생활을 한다는 것을 받아들이기가 힘들었다. 이미 초등학교 시절에 급우들의 비참한 가정 형편과 귄스바흐의 목사관에서 사는 우리들의 이상적인 가정 환경을 비교해보고 느낀 바가 있었다. 대학 시절에도 공부를 하며 학문과 예술 분야에서 무엇인가 공헌할 수 있는 입장에 있던 나는 경제 사정이나 건강 때문에 이러한 행복을 누릴 수 없는 사람들을 늘 생각하지 않을 수 없었다.

1896년 어느 청명한 여름날 아침, 나는 귄스바흐에서 눈을 떴다. 그날은 성신 강림절이었다. 이때 문득 이러한 행복을 당연한 것으로 받아들일 것이 아니라 여기에 대해 나도 무엇인가 베풀어야만 되겠다는 생각이 들었다. 내가 이러한 생각과 씨름을 하는 동안 바깥에서는 새들이 지저귀고 있었는데, 나는 자리에서 일어나기 전에 조용히 생각해본 끝에 서른 살까지는 학문과 예술을 위해 살고, 그 이후부터는 인류에 직접 봉사하기로 마음을 정했다.

"누구든지 제 목숨을 구하고자 하면 잃을 것이요, 누구든지 나의 복음을 위하여 잃으면 구하리라" 하신 예수의 말씀이 나에게 어떤 의미를 지니는지 나는 여러 번 생각해보았다. 이제 나는 그 의미를 알게 되었다. 이리하여 나는 외적 봉사에다 내적 행복까지 얻게 된 셈이다.

이렇듯 계획은 세워놓았지만 실제로 어떤 종류의 활동을 하게 될지 그 당시에는 확실치가 않았다. 한 가지 확실한 것은 아무리 보잘것없는 일이라 하더라도 인류에 직접 봉사하는 일이어야만 한다는 것이었다.

물론 처음에는 유럽에서 활동할 생각이었다. 버림받았거나 돌볼 사람이 없는 아이들을 수용하고 교육하여 그들이 훗날 똑같은 방법으로 그런 아이들을 도와주게끔 할 계획이었다. 1903년, 나는 사감으로 토마스 신학 기숙사 2층 양지 바른 넓은 사택에 들었으므로 이런 일을 해볼 수 있게 되었다. 나는 여기저기 지원을 해보았으나 결과는 언제나 실패였다. 버림받고 돌볼 사람이 없는 아이들을 위한 구호 기관의 규칙이 지원자들의 이러한 협력을 허용하지 않았다. 예를 들면 스트라스부르 고아원에 화재가 난 뒤 우선 당분간이라도 사내아이 몇 명을 내가 있는 곳에 수용하겠다고 원장에게 제안해보았지만 그는 내가 말을 미처 끝내기도 전에 막아 버렸다. 그 밖에도 여러 가지 시도를 해보았으나 모두 실패했다.

한동안은 앞으로 부랑자들이나 석방된 죄수들을 위해 헌신해볼까도 생각해보았다. 이러한 사업에 대한 준비 단계로 나는 성 토마스 교회 아우구스트 에른스트 목사의 사업에 참가했다. 그가 하는 일이란 매일 1시에서 2시 사이에 잠자리나 도움을 구하는 사람들과 면담을 하고 해당자가 있으면 무턱대고 돈을 몇 푼 주어 돌려보내거나 신상 조사가 끝날 때까지 기다리게 하지 않고 그날 오후 중에 그의 집이나 숙소로 찾아가 생활 형편에 대한 그의 진술을 검토한 뒤 필요한 도움을 주겠다고 제의하는 것이었다. 우리들은 이러한 목적을 위하여 헤아릴 수 없을 만큼 여러 번 시내 또는 교외로 자전거를 타고 나갔다. 그런데 신청자가 산다고 말한 장소에 살지 않는 경우가 적지 않았다. 물론 형편을 잘 알아가지고 적절한 도움을 줄 수 있었던 경우도 많았다. 절친한 친구들은 이 일을 위하여 자기들의 금품을 마음대로 쓰라고 했다.

이미 학생 시절에 나는 토마스 기숙사에서 회합을 갖는 학생 단체 '토마스 봉사회'의 일원으로 사회 사업을 했다. 우리는 누구나 매주 자기가 맡은 수만큼의 가난한 가정을 방문하여 허용된 범위 내에서 보조를 해주고 그들의 형편에 관해 보고하기로 되어 있었다. 여기에 드는 기금은 대대로 내려오는 우리의 사업을 후원해주던 스트라스부르의 여러 전통 있는 가문에서 대주었다. 내가 알기로는 우리들은 누구나 한 해에 두 번씩 자기에게 할당된 수만큼의 구걸 행각을 하지 않으면 안 되었다. 소심하며 사교술이 없는 나에게는 이러한 구걸 행각이 고통스러웠다. 이것은 후일에 있을 나의 구걸 행각을 위한 예습이 된 셈인데, 아무튼 나는 이때 서툰 짓을 한 적이 한두 번이 아니었던 것 같다. 그러나 한 가지 배운 점이 있다면 그것은 도움을 청할 때 대담하게 나서는 것보다 재치 있고 조심스럽게 나서는 것이 상대를 더 잘 이해시킬 수 있다는 점과, 거절을 당해도 기분 나쁘게 생각하지 않고 꾹 참는 것이 구걸의 바른 도리라는 점이다.

우리들의 의도는 좋았지만 젊고 경험이 없었기 때문에 맡은 돈을 가장 효과적으로 사용했다고는 할 수 없을 것이다. 그러나 그 돈은 젊은이들에게 가난한 사람들을 돌봐야 한다는 의무감을 불러일으켰기 때문에 그 맡은 바 사명을 다한 셈이다. 그러므로 나는 우리들의 이러한 노력에 이해와 도움을 아끼지 않았던 여러분에게 진심으로 감사를 드린다. 그리고 많은 학생들이 그와 같이 자선가의 위촉을 받아 빈곤과의 투쟁에서 초심자의 봉사 역할을 할 수 있기 바란다.

부랑자들이나 석방된 죄수들과 접촉하는 동안 나는 그들을 효과적으로 도와주자면 그들을 위해 헌신하는 수많은 개인이 있어야만 한다는 사실을 확실히 알게 되었다. 동시에 그러한 개인들도 단체와 공동으로 일해야만 성과를 거둘 수 있다는 사실을 깨닫게 되었다. 그러나 나는 매우 개인적이며 독립된 활동을 해보고 싶었다. 부득이한 경우에는 단체에 속할 각오를 하기는 했지만, 그래도 언젠가는 개인으로서 그리고 자유인으로서 헌신할 수 있는 활동을 발견하게 되리라는 희망을 버리지는 않았다. 이러한 소망이 이루어졌다는 것을 나는 언제나 새롭게 체험하는 하나님의 크나큰 은총으로 받아들이고 있다.

1904년 가을 어느 날 아침 나는 토마스 기숙사의 내 책상 위에 초록색 표지의 잡지 한 권이 놓인 것을 발견했다. 그것은 파리 선교회가 그들의 활동에 관해 보고하는 월간지였다. 셰들린이란 아가씨가 늘 이 잡지를 가져다주곤 했다. 이 아가씨는 내가 이 선교회에 대해 특별한 관심을 갖고 있다는 사실과 그 이유를 알았다. 즉 내가 아직도 어렸을 적에 아버지는 선교회 예배 때 이 선교회의 초기 선교사 가운데 한 사람이었던 카잘리의 편지를 읽어주었는데, 나는 그때 큰 감명을 받았던 것이다.

전날 밤 내가 없을 때 내 책상 위에 갖다놓은 이 책자를 나는 일을 시작하려고 옆으로 치우면서 그저 기계적으로 펼쳐보았다. 그러자 마침 '콩고 선교회가 필요로 하는 것'이란 제목의 기사가 눈에 띄었다.[14] 그것은 알자스 출신의 파리 선교회 회장인 알프레드 뵈그너의 글이었다. 그는 이 글에서 선교회에 인원이 부족하여 콩고 식민지 북부 지방인 가봉에서는 선교 업무를 수행할 수가 없다는 사정을 호소하고 있었다. 동시에 그는 "주님의 눈길이 이미 그

---

14 Journal des Missions Evangéliques, 1904, 6월호, 389~93쪽.

위에 임한" 사람들이 이 호소의 글을 읽고 이 시급한 일에 지원하기로 결심해주기 바란다고 말했다. "주의 부르심에 서슴지 않고 '주여! 내가 가겠나이다'라고 대답하는 사람들, 이들이 바로 교회가 필요로 하는 사람들입니다"라는 말로 그는 글을 끝맺었다.

나는 이 글을 읽고 난 뒤 조용히 일을 시작했다. 모색은 끝난 것이다.

몇 개월 후, 서른 번째 생일을 맞이했는데 나는 탑을 세우기에 앞서 '이 일에 드는 비용을 감당할 수 있는지 없는지' 헤아려본다는 비유 속에 나오는 사람처럼 그날을 보냈다. 결국 나는 순수한 인류 봉사의 계획을 앞으로 적도 아프리카에서 실현하기로 결심했다.

나는 이 계획을 친한 친구 한 사람에게만 알렸다. 그러나 파리에서 보낸 편지로 이 계획이 알려지자 나는 친척 및 친구들과 격렬한 투쟁을 하지 않으면 안 되었다. 그들은 그 계획 자체보다 사전에 자기들과 의논하지 않았다고 비난을 했다. 이러한 부차적인 문제를 가지고 그들은 몇 주일 동안이나 나를 못살게 굴었다. 신학과 친구들이 특히 심했는데 그건 정말 어울리지 않는 일이었다. 그들은 모두 〈갈라디아서〉에 있는 사도 바울의 말씀에 따라, 그가 예수를 위해 일하려 했을 때 먼저 혈육과 의논하지 아니한 사실에 대해 아름다운, 정말 아름다운 설교를 해온 사람들이 아니던가!

친척과 친구들이 합세하여 어리석은 계획이라고 비난했다. 그들은 나를 보고 타고난 재능은 썩히고 타고나지도 않은 재능을 활용해보려는 사람이라고 말했다. 야만인들 사이에서의 활동은 그로 인하여 학문과 예술 분야에서의 재능을 썩히는 일이 없는 그런 사람들에게 맡겨야 한다는 것이었다. 나를 자식처럼 사랑해주던 위도르는 총을 가지고 방어선으로 뛰어들려는 장군과 같은 사람이라고 나를 꾸짖었다. 현대 정신으로 충만한 어떤 부인은 내가 계획하는 활동보다도 원주민들이 의료 지원을 필요로 한다는 사정에 관해 강연을 하면 더 많은 일을 할 수 있을 것이라고 일러주었다. "태초에 행동이 있었다"는 《파우스트》에서의 괴테의 말은 현대에 와서는 통하지 않으며, 현대에 와서는 선전이 사건의 어머니라는 것이었다.

당시 나는 소위 기독교도라는 사람들과 진저리가 날 정도로 토론을 거듭했는데, 예수가 가르친 사랑에 봉사하고자 노력하다 보면 새로운 길을 택할 수도 있다는 생각을 그들이 전혀 이해하지 못하는 걸 보고 이상한 느낌이 들었다. 그런데도 그들은 〈신약성서〉에서 그런 경우를 읽고 거기서는 당연하다고 생각하지 않는가! 예수의 말씀에 친숙한 그들이고 보면 이러한 경우를 당연히 나보다도 더 잘 이해할 것이 아닌가.

나는 심지어 예수의 사랑의 계명이 특수한 상황 아래서 어떤 사람에게서 요구할 수 있는 복종에 호소해보았지만—이런 말을 끄집어낸다는 것은 참 괴로운 일이었다—건방지다는 비난을 받은 적이 한두 번이 아니다. 요컨대 그토록 많은 사람들이 내 마음의 창문과 덧문을 모조리 열어젖힐 권리가 있다고 생각하는 바람에 나는 정말 고통스러웠다.

어떤 생각에서 그런 결심을 하게 되었는지 이해시켜보려고도 했으나 별 소용이 없었다. 그들은 이러한 결심을 한 이면에는 반드시 곡절이 있을 것이라고 믿고 출세가 늦은 데 대해 실망했기 때문이 아닌가 추측하기까지 했다. 그러나 그건 얼토당토 않은 생각이었다. 나는 벌써 젊은 나이에 다른 사람 같으면 일생 동안 싸우고 노력해야 얻을 수 있는 명성을 얻지 않았던가. 그 밖에 또 실연 때문에 그러한 결심을 하게 된 것으로 생각하는 사람들도 있었다. 이들에 비하면 무자비하게 내 마음속을 파헤치려 하지 않고 나를 약간 머리가 이상한 조숙한 젊은이로 보고 놀려주는 사람들이 오히려 고마웠다.

친척들이나 친구들이 내 계획의 불합리한 점을 일일이 꼬집으며 나무란다는 것은 따지고 보면 당연한 일이다. 이상주의는 냉철해야만 한다고 생각하는 나는, 개척되지 않은 길을 걸어간다는 것은 특수한 상황 아래서만 의미와 성공의 가망성이 있는 모험임을 잘 알았다. 그러나 여러모로 오랫동안 생각해본 결과 나의 경우에는 모험이 정당하다고 생각하게 되었다. 나는 건강, 신경의 안정, 정력, 상식, 끈기, 분별력, 무욕, 그 밖에 이상의 길을 걸어가는 데 필요한 모든 것을 구비했을 뿐 아니라, 계획이 실패하더라도 이를 참고 견딜 수 있는 마음의 준비가 되어 있다고 생각했다.

이때부터 나처럼 독자적인 활동을 해보고 싶어하는 사람들이 나에게 의견과 조언을 청해왔다. 그러나 내가 그들을 대뜸 격려한 경우는 별로 많지 않았다. 나는 정신적으로 불안정한 사람일수록

'남다른 일을 해보고 싶은' 욕구가 더 크다는 사실을 종종 확인할 수 있었다. 이런 사람들이 더 큰 일에 헌신하고 싶어하는 것은 지금 하는 일에 만족하지 못하기 때문이다. 그들은 하찮은 동기에서 결심을 하는 경우가 적지 않았다.

무슨 일에나 가치를 발견하고 완전한 책임감을 갖고 헌신할 수 있는 사람이라야 자연적으로 주어진 일 대신 비상한 일을 목표로 삼을 수 있다. 자기의 계획을 비상한 것이 아니라 자명한 것으로 생각하고 냉정한 감격으로 받아들인, 의무는 알지만 영웅주의는 알지 못하는 사람이라야 세계가 필요로 하는 정신적 모험가가 될 수 있다. 행동의 영웅은 존재하지 않고 체념과 수난의 영웅만이 존재한다. 이러한 영웅들은 적지 않다. 다만 알려진 사람이 적을 뿐이다. 그나마 대중에게 알려진 것이 아니라 소수의 사람들에게만 알려진 것이다.

칼라일의 《영웅과 영웅 숭배》라는 책은 깊이 있는 책이라고 할 수 없다.

개인적인 활동에 일생을 바치고 싶은 충동을 느끼고 또 실제로 그럴 능력이 있는 사람들이라 하더라도 대부분은 주변 사정 때문에 이를 단념하지 않을 수 없다. 그들은 가족을 돌보거나 자신의 생계를 유지하기 위하여 직업에 종사하지 않으면 안 된다. 오늘날에는 자력으로든 친구의 도움으로든 물질적으로 자유로운 사람만이 개인적인 활동을 할 수 있다. 옛날에는 그렇지 않았다. 직업을 가지지 않더라도 그럭저럭 살아나갈 수 있었다. 그러나 오늘날과 같은 어려운 경제 사정 아래에서는 직업을 포기하는 사람은 물질적으로 정신적으로 파멸의 위험에 처하게 되는 것이다.

이와 같이 나는 유능한 사람들이 환경이 불우하여 사회에 유익한 개인적 활동을 포기하지 않을 수 없게 되는 것을 같이 보고 같이 겪어야만 했다.

다행히 자유로운 개인적 봉사 활동을 실현할 수 있는 사람들은 이 행복을 겸손한 마음으로 받아들여야 할 것이다. 그들은 같은 일을 하고 싶어하며 또 그럴 능력이 있으면서도 그렇게 하지 못하는 사람들을 잊어서는 안 될 것이다. 요컨대 그들은 자신의 강한 의욕을 겸허한 마음으로 단련하지 않으면 안 된다. 그들은 원하던 활동에 도달할 수 있는 길을 발견할 때까지 찾으면서 기다려야 한다. 이것이 언제나 그들의 운명이다.

활동하는 시간이 찾고 기다리는 기간보다 더 긴 사람들은 행복하다. 자신을 완전히 바칠 수 있는 사람들은 행복하다.

이러한 행운아들은 겸손해야만 한다. 시련이 오더라도 흥분하지 말고 '당연히 올 것이 왔다'는 식으로 받아들여야 한다. 선을 행하려 한다 해서 사람들이 길에서 돌을 치워주리라 생각해서는 안 된다. 오히려 가는 길에 돌을 굴려다 놓으리라고 각오하고 이것을 하나의 숙명으로 받아들여야 한다. 이러한 저항을 체험하는 가운데 정화되고 강화된 힘만이 시련을 극복할 수 있다. 그저 반발만 한다면 힘은 헛되이 소모되고 말 것이다.

인간 속에 내재하는 이상적인 욕구 가운데 공공연한 활동으로 나타나는 것은 언제나 매우 작은 부분에 지나지 않는다. 나머지 부분은 모두 눈에 띄지 않는 것 속에서 실현되는데 이 눈에 띄지 않는 것이야말로 눈에 띄는 활동보다 몇천 배 가치가 있다. 눈에 띄지 않는 것이 깊은 바다라면 눈에 띄는 것은 바다의 표면에서 움직이는 파도라 할 수 있을 것이다. 눈에 띄지 않게 작용하는 선의 힘은 직접적·개인적 봉사를 필생의 사업으로 삼지 않고 다만 부차적인 활동으로 삼는 그러한 사람들 속에서 구현된다.

생계를 유지하고 사회적 활동을 하기 위해 다소 따분한 일을 직업으로 삼지 않으면 안 된다는 것, 바로 이것이 대다수의 운명이다. 그들은 이러한 일을 인간 기계처럼 해내야 하기 때문에 이러한 일을 통해서는 자신의 인간성을 거의 발휘하지 못한다. 그렇다 하더라도 자신을 인간으로 제시할 수 있는 기회를 전혀 갖지 못한 사람은 없다. 업무가 조직화, 전문화, 기계화함에 따라 발생하는 문제는 사회가 이런 상태를 단순히 받아들이는 데 그치지 않고 힘 닿는 데까지 인격의 권리를 보호해줄 때 다소나마 해결된다. 가장 중요한 것은 당사자가 자신의 운명을 순순히 받아들일 것이 아니라 힘 닿는 데까지 불우한 환경에서나마 정신적 활동을 통하여 인격체로서 자신을 주장하려고 노력하는 것이다.

아무리 보잘것없는 개인적 활동이라 하더라도 그것을 통하여 인간을 필요로 하는 인간에게 인간이 되어줄 수 있는 기회를 포착하려고 할 때 비로소 직업 생활과 더불어 인간 생활이 구제된다. 이렇게 함으로써 그는 정신적이고 선한 것에 봉사하게 된다. 어떠한 운명도 이러한 직접적인 인간 봉사를 부차적인 활동으로 삼는 것을 막지는 못할 것이다. 이런 일이 많이 실현되지 못하는 것은 사람들이 소홀히 대하기 때문이다.

각자가 현재 처한 상황 아래서 다른 사람에게 참다운 인간성을 행동으로써 표시하려고 노력하는 데 인류의 장래가 달렸다.

어마어마한 가치들이 우리의 태만으로 말미암아 매순간 무(無)의 상태에 머무르고 만다. 그러나 그 중에서 의지와 활동으로 나타나는 것은 가볍게 봐서는 안 될 재산이다. 우리의 인간성은 사람들이 어리석게 지껄이듯 그렇게 물질적인 것은 아니다. 내가 알기에는 인간 속에는 표면에 나타나는 것보다 훨씬 더 많은 이상적인 욕구가 내재한다. 땅 속을 흘러가는 물이 눈에 보이는 물보다 더 많은 것처럼 인간의 마음속에 묶여 있거나 간신히 풀려난 이상주의는 눈에 보이는 이상주의보다 더 많다. 묶인 것을 풀어주고 땅 속에 있는 물을 표면으로 끌어줄 수 있는 사람, 바로 이러한 사람들을 인류는 고대한다.

나는 선교사가 아니라 의사로서 적도 아프리카에 가려 했다. 그러기 위해서는 서른의 나이에 다시 오랜 시간을 투자해야 하는 힘든 공부를 시작하지 않으면 안 되었는데 친구들은 바로 이 점을 내 계획의 가장 불합리한 점이라고 생각했다. 나는 이 공부를 하려면 굉장한 노력이 필요하다는 걸 잘 알았다. 나는 다가올 몇 년을 불안한 마음으로 내다보았다. 그러나 봉사 활동의 길을 의사로서 가겠다고 결심하게 된 동기가 너무나 중요했기 때문에 이에 비하면 다른 생각은 아무것도 아니었다.

내가 의사가 되고 싶었던 것은 별로 말을 하지 않고도 일할 수 있기 때문이다. 몇 년 동안 나는 말에도 정력을 쏟았다. 신학 교수직과 목사직에 기꺼이 종사했다. 그러므로 나의 새로운 활동은 사랑의 종교에 대한 설교가 아니라 그것을 실제로 실천하는 것이어야만 한다고 생각했다. 봉사 활동의 길이 나를 어디로 인도하든 의학 지식이야말로 이러한 의도를 가장 훌륭하게, 그리고 가장 포괄적으로 실현시켜줄 것이다.

선교사들의 보고에 따르면 내가 가려고 마음먹은 적도 아프리카 지방에서는 무엇보다도 의사가 필요했다. 따라서 이 지방에서 활동하려면 의학 지식을 얻어두는 것이 좋을 것 같았다. 선교사들은 원주민들이 몸이 아파 자기들을 찾아와도 필요한 도움을 주지 못한다고 《선교》지에서 늘 호소했다. 나는 이 불쌍한 사람들의 의사가 되기 위하여 의학도가 된다는 것은 뜻있는 일이라고 판단했다. 의학에 바치는 세월이 너무 길다고 느껴질 때면 하밀카와 한니발이 로마로 진군하려고 오랜 세월을 두고 스페인을 정복하며 사전 준비를 갖추었던 사실을 상기했다.

또 하나의 다른 관점에서도 의사가 되는 게 좋을 것 같았다. 파리 선교회에 알아본 결과 그들이 나를 선교사로 받아줄는지가 극히 의심스러웠다.

19세기 초 경건파와 정통파 사이에는 복음을 이교도 세계에 전파하기 위한 여러 단체들이 생겨났다. 거의 같은 시기에 자유사상적 기독교에서도 예수의 가르침을 먼 나라에 전파할 필요성을 느끼기 시작했다. 그러나 활동에서는 교리에 얽매인 교파 쪽이 자유사상적 교파 쪽보다 앞서 있었다. 전자는 교회 조직 밖에 서 있는 독자적이고 활동적인 여러 단체를 통하여 당시 교회 내에서 주도적 역할을 하고 교회 일에만 몰두하던 자유사상적 기독교보다 독자적인 활동을 할 수 있는 능력을 더 많이 갖고 있었다. 또한 복음을 주로 인간과 인간 사회의 여러 관계를 쇄신하는 힘으로서 이교도 세계에 작용케 하려 했던 자유사상적 기독교보다는 교리에 얽매인 기독교가 '영혼 구제'라는 경건한 사상 때문에 선교 활동을 위한 더 강한 추진력을 가지고 있었다.

경건파와 정통파의 선교 단체가 활동을 시작하자 선교 활동에 호감을 지녔던 자유사상적 단체에서도 이를 지원해주었다. 자유사상적 기독교는 오랫동안 독자적인 선교 단체를 설립할 필요가 없다고 믿었다. 그들은 모든 신교도가 참여하게 되면 기존 선교 단체들이 차츰 그 나름대로 신교의 선교사업을 수행하게 되리라고 기대했으나 그것은 잘못이었다. 정통파 선교 단체들은 자유사상적 신교 측에서 보내오는 물질적 지원을 받아들였지만—사실 나의 부친만 하더라도 알자스에 있는 자유사상적 동료들과 함께 신앙적 입장이 다른 선교 단체를 위해 얼마나 많은 일을 했던가—그들의 신앙적 요구를 거부하는 선교사는 한 사람도 파견하지 않았다.

자유사상적 신교는 이와 같이 독자적 선교 사업을 포기하고 오랫동안 헌신적으로 다른 교파의 선교 사업을 지원해주었지만, 바로 그 때문에 급기야는 선교 사업에 대해 아무런 이해도 없고 아무런 활동도 하지 않는다는 평을 듣게 되었다. 마침내 자유사상적 신교는 신교 교회 전체가 연합해서 행하는 선교 사업에 대한 희망을 버리고 독자적 선교 단체를 설립하기로 결정했지만 때는 이미 늦었다. 복음 일반에 관한 일인 것처럼 사방에 원조를 요청하면서도 자기들과 신앙적 입장을 같이하는 사람들만 선교사로 받아주는 것은 모순이 아니냐고 항의를 하면, 그들은 '자기들 배후에 있는 사람들'을 끌어들이며 이 사람들의 견해를 고려에 넣지 않을 수 없다고 말한다.

그러나 늘 재미있다고 생각되는 것은 선교사 자신들은 대체로 선교회 간부들보다 생각하는 폭이 훨씬 자유롭다는 것이다. 그들은 다른 민족, 특히 원주민 토인들 사이에서는 우리들처럼 정통파냐 자유파냐 하는 문제를 따질 필요가 없으며 산상수훈과 같은 복음의 원리를 전파하고 사람들로 하여금 예수의 정신의 지배하에 들어오게 하는 것만이 중요하다는 사실을 경험을 통해 잘 알았다.

나의 부친은 파리 선교회가 다른 선교회에 비해 더 자유로운 데가 있다고 해서 특별한 호감을 가지고 있었다. 그는 무엇보다도 카잘리나 그 밖의 다른 저명한 선교사들이 달콤한 가나안 말을 쓰지 않고 기독교인의 소박한 마음에서 우러나오는 말을 썼다는 점을 높이 평가한다.

그러나 내가 선교사로서 헌신하겠다고 제의했을 때 다른 데서와 마찬가지로 파리 선교위원회에서도 정통 신앙이 문제된다는 것을 곧 알게 되었다. 친절한 선교회 회장 뵈그너는 자기의 호소를 듣고 콩고 지방 선교회를 위해 일하겠다고 나선 사람이 있는 것을 보고 깊이 감동한 듯했다. 그러나 위원들이 나의 신학적 입장에 대해 심각한 우려를 표명했으므로 먼저 이 문제를 해결하지 않으면 안 될 것이라고 솔직히 말해주었다. 내가 '단지 의사로서' 가기를 원한다고 확언하자 한시름 놓았다.

그후 얼마 지나지 않아 그에게서 위원 중 몇 사람이 바른 기독교적 사랑은 가졌지만 바른 신앙을 지니지지 않은 선교 의사의 봉사를 받아들이기를 거부한다는 소식이 왔다. 그러나 우리는 둘 다 지나친 염려는 하지 않았고 이들이 올바른 기독교적 이성(理性)으로 돌아올 시간적 여유가 아직도 몇 년 있다고 생각했다.

좀 더 자유로운 스위스의 총복음 선교회라면 나를 당장 선교사나 의사로 받아주었을 것이다. 그러나 나는 파리 《선교》지에 실렸던 기사를 읽고 적도 아프리카에 대한 소명감을 느꼈기 때문에 거기서 일하는 파리 선교회를 찾아가지 않을 수 없었다. 그리고 또 어떤 선교회가 예수의 복음을 마주 대하고 살면서 그들의 활동 지역 내에서 괴로워하는 원주민들의 의사가 되겠다는 청을 단지 그의 신앙이 그들이 생각하는 정통 신앙이 아니라는 이유 때문에 거절할 권리를 가졌는가 하는 문제를 해결해보고 싶은 마음도 있었다. 게다가 의학 공부를 시작한 초기에는 그날그날의 일과 걱정에 시달려 장차 있을 일에 대해서는 마음을 쓸 시간도 정력도 없었다.

10
의학 공부를 하던 시절

당시 의과대학 학장이던 펠링 교수에게 학생으로 등록을 하자, 그는 나를 차라리 정신병학 교수에게 맡기고 싶어했다.

나는 짙은 안개가 낀 10월 말 어느 날, 첫 해부학 강의를 들으러 갔다.

그런데 나는 아직도 한 가지 법적 문제를 해결하지 않으면 안 되었다. 나는 대학 교수단의 일원으로서 동시에 학생으로 등록할 수가 없었다. 그렇다고 청강생으로 의학 강의를 들을 경우에는 당시의 규정상 시험을 치를 자격이 없었다. 그러나 대학 당국은 의과대학 교수들이 교부하는 청강 증명서에 의해 시험을 치를 수 있도록 허가해주었다. 교수들도 자기네들의 동료라고 해서 모든 강의를 무료로 들을 수 있게 해주었다.

임상 전 5학기 동안의 나의 교수는 해부학에 슈발베, 바이덴라이히, 푹스, 생리학에 호프마이스터, 에발트, 슈피로, 화학에 티일레, 물리학에 브라운과 코온, 동물학에 괴테, 식물학에 조름스 백작과 요스트였다.

이제 피로와의 고투가 시작되었다. 그리고 이 고투는 몇 년 동안 계속되었다. 신학 교수직과 목사직은 즉각 포기하기로 결단을 내릴 수가 없었다. 그래서 신학 강의도 하고 또 거의 매주 설교도 해가며 의학 공부를 했다. 의학 공부를 시작한 초기에는 강의에서 바울의 교리 문제를 취급했기 때문에 강의를 한다는 것이 여간 힘들지 않았다.

또한 그 당시에는 파이프오르간에도 전보다 더 많은 시간이 소요되었다. 1905년 나는 구스타브 브레, 뒤카, 포레, 위도르, 귀망, 댕디와 함께 파리 바흐 협회를 창립했는데, 이 협회의 지휘자였던 브레는 이 협회 연주회 때는 언제나 내가 파이프오르간 파트를 맡아야 한다고 고집했기 때문에 몇 해 동안 겨울이면 몇 번씩 파리 여행을 하지 않을 수 없었다. 나는 최종 연습에만 참가하면 되었고 또 연주가 끝나는 그날 밤으로 스트라스부르로 돌아올 수 있었지만 연주회가 있을 적마다 적어도 사흘은 희생하지 않으면 안 되었다. 파리에서 스트라스부르로 오는 열차에서 성 니콜라이 교회에서 행할 설교 준비를 얼마나 여러 번 했던가.

바르셀로나의 오르페오 카탈라의 바흐 연주회 때도 내가 파이프오르가니스트 역을 맡아야만 했다. 대체로 전보다 자주 연주회에 나가게 된 것은 그동안 파이프오르가니스트로서 유명해졌다는 데도 이유가 있었지만 신학 기숙사 사감 수당이 없어졌기 때문에 부수입을 올리지 않으면 안 되었다는 데도 이유가 있었다.

파리 여행을 자주 하다 보니 다년간 그곳에서 사귄 친구들과 같이 지낼 수가 있어 좋았다. 가장 좋은 친구는 유명한 학자 테오도르 라이나흐의 섬세하고 대단히 음악적인 부인 파니 라이나흐 여사와 으제니 황후의 친구인 멜라니 드 푸르탈레스 백작부인이었다. 황후와 백작부인의 모습은 빈터할터의 유명한 그림에서 볼 수가 있다. 스트라스부르 근처에 있는 드 푸르탈레스 백작부인의 시골 별장에서 나는 백작부인의 친구이자 나폴레옹 3세 때의 파리 주재 오스트리아 공사의 부인인 메테르니히 산도르 공작부인을 여러 번 보았다. 바그너가 당시 파리의 그랑드 오페라 하우스에서 그의 〈탄호이저〉를 상연할 수 있었던 것은 이 메테르니히 공작부인의 덕택이었다. 부인이 어떤 무도회에서 나폴레옹 3세에게 이야기하여 이 작품을 공연 계획에 넣도록 했던 것이다. 부인은 겉으로 보기에는 좀 거친 편이지만 그 이면에는 총명한 두뇌와 따뜻한 마음씨를 갖고 있었다. 그리고 바그너의 파리 체재와 나폴레옹 3세 주변 인물들에 관하여 여러 가지 흥미있는 이야기를 들려주었다. 그러나 나는 아프리카로 보내준 편지를 읽고 비로소 이 뛰어난 부인의 영혼을 읽을 수가 있었다.

  나는 파리에 있는 동안 알자스 출신의 여선생 아델레 헬렌슈미트의 집에도 자주 들렀다. 나는 오르페오 카탈라의 지휘자 루이 밀레를 처음 만난 순간부터 그가 탁월한 예술가이며 심오한 인간임을 알고 경애하게 되었다. 그를 통하여 유명한 카탈루냐 건축가 가우디와도 알게 되었다.

  당시 가우디는 독특한 사그라다 파밀이아(성가족) 교회 건축에 몰두하고 있었는데, 그때는 탑이 우뚝 솟은 거창한 현관이 막 완성되던 참이었다. 그는 중세의 건축자들처럼 이 건축이 여러 세대가 지난 후에야 비로소 완성될 것이라는 것을 의식하고 일을 시작했다고 말했다. 어느 날 그는 교회 옆 공사장 오두막에서 마치 그의 동향인인 라이문두스 룰루스의 정신에서 말하는 것처럼 건축이 나타내는 선 속에 내재하는 균형에 관해 어디서나 신성한 삼위일체의 상징을 제시할 수 있는 신비스런 이론을 소개해주었는데 나는 그때의 일을 잊을 수가 없었다. "이것은 프랑스어나 독일어나 영어로는 도저히 표현할 수가 없지요. 그러므로 카탈루냐어로 설명을 해드리는 겁니다. 그리고 당신은 말을 알아듣지 못한다 해도 이해는 할 수 있을 것입니다"라고 그는 말했다.

완성된 현관 입구의 돌에다 새긴 '애굽으로의 도피' 속에서 무거운 짐을 싣고 지친 듯 지나가는 당나귀의 모습에 감탄하자 그는 이렇게 말했다.

"당신은 이 당나귀가 머릿속에서 만들어낸 것이 아니라고 느끼는 걸 보니 어느 정도 예술을 이해하는 것 같군요. 여기 돌에 새겨진 모습들은 머릿속에서 생각해낸 것이라곤 하나도 없지요. 모두가 내 눈으로 본 그대로 서 있지요. 요셉, 마리아, 아기 예수, 성전의 제사장들 할 것 없이 모두 내가 직접 만나는 사람들 중에서 골라내어 석고상을 떠서 석고상에 따라 돌에 새겨넣었지요. 당나귀는 정말 어려웠어요. '애굽으로의 도피'를 위하여 당나귀를 구한다는 사실이 알려지자 사람들은 바르셀로나에서 제일 아름다운 당나귀들을 끌고 왔지요. 그러나 아무 쓸모가 없답니다. 마리아가 아기 예수를 안고 타신 당나귀는 아름답고 힘센 당나귀가 아니라 늙고 빈약하고 지쳤지만 그 얼굴에는 어딘지 사랑스런 데가 있고

제가 하는 일이 무엇인지 아는 그런 당나귀였거든요. 나는 그런 당나귀를 찾고 있었어요. 마침내 찾아냈지요. 그릇 닦는 모래를 파는 어떤 부인의 수레를 끄는 당나귀였어요. 땅에 닿을 정도로 머리를 숙이고 있었어요. 간신히 주인 여자를 설득하여 데려오게 했지요. 당나귀를 부분부분 석고로 본을 뜨자 그 여자는 당나귀가 살아남지 못할 것이라 믿고 눈물을 흘렸지요. 이것이 당신에게 감명을 준 '애급으로의 도피'의 당나귀지요. 그것은 머릿속에서 생각해낸 것이 아니라 실제로 살아 있는 당나귀랍니다."

의학 공부를 시작한 처음 몇 달 동안 나는 파이프오르간 제작에 관한 논문과 《예수 생애 연구사》의 마지막 장을 썼다. 기숙사 사감직은 1906년 봄에 내놓았다. 이제 학생 시절부터 살던 토마스 신학 기숙사에서 나가지 않으면 안 되었다. 담장에 둘러싸인 정원 속의 큰 나무들과 작별을 하자니 마음이 괴로웠다. 여러 해 동안 공부를 하다가도 이 나무들과 이야기를 주고받고 하지 않았던가.

그러던 중 나는 토마스회의 큰 건물에 머물러도 좋다는 허락을 받게 되어 여간 기쁘지 않았다. 전에 콜마르 지구 교구장을 지내다가 그동안 알자스 지구 목사단의 요청에 의해 알자스 지구 루터 교회 회장이 된 프리드리히 쿠르티우스 씨는 토마스회 건물 내에 큰 관사를 갖고 있었는데 그는 내게 이 건물의 다락방 네 개를 내주었다. 이리하여 나는 계속 토마스 교회의 그늘 속에서 살 수 있게 되었다. 1906년 비가 뿌리던 사육제날 학생들은 내 소지품을 토마스 제방 가에 서 있는 건물의 한쪽 문으로 가지고 나와 다른 한쪽 문으로 가지고 들어갔다.

　쿠르티우스 가에 가족같이 출입할 수 있었던 것을 나는 큰 행복이라 생각했다. 앞서 말한 바와 같이 프리드리히 쿠르티우스는 프리드리히 황제의 사부였던 베를린의 유명한 그리스학 학자 에른스트 쿠르티우스의 아들이다. 그는 프리드리히 황제의 누이인 루이제 폰 바덴 대공부인의 사부였던 폰 에를라흐 백작부인의 딸 루이제 폰 에를라흐와 결혼했다. 따라서 이 가정에는 학자 귀족의 전통과 혈통 귀족의 전통이 결합되어 있었다. 이 가정의 정신적 중심은 뇌샤텔 지방의 드 메 백작 가문에서 태어난 고령의 폰 에를라흐 백작부인이었다. 부인은 건강이 악화되어 더는 외출할 수가 없었다. 열렬한 음악 애호가이면서도 연주회에는 나갈 수 없었기 때문에 그것을 보상해주는 뜻에서 나는 매일 저녁 한 시간씩 피아노를 쳐주었다. 이리하여 평소 사람들과 별로 접촉이 없는 부인과 나는 점점 친해졌다. 세월이 갈수록 이 탁월한 귀부인은 내게 큰 감화를 주었다. 나는 이 부인 덕택에 내 성격의 모난 점을 많이 고칠 수가 있었다.

　1910년 5월 3일 빈치어스라는 비행사가 스트라스부르 노이도르프에 있는 연병장에서 비행기를 타고 처음으로 스트라스부르 상공을 날았는데 이것은 전혀 예기치 못한 일이었다. 마침 그때 나는 부인의 방에 있었다. 그래서 이미 혼자서는 움직일 수 없는 부인을 창가로 모시고 갔다. 비행기가 아주 낮게 떠서 집 앞을 날고 멀리 사라져갔을 때 부인은 프랑스어로 이렇게 말했다. "참으로 기이한 일생이야. 지난날 나는 빌헬름 폰 훔볼트와 과거분사의 규칙을 토론했지. 그러던 내가 이제는 인간이 하늘을 정복하는 것을 목격하게 되다니."

결혼하지 않고 부인과 같이 살던 두 딸 아다와 그레다 폰 에를라흐는 부인에게서 그림 그리는 재주를 물려받았다. 기숙사 사감으로 있을 때 나는 헤너의 제자인 아다에게 나의 커다란 관사의 북쪽 방 하나를 아틀리에로 내주었다. 그리고 그녀의 어머니의 부탁을 받고 모델로 앉아주기도 했다. 불치의 병을 앓던 아다의 병세가 힘든 수술을 받고 난 뒤 일시적이나마 호전되었기 때문에, 그녀의 어머니는 다시 그림이라도 그리게 해서 건강이 회복된 걸로 느끼게 하려 했다. 그녀는 내 초상화를 나의 서른 번째 생일날에 완성했는데 이날 내가 마지막으로 모델로 앉아 있는 동안 마음속으로 무슨 생각을 했는지 전혀 알 턱이 없었다.

폰 에를라흐 노백작 부인의 한 아저씨는 네덜란드 식민지에서 다년간 장교로 근무했지만 한 번도 열병에 걸린 적이 없었다고 한다. 그것은 그가 열대 지방에 사는 동안 해가 진 뒤 모자를 쓰지 않고 집 밖에 나가는 일이 없었기 때문이라 하였다. 부인은 자기를 생각해서라도 그대로 실행하겠다는 서약을 하게 했다. 이리하여 나는 부인 때문에 적도 지방에서 뜨거운 하루를 보내고 난 뒤 머리에 저녁 바람을 쐬는 것을 단념하고 말았다. 그러나 이 약속을 지킨 것이 내 건강에는 도움이 되었다. 물론 적도 지방에서 저녁에 모자를 쓰지 않고 나다닌다고 해서 반드시 말라리아에 걸리는 것은 아니지만 아무튼 나는 말라리아에 걸려본 적이 없다.

1906년 봄, 나는 《예수 생애 연구사》도 완성하고, 기숙사 사감직도 내놓았기 때문에 이때부터 비로소 새 공부에 전념할 수 있었다. 이제는 자연과학을 열심히 공부하기 시작했다. 드디어 나는 고등학교 때부터 흥미를 갖고 있던 과목을 공부할 수 있게 되었다. 그리고 철학에서 현실적 발판을 디디고 서기 위하여 필요했던 지식을 습득할 수 있게 되었다.

자연과학 공부는 내가 바라던 지식의 보완 이상의 것을 가져다주었다. 그것은 나에게는 하나의 정신적 체험이었다. 지금까지 내가 관여해온 이른바 정신과학에서는 그 자체에 의하여 증명된 진리라고는 하나도 없다. 단순히 의견에 불과한 것이 그 전개 방법에 따라 진리로 통할 수 있다. 나는 오래전부터 이것을 일종의 심리적 위험으로 느껴왔다. 역사나 철학의 영역에서는 어느 한쪽의 현실감과 다른 한쪽의 독창적인 상상력 사이의 부단한 결투 속에서 진리 규명이 수행된다. 사실에 입각한 논증이라 하더라도 교묘하게 전개된 의견에는 결정적인 승리를 거두지 못한다. 소위 진보로 통하는 것도 따지고 보면 교묘하게 전개된 견해가 진정한 통찰력의 투쟁 능력을 오랫동안 박탈해버린 것에 불과한 경우가 적지 않다.

나는 끊임없이 이러한 광경을 구경하며 현실에 대한 감각을 상실한 사람들을 빈번히 상대하지 않으면 안 되었는데 이것은 우울한 체험이었다. 그런데 이제는 돌연 다른 세계에 와 있었다. 내가 취급하는 진리는 사실에서 성립된 것이고 주위 사람들도 어떤 주장을 할 때는 으레 사실에 의해 증명하지 않으면 안 될 것으로 알고 있었다. 나는 이것을 나의 정신적 발전을 위해 필요한 체험이라고 생각했다.

이와 같이 나는 확정할 수 있는 사실을 취급한다는 데 매력을 느꼈으나 그렇다고 해서 이러한 경우에 흔히 볼 수 있듯이 인문과학을 멸시하고 싶은 생각은 없었다. 오히려 그 반대였다. 화학, 물리학, 동물학, 식물학, 생리학 등을 공부해감에 따라 나는 사실에 의하여 확립되는 진리와 함께 사고 진리도 정당하며 필요하다는 것을 오히려 전보다 더 강하게 의식하게 되었다. 창조적 정신 활동에 의한 인식에는 물론 주관적인 데가 있다. 그러나 이러한 인식은 사실에만 의존하는 인식보다 그 차원이 높다.

존재의 개별적 현시(顯示)의 기록을 통하여 얻을 수 있는 지식은 우리가 우주 속에서 무엇이며, 또 무엇을 원하는가 하는 중대한 문제에 대해 궁극적인 해답을 줄 수 없다는 점에서 여전히 불완전하고 불충분하다. 우리를 둘러싼 존재 안에서 올바른 길로 들어서기 위해서는 존재 안에서 의지를 갖고 지배하는 보편적 생명을 어떻게든지 우리의 개별적 생명 안에서 체험하지 않으면 안 된다. 내 바깥에 살아 있는 존재의 본질은 내 안에 살아 있는 존재에 의해서만 파악될 수 있다. 정신 과학은 보편적 존재와 보편적 존재에 대한 개별적 인간 존재의 관계를 사상적으로 인식하려 한다. 이러한 방향에서 창조적으로 활동하는 정신이 현실적 감각을 갖고 존재에 대한 사실 지식을 거쳐 존재에 대한 사고로 나아갈 때 정신 과학의 성과는 진리를 내포하게 된다.

1908년 5월 13일—이날은 비가 오는 가운데 복원된, 저지 알자스의 유명한 호쾨니히스부르크 성(城)의 낙성식이 거행되던 날이었다—나는 피지쿰(의예과 졸업시험) 시험을 치르러 갔다.

시험에 필요한 지식을 얻는다는 것은 쉬운 일이 아니었다. 아무리 과학에 흥미를 느낀다 하더라도 서른 살이 넘은 사람의 기억력이 20대 학생들의 기억력을 당해낼 수는 없었다. 게다가 나는 어리석게도 시험 공부는 않고 끝까지 순수과학을 공부하겠다고 마음먹고 있었다. 시험 몇 주일 전에야 비로소 동급생들의 권고에 따라 "시험 공부 그룹"에 들어갔다. 그리하여 나는 학생들이 만든 리스트를 보고 교수들이 보통 어떤 질문을 하며 어떤 답변을 좋아하는지 알게 되었다.

나는 일생 동안 이 시험 때만큼 심한 피로를 느껴본 적이 없지만 시험 결과는 예상 외로 좋았다.

그 다음의 임상 학기는 학과가 일률적이었기 때문에 임상 전에 비해 훨씬 힘이 덜 들었다. 주요 교수로는 내과에 모리츠, 아놀트 칸, 에리히 마이어, 외과에 마델룽과 레더호제, 부인과에 펠링과 프로인트, 정신병학에 볼렌베르크, 로젠펠트, 페르스도르프, 세균학에 포르스터와 레비, 병리 해부학에 히아리, 약리학에 슈미데베르크였다. 나는 특히 약제학에 흥미를 느꼈는데 아놀트 칸은 실제적인 것을 가르쳤고, 유명한 디기탈리스 성분 연구가인 슈미데베르크는 이론을 가르쳤다.

대학에서는 슈미데베르크와 그의 친구인 해부학자 슈발베에 관해 다음과 같은 재미있는 이야기들을 했다. 언젠가 슈발베가 어떤 알자스 도시의 성인 교양 협회를 위해 인류학에 대한 강연을 하게 되었을 때의 이야기다. 슈발베가 다윈 학설에 관해서도 자연 이야기를 하지 않을 수 없으므로 듣는 사람의 기분을 상하게 하지나 않을까 염려된다고 슈미데베르크에게 털어놓자 슈미데베르크는 "염려 말고 다윈 학설에 관해 실컷 이야기하게, 다만 원숭이란 말만은 하지 말게. 그렇게만 하면 다윈에게도 자네에게도 대만족일걸세"라고 말했다. 슈발베는 그의 충고를 따랐는데 과연 그 덕을 톡톡히 보았다고 했다.

당시 알자스 지방에서는 스트라스부르대학 교수들에게 교양에 굶주린 주민들을 위해 특별 강좌를 요청하는 일이 많았다. 어느 날 빈델반트는 대학 담화실에서 즐겁고도 놀라운 듯 어떤 노동자 대표가 헤겔에 대한 강의를 요청해왔을 때, 일반 대중이 참된 가치에 대한 건전한 감정에서 헤겔(G. W. Friedrich Hegel, 1770~1831)의 중요성에 관심을 갖게 된 것은 정말 반가운 일이라고 말했다.

그러나 나중에 알고 보니 그들은 에른스트 헤켈(Ernst Häckel, 1834~1919)과 1899년에 나온 그의 저서 《세계의 수수께끼》 속에서 전개되는 사회주의에 동조적인 유물론적 통속 철학에 관해 듣고 싶었던 것이다. 알자스 식 발음 때문에 ä는 e로, k는 g로 들렸던 것이다.

몇 년 뒤, 내가 존경하는 슈미데베르크에게 호의를 베풀 기회가 생겼다. 1919년 봄, 나는 추방된 독일인들이 철도로 수송되려고 집결하던 스트라스부르 노이도르프 역을 우연히 지나가다 친애하는 이 노인도 그 속에 서 있는 것을 발견했다. 내가 그의 가구를 구하는 데 도움을 줄 수 없겠느냐고 묻자 ─그도 다른 사람들과 마찬가지로 가구를 버리고 가야 했다 ─그는 팔에 끼고 있던 신문지로 싼 뭉치를 가리켰다. 그것은 디기탈리스에 관한 그의 마지막 논문이었다. 추방당한 사람들의 소지품은 역에서 하사관들에게 엄격한 검사를 받기 때문에 그는 큰 원고 뭉치를 아무래도 가져갈 수 없을 것 같다고 걱정을 했다. 그래서 나는 그것을 받아두었다가 후일 안전한 기회를 이용하여 그가 친구집에 머무르던 바덴바덴으로 부쳐주었다. 그 논문이 출판되고 얼마 지나지 않아 그는 세상을 떠났다.

의학 공부를 시작한 초기에는 경제적 문제로 고생이 많았지만 후에는 바흐에 관한 독일어 판의 성공과 연주회 수입으로 형편이 좋아졌다.

1910년 10월, 나는 의학 국가시험을 치렀다. 수험료는 9월 뮌헨의 프랑스 음악제에서 번 것이었다. 나는 이 음악제에서 위도르의 지휘로 그가 바로 얼마 전에 완성한 파이프오르간과 관현악을 위한 성교향곡을 연주했다.

12월 17일, 외과 교수 마델룽에게서 마지막 시험을 치르고 차가운 어둠이 깔린 병원 바깥으로 나왔을 때 의학 공부의 무서운 긴장이 끝났다고는 도저히 느껴지지 않았다. 꿈을 꾸는 게 아니라 눈을 뜨고 있다는 것을 여러 번 확인해볼 정도였으니까. 마델룽 교수가 나와 같이 걸어가며 몇 번이고 되풀이하여 "자네는 그렇게 건강하기 때문에 그런 일을 해낼 수가 있었어"라고 말했을 때도 멀리서 들려오는 것만 같았다.

아직도 병원에서 인턴으로 실습 기간을 마치고 학위 논문을 써야만 했다. 내가 선택한 논문의 주제는 이른바 예수의 정신병에 관해 의사 측에서 발표한 것을 서술하고 검토하는 것이었다.

주로 문제가 되는 것은 데 로스텐과 윌리엄 히르쉬와 비네 상글레의 논문이었다. 예수의 생애에 관한 논문에서 나는 예수가 후기 유대교의 세계 종말과 이어서 출현하게 될 초자연적 메시아 왕국의 대망이라는, 우리들에게는 환상적으로 느껴지는 관념 세계에서 살았다는 사실을 지적했다. 그러자 나는 예수를 "몽상가" 또는 심지어 망상에 빠진 인물로 만들어버렸다는 비난을 들었다. 따라서 나는 예수의 그와 같은 메시아 의식이 정신 장애와 무슨 관계가 있는지 의학적인 입장에서 결정해야만 했다.

데 로스텐, 윌리엄 히르쉬, 비네 상글레는 예수에게 다소 편집병적 정신 장애가 있다고 가정하고 그에게서 병적인 과대망상중과 피해망상증을 찾아냈다. 정말 아주 보잘것없는 그들의 논문을 철저히 검토하려고 나는 끝없는 편집병 문제 속으로 파고들어가야만 했다. 그래서 46페이지짜리 논문 하나 쓰는 데 1년도 더 걸렸다. 이 논문을 그만두고 다른 주제를 택하려 한 적이 한두 번이 아니었다.

결과적으로 나는 경우에 따라 토론의 대상이 될 수 있고 또 역사적인 사실로 받아들일 수 있는 유일한 징후가—높은 자존심과 세례 때 있을 수 있는 환각 따위—정신병의 존재를 입증하기에는 너무나도 미흡한 점이 많다는 사실을 증명해야만 했다.

세계 종말과 메시아 왕국의 대망은 당시의 유대인들 사이에 전파되고 그들의 종교 서적에 내포된 세계관에 속하기 때문에 망상과는 아무런 관계도 없다. 또한 자기가 메시아 왕국이 도래할 때 메시아로 계시될 바로 그 사람이라는 예수의 관념에는 병적인 과대망상증 같은 것은 찾아볼 수 없다. 그가 집안에 전해 내려오는 이야기에 의하여 스스로 다윗의 자손이라고 믿었다면 그는 또한 스스로 예언서 속에서 다윗의 한 자손에게 약속된 메시아의 존엄을 차지할 자격이 있다고 생각할 수도 있을 것이다. 그가 자신이 곧 다가올 메시아라는 확신을 비밀로 하고 싶어하면서도 그의 말 가운데 가끔 비친다면, 그의 태도는 겉으로만 보아 병적인 과대망상증에 걸린 사람 같지 않다. 오히려 그는 병적인 과대망상증에 걸린 사람들과는 정반대로 행동한다. 그의 주장을 비밀로 하는 것은 자연스럽고 논리적인 근거에 의한 것이다.

유대 교리에 따르면 메시아는 메시아 왕국이 도래할 때 비로소 출현한다. 그러므로 예수는 사람들에게 자기를 다가올 메시아로 알릴 수가 없다. 그런데도 그는 가끔 청중에게 메시아 왕국의 도래를 이 왕국의 왕이 될 사람의 권능으로 알리곤 하는데 이것 역시 논리적으로 충분히 납득이 가는 처사다. 도대체 예수는 망상 체계 내에서 움직이는 사람처럼 행동한 적이 없다. 그는 자기를 보고 한 말이나 자기에게 관계되는 사건에 대해 매우 정상적인 반응을 보인다. 그는 어디서나 현실에 입각하고 있다.

이들 의학자들이 가장 단순한 정신의학적 고찰조차 아랑곳하지 않고 예수의 정신적 건강을 의심하게 되었다는 것은 그들이 문제의 역사적 측면을 충분히 알지 못했다는 사실에 의해서만 설명될 수 있다. 그들은 예수의 표상 세계를 설명하기 위해 후기 유대교의 세계관을 원용하지도 않았을 뿐 아니라 그에 관한 역사적 진술과 비역사적 진술을 구분하지도 않았다. 그들은 가장 오래된 두 출전—〈마가복음〉과 〈마태복음〉—이 보고하는 바에 의존하지 않고 예수에 관해 네 복음 속에 기록된 것을 모두 합친 다음 가공적이며 따라서 비정상적이라 할 수 있는 인물을 심판했다. 예수의 정신장애에 관한 주 논지를 〈요한복음〉에서 따왔다는 사실은 이 논지의 성격을 잘 말해준다.

실제로 예수는 자신이 다가올 메시아라고 확신했다. 그의 강력한 윤리적 인격은 당시의 종교적 관념에 따라 이러한 표상을 통하여 자기 자신을 의식하는 길밖에 없었기 때문이다. 그의 정신적 본질에 따르면 실제로 그는 예언자들이 약속한 윤리적 지배자다.

II
아프리카로 떠나기에 앞서

　박사학위 논문을 쓰느라 바쁜 가운데도 나는 벌써 아프리카로 떠날 준비를 하고 있었다. 1912년 봄, 대학 교수직과 성 니콜라이 교회 목사직을 내놓았다. 1911년 1912년 사이의 겨울 학기에 행한 강의에서 나는 종교에 대한 역사적 연구의 성과와 자연과학의 사실에 입각하여 종교적 세계관을 분석, 검토했다.

　성 니콜라이 교회의 신도들에게 내가 마지막으로 한 설교는 "그리하면 사람의 모든 지각을 초월한 하나님의 평안이 예수 그리스도 안에서 여러분의 심정과 생각을 지켜줄 것입니다"라는 〈빌립보서〉에 나오는 사도 바울의 축복의 말씀에 관한 것이었는데 나는 나의 예배를 여러 해 동안 언제나 이 말씀으로 끝맺었다.

　앞으로는 설교도 강의도 하지 않는다는 것은 나에게는 견디기 어려운 체념이었다. 아프리카로 떠날 때까지 나는 성 니콜라이 교회와 대학 옆을 지나다니는 것을 되도록이면 피했다.

　이제 두 번 다시 활동할 수 없는 이 일터를 쳐다본다는 것은 너무도 가슴 아픈 일이었다. 나는 지금도 내가 강의를 하던 거대한 대학 건물 입구에서 동쪽으로 두 번째 강의실의 창문을 쳐다볼 수가 없다.

마지막으로 토마스 제방 가에 있는 집도 비웠다. 여행으로 출타할 일이 생기지 않는 이상 마지막 몇 달 동안은 아내와 함께—나는 1912년 6월 18일, 스트라스부르 역사가의 딸 헬렌 브레슬라우와 결혼했다—아버지가 계시는 귄스바흐의 목사관에서 지내고 싶었던 것이다. 아내는 결혼하기 전부터 원고 정리나 인쇄 교정을 보는 일에 귀중한 조수 노릇을 했지만 아프리카로 떠나기에 앞서 정리해야 할 여러 가지 저술에도 큰 도움이 되어주었다.

1912년 봄은 파리에서 보냈다. 열대 의학을 공부할 겸 아프리카에서 필요한 물건을 구입하기 위해서였다. 의학 공부를 시작한 초기에는 물질적인 부분에 이론적으로 관여했지만 지금은 실제적으로 관여하지 않으면 안 되었다. 이것 또한 나에게는 좋은 체험이었다. 지금까지 나는 오직 정신적인 일에만 종사해왔다. 그러나 이제는 카탈로그에 따라 주문서를 작성하고, 하루 종일 물건을 사들이고, 상점을 돌아다니며 물건을 찾아내고, 납품과 계산서를 대조하고, 짐짝을 꾸리고, 세관 검사를 위해 상세한 목록을 작성하는 따위의 일을 하지 않으면 안 되었다. 원시림에서 살림을 꾸려나가려고 아내와 함께 사들인 것 말고도 나는 의료기구, 약품, 붕대 등 병원 설비에 필요한 모든 것을 갖추는 데 많은 시간과 노력을 들여야만 했다. 처음에는 이런 일이 좀 귀찮게 생각되었다. 그러나 시간이 지남에 따라 물질과의 실제적인 대결도 헌신적으로 해볼 만한 가치가 있다는 것을 알게 되었다. 요즘은 주문서를 깨끗하게 작성한다는 데 예술적인 만족을 느낄 정도가 되었다. 내가 늘 분개하지 않을 수 없는 것은 약품 목록을 포함한 많은 목록들이 그 상점 문지기의 아내가 작성했다고 생각될 정도로 요령부득하고 불편하게 작성되어 있다는 점이다.

  사업에 필요한 자금을 조달하려고 나는 친지들을 찾아다니기로 했다. 그 당시 내 사업은 어떤 업적이 있어 그 타당성을 인정받은 것이 아니라 아직 하나의 계획에 불과했기 때문에 그들의 공감을 구한다는 것이 얼마나 어려운가를 뼈저리게 느꼈다. 친구들이나 친지들은 대개 이 모험적 계획을 그저 내가 하는 일이니까 다소나마 도와주고 싶다고 말함으로써 내가 그와 같은 난처한 입장에 빠지지 않게 해주었다. 물론 내가 찾아온 것이 방문차 온 것이 아니라 기부금 부탁차 왔다는 것이 알려지자, 나를 맞이하는 어조가 눈에 띄게 달라진 적도 있었다. 그러나 이렇게 다니면서 경험한 사랑에 비한다면 내가 겪은 굴욕 같은 것은 아무것도 아니었다.

  스트라스부르대학 독일인 교수단이 프랑스 식민지에 창설될 사업을 위해 거액의 기부금을 내놓았다는 사실에 나는 깊이 감동되었다. 자금 중에 상당 부분은 성 니콜라이 교회 신도들에게서 받은 것이었다. 알자스의 여러 교구, 특히 나의 동료나 제자들이 목사로 있는 교구에서도 나를 후원해주었다. 또한 파리 바흐 협회가 그 합창단과 마리아 필립피와 나와 함께 이 사업을 위해 개최한 연주회에서도 사업 자금이 들어왔다. 나는 바흐 연주회에 참가한 적이 있어 르 아브르에서는 이미 알려져 있었기 때문에 그곳에서의 연주회와 강연회도 경제적으로 대성공이었다.

이리하여 재정 문제는 일단 해결이 되었다. 필수품 조달, 여행, 그리고 약 1년 동안의 병원 경영을 위한 자금이 확보된 것이다. 게다가 지금 가지고 있는 것이 다 떨어지고 나면 부유한 친구들이 계속 지원해주겠다고 약속했다.

스트라스부르대학에서 재직하다 죽은 젊은 외과 교수의 미망인 안니 피셔 부인이 재정적 또는 사무적인 일에 귀중한 도움이 되어주었다. 이 부인은 후일 내가 아프리카에 있는 동안에도 유럽에서 보아야 할 모든 사무를 맡아보아주었다. 부인의 아들도 훗날 열대 지방의 의사가 되었다.

조그마한 병원을 세우는 데 필요한 자금을 조달할 수 있다는 확신이 생기자 나는 파리 선교회에 오고우에 강가에 있는 그들의 선교 지역의 중앙에 위치한 랑바레네를 거점으로 하여 선교 의사로서 자비로 봉사 활동을 하겠다는 최종적인 신청서를 제출했다.

랑바레네 선교회는 1876년 선교사이며 의사였던 미국인 나사우 박사에 의해 창설된 것이다. 오고우에 지역의 신교 선교 사업은 원래 1874년 이 지방에 온 미국 선교사들이 시작한 것이다. 그후 가봉이 프랑스령이 되자 미국인들이 프랑스 정부의 요청대로 프랑스어로 학교 수업을 해낼 수가 없었기 때문에 1892년부터 파리 선교회가 미국 선교회를 대신하게 되었다.

뵈그너의 후임으로 선교회 회장이 된 장 비앙키는 말이 적고 경건한 사람으로 파리 선교회 일을 유능하게 처리해냈기 때문에 친구가 많았다. 그는 그렇게도 원하던 가봉 지역 선교 의사를 이처럼 비용을 들이지 않고도 얻을 수 있는 기회를 놓쳐서는 안 된다고 극력 주장했다. 그러나 정통파 신자들은 반대였다. 그래서 나를 위원회에 불러다가 신앙 시험을 치르게 해보기로 결정을 내렸다. 예수가 제자들을 부를 때 자기를 따르겠다는 의지 외에는 아무것도 요구하지 않았다는 사실을 이유로 들어, 나는 이에 응하지 않았다. 또한 "나를 반대하지 않는 자는 나에게 찬동하는 자다"라는 예수의 말씀에 따른다면 병든 흑인을 치료하겠다고 나선 사람이 설사 회교도라 하더라도 이를 거절하는 것은 옳지 못한 짓이라고 위원회에 써보냈다. 얼마 전에 파리 선교회는 제4복음을 사도 요한이 쓴 것으로 생각하는가 하는 질문에 대해 학문적 신념 때문에 무조건 긍정적으로 답변하지 않았다 하여, 해외에 나가 선교회를 위해 일하겠다고 나선 어떤 목사를 받아들이지 않은 적이 있었다.

  나는 같은 운명에 빠지지 않으려고 소집된 위원회 앞에 나가 그들이 내놓을 신학적 질문에 답변하기를 거부한 것이다. 그 대신 나는 내가 과연 흑인의 영혼에 그토록 위험한 존재며, 또 선교회의 명예를 훼손시킬 사람인지 나와 직접 면담을 해보고 확인할 수 있도록 각 위원을 개인적으로 방문하겠다는 제안을 내놓았다. 이 제안은 수락되었다. 며칠 동안 오후는 이 일로 시간을 보냈다. 많지는 않았지만 몇몇 사람은 나를 차갑게 대했다. 그들은 대부분 내가 그곳에 가서 내 학설로 선교사들을 당황하게 하거나 직접 선교사로서도 활동하고 싶은 유혹에 빠지지나 않을까 특히 염려가 된다고 확실하게 말해주었다. 그래서 내가 다만 의사로서 활동하고 싶을 뿐이지 다른 일에는 함구무언하겠다고 단언하자 그들은 안심했다. 이 방문이 계기가 되어 몇몇 위원과는 참으로 따뜻한 인간 관계를 맺게 되었다.

이와 같이 선교사들과 흑인 신자들의 신앙을 손상시킬 수 있는 짓은 일체 하지 않겠다는 조건 아래 나의 제안은 수락되었다. 그러나 이 일로 해서 한 위원이 탈퇴를 선언하고 말았다.

이제 한 가지 남은 일은 내게는 독일 의사 면허밖에 없지만 가봉에서 의료 활동을 해도 좋다는 식민성(植民省)의 허가를 얻는 것이었다. 영향력 있는 친지들의 도움으로 이 마지막 어려움도 해결되었다. 드디어 길이 열렸다.

1913년 2월, 70개의 짐짝이 나사못으로 죄어진 다음 화물로 보르도에 발송되었다. 그 다음 수하물을 꾸릴 때 내가 2천 마르크를 지폐 대신 금으로 가져가자고 고집하자 아내는 반대했다. 나는 전쟁이 일어날 가능성을 고려에 넣어야 한다고 대답하면서 전쟁이 일어나면 금화는 세계 어디서나 그 가치를 유지하지만 지폐는 불확실하고 자칫하면 은행 예금도 찾기가 어려울지 모른다고 말했다.

나는 프랑스와 독일 국민이 모두 전쟁을 원하지 않는다고 확신했고 또 양국의 국회의원들이 서로 알고 의견을 교환할 기회를 찾고 있었지만 전쟁의 위험을 고려에 넣고 있었다. 나는 몇 년 동안 독일과 프랑스 양국의 이해 증진을 위하여 노력해온 한 사람으로서 평화 유지를 위하여 당시 많은 노력이 경주된다는 것을 알았고, 또 그 성공에 약간의 희망을 걸지 않았던 것도 아니다.

그러나 한편으로는 유럽의 운명이 이제는 독일과 프랑스 관계에만 달린 것이 아니라는 사실을 외면해버릴 수가 없었다. 독일 정부와 프랑스 정부는 될 수 있는 대로 금화를 시중에서 회수하고 지폐로 대신케 했지만 나는 이것을 좋지 못한 징조라고 생각했다. 두 나라에서는 1911년경부터 관리들이 봉급을 금화로 받는 경우가 거의 없었던 것이다.

12
의학 공부를 하던 시절에 쓴 몇 가지 책

 의학 공부를 하던 마지막 2년 동안과 아프리카로 떠나기 전 병원에서 인턴 생활을 하던 기간에 나는 주로 밤 시간을 이용하여 사도 바울의 사상 세계에 대한 학문적 연구사에 관한 저서를 완성하고, 개정 증보판을 내려고 《예수 생애 연구사》를 손질했는가 하면 위도르와 함께 바흐의 파이프오르간을 위한 서곡과 푸가를 작품 하나하나마다 그 연주법에 대한 지시를 붙여 출판할 준비 작업을 했다.
 《예수 생애 연구사》가 끝나자 나는 바울의 가르침을 연구하기 시작했다. 처음부터 나는 바울의 가르침에 대한 학문적 신학의 설명에 불만이었다. 학문적 신학은 바울의 가르침을 복잡하고 모순이 많은 것으로 해석했지만 그러한 해석은 그의 가르침 속에 나타나는 독창성 및 위대성과는 조화되지 않는 것 같았다. 예수의 가르침이 전적으로 세계 종말과 초자연적으로 다가올 하나님 나라의 대망에 의해 결정되었다는 것을 확신하고 난 뒤부터는 이러한 해석에 대해 전적으로 의심하게 되었다. 그리하여 나는 지금까지

이 연구가 아직 생각해보지 못한 문제, 즉 사도 바울의 사상 세계도 역시 전적으로 종말론에 뿌리박은 것이 아닐까 하는 문제에 직면하게 되었다.

이러한 각도에서 조사를 시작했을 때 나는 놀랄 만큼 빨리 사실이 그러하다는 결론에 도달했다. 1906년에 이미 나는 그리스도 안에서 존재하고 그리스도와 더불어 죽고 부활한다는 사도 바울의 진귀한 가르침에 대한 종말론적 해석의 근본 사상을 강의한 바 있었다.

이 새로운 견해를 손질하는 동안 나는 지금까지 사도 바울의 가르침을 학문적으로 해석해보려 한 모든 시도를 알아보고 싶었고, 또 문제를 구성하는 여러 쟁점의 전 복합체가 어떤 방법으로 이러한 시도 속에서 대두되기 시작했는지 확인해보고 싶었다.

사도 바울의 가르침을 연구할 때도 성만찬과 예수의 생애를 연구할 때와 똑같은 일이 일어났다. 나는 내가 찾아낸 해결을 단순히 서술하는 것에 만족하지 않고 늘 그것을 넘어서서 문제의 역사를 서술하는 일까지 짊어졌다. 나는 이렇게 힘든 샛길을 걸어가기로 세 번 결심했는데 그것은 아리스토텔레스에게 책임이 있다. 그는 그의 형이상학의 어떤 장에서 철학의 문제를 이전 철학의 비판에서부터 전개하는데 나는 이 장을 처음 읽었던 그 시간을 얼마나 저주했는지 모른다. 바로 이때 내 속에서 잠자던 그 무엇이 눈을 떴던 것이다. 그 이후부터 나는 줄곧 어떤 문제의 본질을 그 자체로서만 파악할 것이 아니라 그것이 역사 속에서 전개되는 방법에 관해서도 파악해보고 싶은 충동을 느껴왔다.

이러한 초과 작업이 보람이 있었는지는 모르겠다. 다만 한 가지 확실한 것이 있다면 그것은 내가 그와 같은 아리스토텔레스의 방법을 사용할 수밖에 없었다는 것과 거기에 학문적 예술적 만족을 느꼈다는 것이다.

바울 서간의 학문적 해석사의 연구에 특히 매력을 느꼈는데 그것은 아직도 이 일을 해본 사람이 아무도 없었기 때문이다. 스트라스부르대학 도서관에는 바울에 관한 저서가 예수의 생애에 관한 저서만큼이나 잘 완비되어 있었는데 이것이 도움이 되었다. 게다가 도서관장 쇼르바흐 박사가 고맙게도 필요한 모든 책과 잡지를 찾아보도록 큰 도움이 되어주었다.

처음에 나는 이 학문적 역사적 논문을 간단하게 작성하여 바울의 가르침의 종말론적 해석의 논술을 위한 서장으로 삼을 생각이었다. 그러나 막상 일을 해보니 완전한 책이 될 것이 확실해졌다.

바울의 사상 세계에 대한 학문적 연구는 후고 그로티우스에게서 시작된다. 17세기 중엽에 나온 그의 저서 《신약성서 주석》에서 그는 바울 서간은 그 본래의 글자가 지닌 본래의 의미에 따라 이해하려고 하지 않으면 안 된다는 자명한 원리를 옹호하고 나섰다. 그때까지는 가톨릭 신학에서나 신교 신학에서 바울 서간은 믿음을 통해 의롭다는 교회 교리에 따라 해석했다.

그리스도 안에서 존재하고 그리스도와 더불어 죽고 부활한다는 명제가 여러 가지 중대한 문제를 내포한다는 것을 역사적 해석의 옹호자들은 처음에는 물론 의식하지 못했다. 그들에게는 바울의 가르침이 교리적이 아니라 '합리적'이라는 것을 증명하는 것이 급선무였다.

바울 연구에 대한 최초의 실질적 성과는 개개의 서간 사이의 사상적 차이에 주목을 하게 되고 그 결과 몇몇 서간은 위작(僞作)으로 간주하지 않으면 안 된다는 결론에 도달했다는 것이다. 1807년 슐라이어마허는 〈디모데 전서(前書)〉의 신빙성을 의심했다. 7년 후에 요한 고트프리트 아이히호른은 디모데에게 보낸 두 편지와 디도에게 보낸 편지가 바울의 것이 아닐 수 있다는 것을 설득력 있는 논거에 의해 증명했다.

튀빙겐대학의 페르디난트 크리스티안 바우어는 1845년에 나온 그의 저서 《바울, 예수 그리스도의 사도》에서 한 걸음 더 나아갔다. 그는 고린도 사람에게 보낸 두 편지와 〈로마서〉와 〈갈라디아서〉만을 의심할 여지 없는 진짜로 인정했다. 이들에 비한다면 다른 서간들은 다소 이론의 여지가 있다는 것이 그의 생각이었다.

그후의 연구는 엄격하지만 근본적으로 옳은 이 판단을 다소 완화하여 〈빌립보서〉와 〈빌레몬서〉와 〈데살로니가 전서〉도 역시 진짜임을 증명했다. 그렇다면 바울의 이름으로 된 서간의 훨씬 더 많은 부문은 실제로 그가 쓴 것이 아니라는 이야기다. 비판적 학문은 오늘날 〈데살로니가 후서〉와 〈디도서〉와 〈디모데 전후서〉를 완전한 위작으로 본다. 〈에베소서〉와 〈골로새서〉에 대해서는 확실한 결정이 불가능하다. 이들 서간 속에 내포된 사상은 의심할 여지가 없는 진짜 서간의 사상과 일맥상통하면서도 막상 세부에 들어가면 현저하게 다르다.

진짜냐 가짜냐를 판단하는 기준을 바우어는 그가 발견한 바울의 기독교 신앙과 예루살렘에 있던 사도들의 기독교 신앙 사이의 대립에서 찾는다. 그는 처음으로 〈갈라디아서〉가 원래 예수살렘의 사도들에게 보낸 논박서라고 주장했다. 또한 그는 처음으로 율법의 효력에 관한 의견 차이가 예수의 죽음의 의미에 관한 가르침의 차이에 근거를 둔다는 것을 인식했다. 이와 같이 밝혀진 대립에 입각하여 그는 바울에 관해 언급하는 서간은 바울 자신이 쓴 것이고, 그가 아무 역할도 하지 않는 서간은 후일 두 파 사이에 이루어진 화해를 바울의 시대로 소급케 하려는 그의 제자들이 쓴 것이라는 결론을 내렸다.

바우어는 이와 같이 바울 서간에서 출발하여 기독교 교회의 발생 문제를 처음으로 제기했다. 그는 율법으로부터의 해방이라는 바울의 사상과, 예수의 죽음의 의미에 관한 바울의 명제가 원래는 예루살렘의 사도들이 대표하는 전통적 가르침에 어긋났지만 한두 세대가 지나는 동안 기독교 신앙의 공동재산이 되었다는 사실에서 그 발생 과정을 찾는데 그것은 정당하다.

바우어에 따르면 그 뒤 화해가 이루어진 것은 1세기 말에서 2세기 초 사이에 발생한 그노시스파의 가르침을 공동으로 막아내기 위하여 교회 내의 모든 비(非)그노시스파는 부득이 화해를 하지 않을 수 없었기 때문이라 한다. 이러한 해석은 차후에 부분적으로는 정당하지만 아직도 미비한 점이 많은 것으로 밝혀졌다.

바울의 가르침의 문제가 교리 발생 문제의 핵심을 이룬다는 인식을 통하여 바우어는 초기 기독교의 역사적 연구를 사실상 처음으로 본 궤도 위에 올려놓았다. 그때까지 연구가 진척되지 않은 것은 그 과업이 아직 명확하게 규정되지 않았기 때문이다.

에두아르트 로이스, 오토 플라이더러, 카를 홀스텐, 에르네스트 르낭, H. J. 홀츠만, 카를 폰 바이츠제커, 아돌프 하르나크 및 19세기 후반에 바우어의 저서를 이어받은 그 밖의 다른 사람들은 바울의 가르침의 구성 요소를 개별적으로 취급했다. 그들은 모두 바울에게는 속죄의 제물이란 사상에서 유래한 구제의 가르침과 함께 이와는 전혀 다른 종류의 가르침, 즉 신자들은 예수의 죽음과 부활을 신비로운 방법으로 자기 자신 속에서 체험하고 이 체험을 통하여 예수의 정신의 지배를 받는 죄 없고 윤리적인 존재가 된다는 가르침이 병행한다고 밝혔다. 이와 같은 신비적 윤리적 교리의 근본 사상은 1872년에 나온 헤르만 뤼데만의 《사도 바울의 인류학》에서 처음으로 명시된다.

그러므로 바울의 문제를 해결한다는 것은, 왜 바울은 율법이 그리스도 신자에게 더는 적용되지 않는다고 주장하며, 왜 그는 예수의 속죄의 죽음에 대한 믿음을 통해 구제된다는, 다른 사도들과 공유하는 교리 외에 그리스도 안에서 존재하고 그리스도와 더불어 죽고 부활한다는 신비적인 교리를 제시하는지, 그리고 그는 이 두 가지 교리를 그의 사상 속에서 어떻게 결합하는지 밝히는 것을 의미한다.

19세기 말과 20세기 초의 연구는 원시 기독교의 테두리를 벗어나는 바울의 견해에 대해서, 바울은 전적으로 그리스어와 그리스 문화의 영향을 받던 소아시아 출신이기 때문에 그리스적 사고 방식과 유대적 사고 방식을 결합시켰다고 가정한다면 이를 쉽게 이해시킬 수 있으리라고 믿었다. 그들의 주장에 따르면 바울은 그리스적 사고 방식에서 율법에 반항한다. 또한 그리스적 사고 방식에서 바울은 예수의 죽음을 통한 구제를 속죄의 제물이라는 유대적 표상을 통해서 이해할 뿐 아니라 이 죽음에 대한 신비적 참여로써 이해할 필요성을 느낀다는 것이다.

이와 같은 문제의 해결은 신비적 사고 방식이 유대 민족에게서는 발견되지 않지만 그리스 세계에는 흔하다는 사실에 비추어 볼 때 가장 확실하고 가장 자연스러워보인다.

바울의 신비적 구제론이 그리스적이라는 가설은 헤르만 우제너, E. 로데, 프랑수아 퀴몽, 후고 헵딩, 리하르트 라이첸슈타인 및 그 밖의 다른 사람들이 19세기 말까지 거의 연구되지 않던 후기 그리스 문학과 새로 발견된 비문(碑文)에서 수집한 그리스적 동양적 신비종교에 관한 많은 새로운 자료에 의해 더욱 확고해졌다. 이 자료를 통하여 그리스적 동양적 데카당스 초기의 종교성에서 성사(聖事)적 행위가 어떤 역할을 하는지 알 수 있다. 이처럼 바울의 신비주의가 어떤 의미에서 그리스적 종교적 표상에 의해 규정되었다는 가설은 세례와 성만찬이 그에게서는 예수의 죽음과 부활에 대한 참여를 단순히 상징하는 것이 아니라 실제로 실현한다는 것을 가장 훌륭하게 설명해주는 것같이 보였다. 바울이 실제로 성사를 생각한다고는 감히 인정하지 못한 19세기 말까지만 해도 사람들은 세례와 성만찬이 바울에게서 예수의 죽음과 부활에 대한 참여를 단순히 상징할 뿐이라고 생각했다. 유대교는 성사도 신비주의도 알지 못하기 때문에 사람들은 세례와 성만찬에 대한 그의 견해 때문에라도 바울을 그리스적 종교성과 결합시키지 않을 수 없다고 믿었다.

이러한 가설은 처음에는 그럴듯해 보였지만 이상하게도 그리스도 안에 존재한다는 바울의 신비주의를 실제로 설명할 능력이 없었다. 상세히 검토하자 바울의 견해는 그리스적 동양적 신비종교의 그것과는 전혀 다르다는 것이 드러났다. 양자는 본질적으로 상통하는 것이 아니라 단지 현저한 유사관계에 있을 뿐이다. 그러나 연구는 지금까지 사용해온 것과 다른 방법으로는 문제를 해결할 수 없다고 믿었기 때문에 조금도 자신을 잃지 않고, 양자 사이에 실질적인 차이가 있다면 그것은 바울이 그리스적 동기를 무의식적으로 받아들여 이를 지극히 독자적인 방법으로 완성한 데 그 원인이 있다고 믿었다.

궁한 나머지 연구는 그것이 의존하는 그리스적·동양적 신비종교에 관한 보고가 실은 고대 그리스 문화와 동양문화가 융합된 다음 일종의 르네상스를 거쳐 당시의 그리스적 동양적 데카당스 종교성의 관념을 표방하던 기원후 2, 3세기에 볼 수 있던 이 신비종교의 모습을 그려 보여준다는 사실조차 시인하지 않았다. 이리하여 그리스적 동양적 신비종교는 바울의 시대에 갖지 못했던 어떤 의미를 갖게 되었다.

원래 페르시아가 본고장인 미트라교(教)는 기원후 2세기에 와서야 비로소 그리스 세계에서 의미를 갖기 시작하기 때문에 바울과 관련시켜 생각할 수는 없다.

아돌프 하르나크가 바울에 대한 그리스 정신의 심오한 영향을 인정하기를 계속 거부했다는 것은 흥미있는 일이다.

만일 바울의 신비적 구제론과 성사에 관한 그의 견해가 그리스적인 전제에서 이해될 수 없다면 언뜻 보기에 불가능해보이긴 하지만 후기 유대교의 종말론적 관념에서 이를 이해해보려고 시도하는 수밖에 없다. 1893년에 나온 저서 《바울주의의 일반 개념에 비추어본 바울의 종말론》에서 리하르트 카비시는 이 길을 걷는다. 그리고 그와 관계 없이 윌리엄 브레데도 1904년에 나온 저서 《바울》에서 이 길을 가고 있다. 유감스럽게도 이 책은 초고 상태를 벗어나지 못하고 말았다. 그러나 그들은 바울의 사상 세계를 완전하게 설명하지 못했다. 그들은 또한 그리스도 안에 존재하고 그리스도와 더불어 죽고 부활한다는 것은 정신적으로 체험해야만 하는 것일 뿐 아니라 동시에 자연적이며 현실적인 것이라고 주장하는 논리의 궁극적 신비를 해명할 수가 없었다. 그러나 그들은 언뜻 보기에는 종말론과 아무 관계도 없어 보이던 바울의 수많은 표상들이 막상 종말론과 결부시켜보니 종전 해석에 따를 때보다 훨씬 간단하고 생기에 넘칠 뿐 아니라 그 상호관계에서도 완전히 통일적인 체계에 속하는 것으로 밝혀졌다는 사실을 설득력 있게 증명했다.

이같이 통설을 벗어난 연구는 동시대의 학자들에게서는 별로 인정을 받지 못했다. 바울의 사고 방식이 그리스적인 동시에 유대적이라는 가설은 비단 신학자들뿐만 아니라 후기 헬레니즘에 몰두했던 언어학자들에게도 자명한 것으로 되어 있었다. 그러나 그들은 바울의 이름으로 된 서간의 근본 사상이 기원후 2, 3세기의 증언을 통해 알려진 그리스적 동양적 종교성의 근본 사상과 본질적으로 상통한다는 그들의 주장으로 말미암아 불쌍한 사도 바울이 어떠한 위험에 처하게 될지 생각하지 않았다. 따라서 이 서간들이 과연 기원후 1세기의 5, 60년대에 속하는 것인가, 아니면 그 후기에 나온 것을 문학적 허구를 통하여 원시 기독교의 율법학자 바울의 것으로 돌리는 것이 아닌가 하는 질문이 어쩔 수 없이 제기되지 않을 수 없다.

이미 19세기 후반에 브루노 바우어와 소위 과격한 네덜란드 학파에 속하는 사람들은—A.D. 로만, 루돌프 슈테크, W.C. 반 마넨 등—바울의 이름으로 된 서간들 속에 내포된 그리스적 사상은, 예수가 죽자마자 한 율법학자가 기독교적 신앙을 그리스적인 것으로 바꾸어 생각했다고 가정하느니보다는 그 서간들이 실제로 그리스적인 것에서 나왔다고 보면 더 쉽게 설명될 수 있다는 주장을 내세웠다.

그들은 주 논지로 율법에 대한 투쟁은, 율법학자 바울에 의해서는 전개될 수 없다는 주장을 관철시켰다. 율법에서의 해방이란 요구도 물론 그리스인들이 기독교 단체 내에서 우위를 차지하고 아직도 유대교에 초점을 맞추는 기독교에 반발을 보였을 때 비로소 처음 제시되었다는 것이다. 그러므로 율법에 관한 논쟁은 1세기 중엽에 바울과 다른 사도들 사이에 벌어진 것이 아니라 그로부터 2, 3세대 후에 그 동안 생긴 두 파 사이에 벌어졌다는 것이다. 또한 비정통적 자유파는 그들의 승리를 합법화하려고 본래 이 목적 아래 쓴 다음 바울의 이름으로 낸 서간 속에서 그들의 승리를 바울의 것으로 돌렸다는 것이다.

물론 바울 서간의 기원에 관한 이 같은 역설적 이론은 역사적으로 입증되지 않았다. 그러나 이러한 이론은 연구가 바울에게서 그리스적 사상을 가정할 때, 어떠한 곤란에 처하게 되는지를 분명하게 보여준다.

바울의 사상 세계에 대한 학문적 연구사의 결론으로 나는 1911년 비(非)유대적인 것으로 생각되는 바울의 신비적 구제론의 기원을 그리스적 표상에서 찾으려는, 당시 일반적으로 유망할 것으로 간주되던 시도는 실행 불가능하고 종말론에 의한 설명만이 문제가 될 수 있다는 사실을 입증하지 않으면 안 되었다.

이 예비적인 연구가 인쇄되어 나왔을 무렵 바울의 사상 세계에 대한 종말론적 해석의 논술도 많이 진척되어 몇 주간만 더 손을 보았더라면 인쇄에 넘길 수가 있었을 것이다. 그러나 나는 곧 의학 국가시험에 필요한 공부를 시작해야 했기 때문에 내 마음대로 이 몇 주를 보낼 수가 없었다. 그후에는 의학 박사 학위 논문과 《예수 생애 연구사》의 개정판 때문에 전혀 시간이 없어 바울에 관한 저서의 2부에 해당하는 이 논문을 아프리카로 떠나기 전에 출판할 수 있을 것이라는 희망을 포기하지 않으면 안 되었다.

물건을 사들이고 짐을 꾸리느라 바쁜 중에도 나는 1912년 가을 《예수 생애 연구사》 속에 이 책이 나온 이후 이 분야에 새로 나온 책들을 삽입해넣고 내 마음에 들지 않는 장들은 고쳐 쓰기 시작했다. 무엇보다도 나는 그동안 계속된 연구에 의거하여 후기 유대교의 종말론을 전보다 더 근본적으로, 그리고 더 훌륭하게 논술하고, 존. M. 로버트슨, 윌리엄 벤저민 스미스, 제임스 조지 프레이저, 아서 드루스 및 기타 예수의 역사적 생존에 이론을 제기하는 사람들의 저서에 대해 내 견해를 밝히고 싶었다. 유감스럽게도 나의 《예수 생애 연구사》의 영어판은 그 뒤에도 여전히 최초의 독일어판 텍스트에 의존하고 있다.

예수가 생존하지 않았다고 주장하기는 어렵지 않다. 그러나 그것을 증명하려 하면 어김없이 정반대의 결론이 나온다. 예수의 생존은 1세기의 유대 문헌에서는 확실치가 않다. 그리고 같은 시기의 그리스와 라틴 문헌에서도 전혀 입증되지 않는다. 유대 작가 요세프스가 그의 《골동품》에서 예수에 관해 그저 지나가는 길에 간단하게 언급하는 두 대목 가운데 한 대목은 기독교 신자인 필생(筆生)이 텍스트에 삽입해넣은 것이 확실하다.

예수의 생존에 대한 최초의 세속적 증인은 타키투스다. 그는 기원후 2세기 20년대 트라야누스 치세 때 그의 《연대기》(15권 44장)에서 네로가 로마 대화재의 책임을 전가한 '기독교도' 분파의 창시자는 티베리우스 치세 때 총독 폰티우스 빌라투스에 의해 처형되었다고 보고한다. 그러므로 로마의 역사 편찬이 비로소 기독교 운동의 존속에 입각하여 그것도 예수 사후 약 80년경에 그의 생존에 주목을 한다는 데 대해 만족하지 못하는 사람이나, 한 걸음 더 나아가 복음서와 바울 서간을 위작으로 간주하려는 사람이 예수의 역사적 존재를 부인하는 것은 당연하다고 생각한다.

그러나 그것으로 문제가 해결된 것은 아니다. 다음은 언제 어디서 어떻게 기독교가 예수와 바울 없이 생겨났으며, 어떻게 해서 그후 기독교는 그 기원을 이러한 가공적 역사의 인물에게서 찾을 생각을 하게 되었는지, 그리고 무슨 이유에서 기독교가 이 두 사람을 유대인으로 만들었는지 설명하지 않으면 안 된다. 복음서와 바울의 서간이 '위작'임을 밝히려면 먼저 어떻게 해서 이들이 위작으로 생겨날 수 있었는가 하는 것부터 이해시켜야만 할 것이다.

예수의 비역사성을 옹호하는 자들은 그들의 일하는 방법이 경솔하기 짝이 없긴 하지만 그들에게 이와 같이 어려운 과제가 부과되었다는 사실을 전적으로 외면한다. 그들은 세부에 들어가면 서로 상당한 차이가 있지만, 그들 모두가 사용하는 방법은 결국 기원 이전에 이미 팔레스티나나 다른 근동 지방에 그노시스파의 성격을 띤 그리스도 또는 예수 숭배가 있었고, 이 숭배에서는 아도니스, 오시리스, 또는 탐무즈 숭배에서와 같이 죽었다가 부활하는 신, 또는 반신(半神)이 문제가 되었음을 증명하려고 하는 것이다. 그러나 그와 같은 기원 이전의 그리스도 숭배에 관해서는 아무런 보고도 없기 때문에 결합과 상상의 과정을 통하여 그러한 그리스도 숭배를 될 수 있는 대로 있음직하게 만들어야만 한다. 다음은 상상력을 더욱더 발휘하여 이 가공적 기원 이전의 그리스도 숭배의 추종자들은 어느 때에 가서 그들이 숭배하는, 죽었다 부활하는 신을 역사적 인물로 만들고 신자들 사이에서 잘 알려진 사실에도 아랑곳하지 않고 그들의 숭배를 이 역사적 인물이 등장한 시점부터 존재했던 것으로 선언할 필요를 느끼게 되었다고 논술해야만 한다. 그런데 다른 신비종교에서는 신화를 역사로 개조하는 경향을 전혀 찾아볼 수 없다. 이것만 해도 힘든데 설상가상으로 복음서와 바울 서간은 예수의 비역사성의 옹호자들에게 어째서 이 그리스도 숭배를 스스로 아무것도 확인할 수 없는 먼 옛날에서부터 내려온 것으로 하지 않고 하필이면 그의 가공적 예수의 등장 시기를 겨우 2, 3세기 소급해서 잡고, 게다가 그를 유대인으로서 유대인들 사이에 등장시킬 생각을 하게 되었는지 설명해줄 것을 요구한다.

마지막으로 가장 어려운 과제는 복음서의 내용을 일일이 역사가 된 신화로 밝히는 것이다. 그들이 이론에 따른다면 드루스, 스미스 및 로버트슨이 주장하는 것은 결국 마태와 마가가 전하는 사건과 말들은 문제의 신비종교가 제시한 의복에 불과하다는 이야기가 될 것이다. 아서 드루스와 다른 사람들은 이러한 해석을 관철시키려고 동원할 수 있는 신화는 말할 것도 없고 천문학과 점성술까지 끌어들였는데, 이것만 보더라도 이러한 해석이 상상력에 얼마나 무리한 요구를 하는지 알 수 있을 것이다.

이와 같이 예수의 역사성에 이론은 제기하는 사람들의 저서에서 예수가 생존했다는 가설이 생존하지 않았다는 가설보다 훨씬 더 쉽게 증명될 수 있다는 결론이 나온다. 그러나 그것은 이 가망 없는 시도가 포기되었음을 뜻하지 않는다. 예수가 생존하지 않았다고 주장하는 책들은 계속 나오고 있으며 설사 이 책들이 로버트슨, 스미스, 드루스 및 이 문학의 다른 고전 작가들을 넘어서서 새로운 것을 제시하지 못하고, 이미 이야기된 것을 새 것으로 발표하는 것으로 만족해야 한다 할지라도 그들의 주장을 밀어주는 독자들은 끊이지 않을 것이다.

이러한 시도가 만일 역사적 진리에 봉사하고 싶다면 유대교에서 발생한 한 신앙이 전통적인 초기 기독교사에 기록된 것처럼 그렇게 빨리 그리스 세계에 의해 수용되었다는 것은 잘 납득이 가지 않으며 따라서 기독교가 그리스 정신에서 나왔다는 가설도 일리가 있다고 주장할 수는 있을 것이다. 그러나 가장 오래된 두 복음서의 예수에게는 그를 신화에서 생겨난 인물로 볼 수 있는 여지가 전혀 없을 뿐 아니라, 그는 자신의 종말론적 사고 방식을 통하여 뒷세대가 스스로 생각해낸 인물에게 부여할 수 없는―티투스에 의해 예루살렘이 파괴되기 전 세대만 해도 후기 유대교의 종말론에 관해 그 정도로 충분한 지식을 갖고 있지 못했다―어떤 특징을 제시하기 때문에 이 가설은 관철될 수 없다.

그리고 그리스도 숭배라는 이 가공적 신비종교는 어떤 이해 관계가 있어 스스로 머릿속에서 생각해낸 가공적·역사적 예수에게 세계 종말이 임박했고, 자기가 메시아 인자로서 계시될 것이라는 분명히 이루어지지 않은 믿음을 부여했을까? 예수는 종말론을 통해 가장 오래된 두 복음이 그를 등장시키는 시대에 너무도 완전하고 확고하게 뿌리를 박고 있기 때문에 그 시대에 실제로 등장했던 인물로밖에는 상상할 수가 없다. 예수의 역사적 생존에 이론을 제기하는 사람들이 그의 사상과 행동의 종말론적 제약을 슬쩍 외면해버리는 것은 의미심장한 일이다.

아프리카로 떠나기에 앞서 나는 역시 위도르의 요청으로 다시 한번 바흐에 몰두하게 되었다. 뉴욕의 출판업자 쉬르머가 그에게 바흐의 파이프오르간 곡을 그 연주법에 대한 설명을 붙여 출판할 수 있도록 준비해달라고 요청했다. 그는 내가 그의 협력자가 된다는 조건 아래 이 청을 받아들였다. 우리들의 공동 작업은 내가 잡은 초안을 나중에 같이 마무리하는 식으로 진행되었다. 1911년과 1912년 나는 이 목적을 위하여 하루 또는 이틀 예정으로 파리에 자주 갔다. 조용한 가운데 같이 일에 몰두하려고 위도르는 두 번이나 귄스바흐로 찾아와서 내 집에 며칠 머물렀다.

우리 두 사람은 연주자의 후견인 노릇을 하게 될 소위 '실용' 판은 원칙적으로 거절했지만 역시 바흐의 파이프오르간 곡에는 조언이 정당하다고 믿었다. 후기 파이프오르간 작곡자들의 일반적인 관례와는 달리 바흐는 소수의 몇몇 경우를 제외하고는 그의 파이프오르간 곡에 음전 조절법과 건반의 변화에 관해 아무런 지시를 기재하지 않았다. 바흐 당시의 파이프오르가니스트에겐 이것이 필요치 않았다. 당시의 파이프오르간의 성질과 그 일반적인 사용법에서 저절로 바흐가 뜻하는 연주가 나왔기 때문이다.

바흐가 세상을 떠나자 한 번도 출판된 적이 없는 그의 파이프오르간 곡들은 상당 기간 잊혀진 거나 다름없었다. 그 뒤 19세기 중엽부터 페터 판을 통해 세상에 알려졌을 때는 그동안 음악적 감각은 물론이고 파이프오르간도 달라졌다. 그 당시만 해도 아직 사람들은 18세기의 연주 전통이 어떤 것인지 알았다. 그러나 사람들은 바흐의 파이프오르간 곡의 양식에 맞는 연주를 너무 단순하고 소박하다고 거부했다. 그리고 현대 파이프오르간 위에서 가능한 음의 강도와 음색의 계속적인 변화를 될 수 있는 대로 많이 사용하는 것이 그의 정신에 부합된다고 믿었다. 그리하여 19세기 말경에는 효과에 치중하는 현대적 파이프오르간 연주가 양식에 맞는 연주를 완전히 몰아내버렸기 때문에 혹시 누가 이와 같은 연주법에 관해 안다 하더라도 그것은 더는 문제가 되지 않았다.

프랑스는 예외였다. 위도르, 귀망, 그 밖의 다른 파이프오르가니스트들은 그들이 유명한 브레슬라우의 파이프오르가니스트 아돌프 프리드리히 헤세(1802~63)에게서 전수받은 독일의 옛 전통을 고수했다. 대혁명 때 파괴된 파이프오르간들이 대부분 제대로 수리되지 못했기 때문에 19세기 중엽까지만 해도 프랑스에는 파이프오르간 연주법이란 게 없었다. 카바이예 콜과 다른 사람들이 좋은 파이프오르간을 제작하기 시작하고 파이프오르가니스트들이 프랑스에는 전혀 알려지지 않았던 바흐의 파이프오르간 곡을 독일의 페터 판을 통해 입수하게 되었을 때 그들은—나는 위도르가 가끔 나에게 이야기해주곤 하던 것을 전하는 데 불과하다—프랑스에는 전혀 알려지지 않았던 그와 같이 완전한 파이프오르간 연주법을 어떻게 해야 좋을지 몰랐다. 이 연주법이 페달 기교에 요구하는 것부터가 그들에게는 새로운 것이었다. 따라서 그들은 필요한 것을 배우려고 외국으로 나가지 않으면 안 되었다. 그리고 그들은 모두—재력이 없는 사람들에게는 카바이예 콜이 비용의 일부를 대주었다 — 헤세의 제자인 유명한 브뤼셀의 파이프오르가니스트 렘멘스에게 사사했다.

아돌프 프리드리히 헤세는 바흐 연주의 전통을 그의 스승인 키텔에게서 전수받았다. 1844년 성 우스타슈 교회의 새로 제작된 파이프오르간 제막식 때 파리의 사람들은 아돌프 헤세를 통하여 처음으로 바흐의 파이프오르간 곡을 들었다. 그후에도 그는 가끔 파이프오르간 제막식 때 연주를 들려달라는 초청을 받았다. 런던 국제 박람회(1854년)에서 들려준 그의 연주는 바흐의 예술을 영국에 알리는 데 많은 공헌을 했다.

프랑스의 파이프오르가니스트들은 헤세와 렘멘스를 통해 알게 된 독일의 옛 전통을 고수하게 된 것은 비단 예술적 감각에서뿐만 아니라 실제적인 필요에서 그랬던 것이다. 카바이예 콜의 파이프오르간은 현대적인 파이프오르간이 아니다. 이 악기들은 독일의 파이프오르간처럼 음의 강도와 음색의 다양한 변화를 허용하지 않았다. 따라서 프랑스의 파이프오르가니스트들은 전통적인 고전적 방법으로 연주하지 않을 수 없었다. 그들은 이것을 약점이라고 생각하지 않았다. 왜냐하면 그들 파이프오르간의 놀라운 음향으로 바흐의 푸가는 마치 바흐 시대의 파이프오르간으로 연주하는 것처럼 음전 조절법의 효과 없이도 충분한 효과를 발휘했기 때문이다.

이와 같이 역사의 모순을 통하여 독일의 옛 전통의 원리들은 파리의 파이프오르간 대가들에게 구제되어 현대로 넘어왔다. 그리고 이러한 전통은 음악가들이 현재 남아 있는 18세기 음악 이론서에 차츰 다시 조언을 구하기 시작했을 때 자세히 알려졌다. 나처럼 될 수 있는 대로 18세기의 파이프오르간으로 바흐를 연주할 기회를 찾는 사람에게는 이 악기들은 그들이 기술적으로 가능하거나 가능하지 않은 것으로, 그리고 음향적으로 효과적이거나 효과적이 아닌 것으로 가르쳐주는 것을 통하여 바흐 파이프오르간 곡의 신빙성 있는 연주의 좋은 선생이 되어주었다.

위도르와 나는 우리들이 낼 판(版)에 관해서 다음과 같은 것을 우리의 과업으로 생각했다. 우선 현대 파이프오르간밖에 모르기 때문에 바흐의 파이프오르간 양식을 알지 못하는 파이프오르가니스트에게, 바흐가 생각하는 파이프오르간 위에서는 하나하나의 곡에 대하여 어떠한 음전 조절법과 건반의 변화를 고려에 넣지 않으면 안 되는가 하는 점을 밝히고, 그 다음은 그것을 넘어서서 양식을 보존하는 범위 내에서 어느 정도까지 현대 파이프오르간에서 가능한 음의 강도와 음색의 임의의 변화를 사용할 수 있는지 음미하는 것이 그것이다.

우리는 우리들의 지시와 제안을 악보 속에다 기재해넣지 않고 작품에 대해서 할 이야기가 있으면 모두 짤막한 논문으로 만들어 일종의 서문으로 해당 권의 악보 앞에다 갖다놓는 것이 예의라고 생각했다. 이렇게 하면 파이프오르가니스트는 우리가 조언하는 것이 무엇인지 알 수 있고, 또 일단 해당 곡을 펼치면 안내자 없이 바흐와 단 둘이 있게 된다. 우리들은 악보 속에는 심지어 운지법과 악구법에 관해서조차 써놓지 않았다.

바흐의 운지법은 그가 옛날 방법에 따라 손가락과 손가락을 교차시키고, 따라서 엄지손가락을 다른 손가락 아래 들어가게 하는 경우가 드물다는 점에서 우리들의 운지법과 다르다.

페달 사용법에 관해 말하자면, 바흐는 당시의 페달 건반이 짧았기 때문에 발뒤꿈치를 사용할 수 없었다. 그래서 전적으로 발끝 연주에 의존할 수밖에 없었다. 페달 건반이 짧았기 때문에 그는 또한 한쪽 발을 다른 발 위로 옮겨놓는 데도 방해를 받았다. 우리들이 한쪽 발을 다른 발 위로 옮겨놓거나, 또는 발끝과 발뒤꿈치를 교대로 사용함으로써 그가 할 수 있었던 것보다 더 훌륭한 레가토를 실현할 수 있는 데 반해 그는 가끔 한쪽 발끝을 한 건반에서 다른 건반으로 미끄러지게 하지 않으면 안 되었다.

바흐 시대의 짧은 페달을 나는 젊었을 적에 오래된 마을의 파이프오르간에서 여러 번 보았다. 네덜란드에는 오늘날도 발꿈치를 사용할 수 없을 만큼 짧은 페달들이 많다.

위도르와 나는 악구법에 관해서 일러두어야 할 것은 서문에서 연주자에게 말했다. 나는 거의 모든 악보에서 운지법, 악구법, 포르테와 피아노, 크레센도와 데크레센도, 그리고 때로는 내가 전혀 동조할 수 없는 저자의 현학적 분석을 눈앞에 보아야 한다는 데 언제나 진저리가 났기 때문에 연주자에게는 바흐, 모차르트, 또는 베토벤의 음악으로 이들이 손수 쓴 것만 인쇄하여 눈앞에 갖다놓아야 한다는 원칙—나는 이 원칙이 언젠가는 보편적인 인정을 받으리라 생각한다—에 따를 것을 고집했다.

바흐의 파이프오르간 곡들이 현대 악기로는 바흐가 생각한 것처럼 연주될 수 없다는 사정 때문에라도 우리들은 현대적 감각과 현대의 파이프오르간에 양보하지 않을 수 없었다. 바흐 시대의 악기에서는 포르테와 포르티시모가 그 최고의 상태에서도 아주 부드럽기 때문에 곡 전체를 포르티시모로 연주한다 해도 듣는 사람은 피로하지 않아 변화의 필요를 느끼지 않는다. 마찬가지로 바흐는 그의 청중에게 그의 관현악단으로 계속적인 포르테를 제공할 수가 있다. 그러나 현대 파이프오르간에서는 대체로 포르티시모가 너무 강하고 딱딱하기 때문에 듣는 사람은 한순간밖에 견뎌내지 못한다. 게다가 듣는 사람은 이 소음 속에서 개개의 음선을 추적할 수가 없는데 이것은 바흐의 작품을 이해하는 데 꼭 필요한 것이다. 그러므로 현대 악기에서는 바흐가 지속적인 포르테나 포르티시모로 연주될 것으로 생각한 긴 악절은 음의 강도와 음색의 변화에 의해 듣는 사람이 듣고 견딜 수 있도록 해주어야만 한다. 음의 강도와 색조에서 바흐가 그의 파이프오르간에서 실현할 수 있었던 것보다 더 많은 변화를 시도한다는 것은 곡의 건축을 뚜렷이 부각시켜주고 불안한 인상을 주지 않는 한 원칙적으로 반대할 이유가 없다. 바흐는 푸가를 세 개, 또는 네 개의 서로 교대되는 색소가 상이한 음의 강도로 연주하는 것으로 만족했지만 우리는 여섯 개 또는 여덟 개 정도 사용해도 괜찮을 것이다. 그러나 언제나 최고의 법칙은 바흐의 파이프오르간 곡은 무엇보다도 선이 돋보이는 것을 원하며 음색을 통하여 얻을 수 있는 효과는 부차적인 것에 불과하다는 것이다. 파이프오르가니스트는 나란히 움직이는 여러 음선들이 선명하게 앞을 지나가야만 비로소 듣는 사람이 바흐의 파이프오르간 곡을 눈앞에 볼 수 있다는 점을 항상 명심하지 않으면 안 된다.

그러므로 위도르와 나는 우리가 낸 판(版)에서 연주자는 무엇보다도 곡의 주제와 동기에 알맞는 악구법을 명백히 알고 난 다음 이를 세부에까지 관철해야 한다고 거듭 강조했다.

사람들은 18세기의 파이프오르간으로는 임의의 템포로 연주할 수 없다는 것을 항상 명심하고 있어야 한다. 건반은 무겁고 깊숙이 눌러야 하기 때문에 훌륭한 모데라토도 이미 대단한 성과를 의미했다. 바흐는 그의 전주곡과 푸가를 그의 파이프오르간으로 연주할 수 있는 보통 템포로 생각했기 때문에 우리는 이 템포로 신빙성이 있고 알맞은 템포를 고수하지 않으면 안 될 것이다.

헤세에 관해서는 그가 전수받은 바흐의 전통에 따라 바흐의 파이프오르간 곡을 아주 조용한 템포로 연주했던 것으로 알려져 있다. 바흐 음선의 놀라운 생기가 완전한 악구법에 의해 살아난다면 그 속도가 모데라토의 테두리를 벗어나지 못한다 하더라도 듣는 사람에게 느리게 느껴지지 않는다.

파이프오르간에서는 개개의 음을 악센트에 의해 제시하는 것이 불가능하므로 악센트의 지원을 받지 않고 악구법을 만들어내야 한다. 그러므로 파이프오르간으로 바흐를 조형적으로 연주한다는 것은 완전한 악구법을 통하여 듣는 사람에게 악센트의 환각을 불러일으키는 것을 뜻한다. 아직도 이것이 보편적으로 파이프오르간 연주 전체의, 그리고 개별적으로는 바흐 연주의 으뜸가는 요구로 인식되지 않았기 때문에 바흐의 파이프오르간 곡의 아주 만족스런 연주를 듣기가 그토록 어려운 것이다. 대교회의 음향상의 위험만 극복한다면 파이프오르간 연주의 조각성은 완전한 경지에 도달할 것이다.

단지 현대 파이프오르간에만 친숙한 파이프오르가니스트들 앞에서 위도르와 나는 그들에게 낯익은 화려한 현대적 연주법을 반대하여 여러 가지 관점에서 그들에게 새로운, 양식에 맞는 바흐 파이프오르간 곡의 연주를 옹호했다. 동시에 우리들은 이러한 종류의 연주를 음향적으로 전혀 거기에 맞지 않는 파이프오르간으로 실현한다는 것이 얼마나 어려운지 거듭 지적하지 않을 수 없었다. 바흐의 작품이 파이프오르간에 제시하는 요구가 파이프오르간 제작에 관한 수많은 논문보다 음향이 아름다운 진정한 파이프오르간의 이상을 보급하는 데 더 큰 역할을 하게 되리라는 우리의 기대는 어긋나지 않았다.

내가 아프리카로 떠나기에 앞서 우리들은 소나타, 협주곡, 서곡과 푸가를 포함하는 처음 다섯 권밖에 완성하지 못했다. 합창전주곡을 포함할 세 권은 나의 첫 번째 휴가 때 내가 아프리카에서 작성한 초안을 토대로 하여 유럽에서 완성할 생각이었다.

출판업자의 요청에 따라 우리들의 작품은 3개 국어로 출판되었다. 프랑스어 텍스트와 독일어 텍스트를 토대로 한 영어 텍스트 사이에 차이가 있다면 그것은 위도르와 나, 우리 두 사람의 의견이 상이한 세목에 관해서 프랑스어 판에서는 프랑스 파이프오르간의 특성에 부합되는 그의 견해가, 그리고 영어 및 독일어 판에서는 현대 파이프오르간을 더 많이 고려에 넣은 내 견해가 표준이 되어야 한다는 데 합의를 보았기 때문이다.

그 뒤 얼마 지나지 않아 전쟁이 일어났고 그 결과 아직까지도 국가간의 서적 판매가 장애를 받고 있기 때문에 뉴욕에서 출판된 우리의 책은 거의 영어로 말하는 나라에서만—사실 이 책은 일차적으로 이런 나라들을 위해 계획된 것이었다—보급되었다. 달러 표준으로 정해진 가격 때문에라도 이 책은 전후 독일이나 프랑스에서는 실질적으론 구입할 수가 없었다.

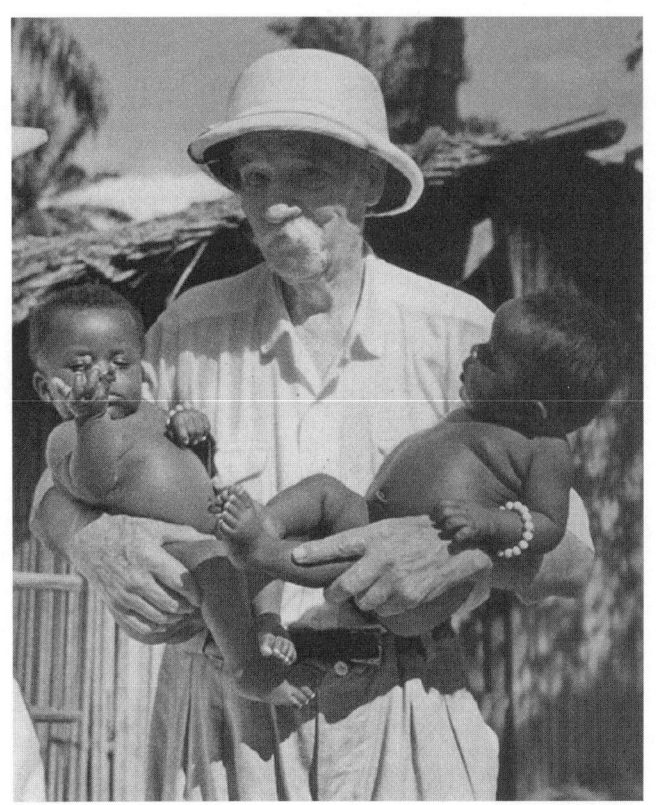

"나는 나에게 주어진 행복을 당연한 것으로 받아들일 것이 아니라 여기에 대해 나도 무엇인가 베풀어야만 되겠다는 생각이 들었다."

흑인과 마주잡은 슈바이처의 손.

여러 해를 거듭하여, 슈바이처는 유럽으로 귀국 여행길에 오르간 연주회를 가졌다.

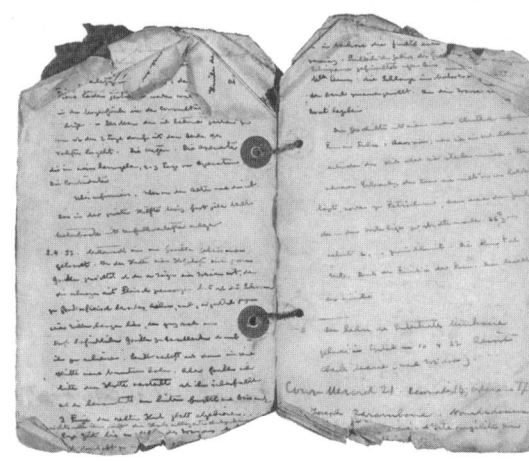

바지 뒷주머니에 담아 가지고
다니던 슈바이처의 작은 노트.

《문화 철학》 3권의 완성을 위해 심혈을 기울여 늦은 밤까지 글쓰기 작업을 하고 있는 슈바이처
"남들은 전쟁터에서 사람을 죽이지 않으면 안 되는데 이렇게 생명을 구하며 다가올 평화의 시대를 맞이하기 위하여 일할 수 있다는 것을 나는 날마다 커다란 은총으로 여기지 않을 수 없었다."

나무로 만든 신발을 신고 의자에 앉아 있는 슈바이처
1917년에 알자스인이었던 슈바이처는 전쟁포로로 프랑스에 송환되었다. 처음에는 보르도에, 그러고는 피레네 산맥 근처의 가레종에, 또 생 레미 드 프로방스 수용소에 억류되어 있었다.

생 레미 드 프로방스 수용소.

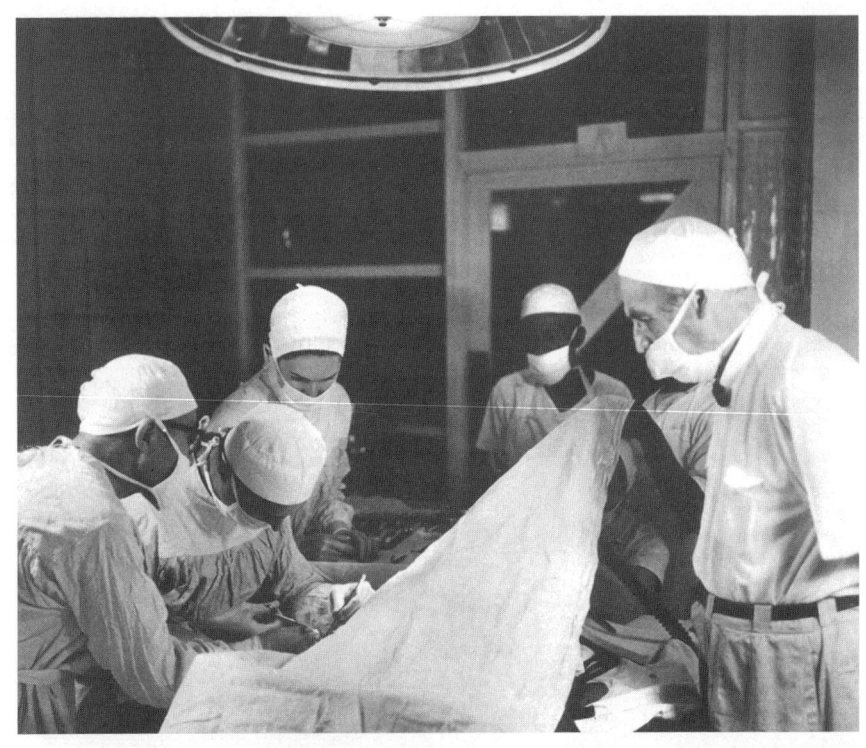

『랑바레네의 슈바이처 병원에서의 수술 장면
"아무리 보잘것없는 개인적 활동이라 하더라도 그것을 통하여
인간을 필요로 하는 인간에게 인간이 되어줄 수 있는 기회를 포착하려고 할 때
비로소 직업 생활과 더불어 인간 생활이 구제된다."

첼리스트 파블로 카잘스와 대화를 나누고 있는 슈바이처
카잘스의 콘서트가 끝난 후, 취리히에서 만남을 가졌다.

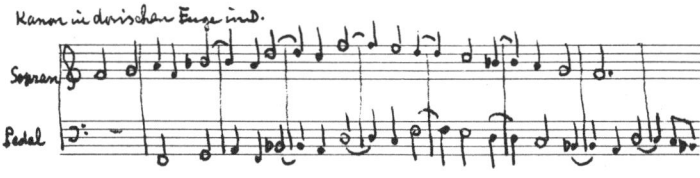

슈바이처의 악보.

13
아프리카에서의 첫 번째 활동

1913년 예수 수난일 오후, 나는 아내와 함께 귄스바흐를 떠나 3월 26일 저녁 보르도에서 배에 올랐다.

랑바레네에 도착하자 선교사들이 진심으로 우리를 환영해주었다. 그러나 유감스럽게도 그들은 내가 의료 활동을 시작할 골함석 바라크를 아직 세워 놓지 못했다. 이에 필요한 노동자들을 구할 수가 없었던 것이다.

당시 오고우에 지역은 오쿠메 목재 무역이 번창했기 때문에 어느 정도 노동력이 있는 원주민들이라면 선교소에서 일하는 것보다 거기서 일하는 것이 수입이 더 나았다. 그래서 우선 우리들의 사택 옆에 있는 낡은 닭장을 진료실로 써야만 했다.

늦가을에는 아래쪽 강가에 세운, 나뭇잎으로 지붕을 인 길이 8미터, 너비 4미터의 골함석 바라크로 옮길 수가 있었다. 이 건물에는 조그마한 진료실이 하나, 그만한 크기의 수술실이 하나, 그보다 조금 작은 약국이 하나 들어 있었다. 이 건물 주위에는 원주민 환자들을 수용하기 위한 널찍한 대나무 오두막들이 하나씩 둘씩 들어섰다. 백인 환자들은 선교사들 집이나 의사 집에 수용되었다.

나는 짐짝을 풀어 약품과 의료 기구를 끄집어낼 시간적 여유도 없이 도착하던 길로 환자들에게 포위되었다. 내가 랑바레네를 택한 것은 지도와 알자스 출신의 선교사 모렐 씨의 조언 때문이었는데 과연 이곳은 어느 모로 보나 병원 장소로는 안성마춤이었다. 오고우에 강과 그 지류를 이용하여 반경 2백 내지 3백 킬로미터 주위에서부터 강물을 따라 혹은 강물을 거슬러 환자들이 카누로 운반되어 올 수가 있었다.

내가 주로 취급한 병은 말라리아, 나병, 수면병, 이질, 프람베지아(열대 종기), 침식성 종양이었다. 폐렴과 심장병 환자가 그토록 많은 데 놀라지 않을 수 없었다. 비뇨기병도 많이 취급했다. 수술을 요하는 환자들은 주로 탈장(헤르니아)과 상피병 환자였다. 적도 아프리카 원주민들 사이에서는 우리 백인들 사이에서보다 탈장이 훨씬 더 많이 만연했다. 만일 이 지방에 의사가 한 사람도 없다면, 적기에 수술만 하면 구할 수 있는 수많은 불쌍한 인간들이 매년 감돈탈장으로 고통스런 죽음을 당하고 말 것이다. 나의 첫 수술도 그러한 경우에 해당한다.

이렇듯 나는 도착한 지 몇 주일 안 되어 원주민들의 육체적 참상이 내가 생각했던 것보다 훨씬 더하다는 것을 알 수가 있었다. 나는 온갖 반대를 무릅쓰고 이곳에 오겠다던 계획을 그대로 실행하길 잘했다 싶었다.

랑바레네 선교회의 창설자인 연로한 나사우 박사에게 나는 이곳에 또다시 의사 한 사람이 왔다는 소식을 전해주었다. 그는 이 소식을 듣고 몹시 기뻐했다. 처음에는 통역과 조수 노릇을 할 수 있는 적당한 원주민을 구하지 못해 일에 지장이 많았다. 처음에 찾아낸 적임자는 전에 요리사였던 요제프 아초아와니라는 사나이였는데, 그는 그 전 일자리에 있을 때만큼 봉급을 받지 못했지만 같이 일해주었다. 그는 원주민들과 접촉하는 방법에 관해 여러 가지 귀중한 조언을 해주었다. 그런데 그에게는 가장 귀중한 조언으로 생각되었을지 몰라도 나로서는 도저히 받아들일 수 없는 한 가지 조언이 있었는데, 그것은 살 가망이 없는 환자는 돌려보내라는 조언이었다. 그는 몇 번이고 무당 의사들(주술사)의 예를 들며 그들은 자기 치료에 대한 명성이 떨어질까 봐 그런 경우에는 손을 대지 않는다는 이야기를 해주었다.

물론 그의 말에도 일리가 없는 것은 아니었다. 토인들 사이에서는 도저히 살 가망이 없는 경우 환자나 가족들에게 희망을 주어서는 안 된다. 그들은 환자가 아무런 사전 통고 없이 죽는 경우 의사가 병이 이렇게 악화될 줄 몰랐던 걸 보면 오진한 것이 틀림없다는 결론을 내린다. 그래서 원주민 환자들에게는 사정 없이 사실을 말해주지 않으면 안 된다. 그들은 사실을 알고 싶어하고 또 곧잘 견뎌낸다. 죽음은 그들에게는 자연스런 것이다. 그들은 죽음을 두려워하지 않고 태연히 기다린다. 만일 환자가 생각지도 않았는데 살아나게 되면 의사의 명성은 그만큼 높아진다. 그렇게 되면 그 의사는 죽을 병도 고칠 수 있는 걸로 알려지는 것이다.

간호사 교육을 받은 아내는 병원 일을 잘 도와주었다. 아내는 중환자를 보살펴주고, 내의와 붕대를 관리하고, 약국 일을 돌보고, 의료 기구를 정리하고, 수술 준비를 했다. 수술 때는 요제프가 조수 노릇을 하고 아내는 마취를 담당했다. 아내가 복잡한 아프리카 살림살이를 하느라 바쁜 중에도 병원 일을 위하여 매일 몇 시간씩 시간을 내주었다는 것은 대단한 일이라 하지 않을 수 없다.

수술을 받도록 원주민들을 설득하는 데 대단한 설득술이 필요하지는 않았다. 몇 년 전에 조레 귀베르라는 정부 파견 의사가 순회 진료차 랑바레네에 체류하는 동안 몇 차례 성공적인 수술을 해낸 적이 있었기 때문에 대단치 않은 내 수술도 신뢰를 받을 수 있었다. 내가 처음에 수술한 환자 가운데 죽은 사람이라곤 다행히 한 사람도 없었다.

2, 3개월이 지나자 병원은 매일 40명의 환자를 수용하지 않으면 안 되었다. 환자들뿐 아니라 멀리서 카누에 환자들을 싣고 왔다가 다시 집으로 데려가려고 환자들 곁에 머무르는 가족들을 수용할 숙소도 마련하지 않으면 안 되었다.

치료하는 일도 물론 큰일이었지만 여기에 수반되는 걱정이나 책임에 비하면 그렇게 부담감을 주지는 않았다. 유감스럽게도 나는 이러한 직업에 필요한 완강한 기질을 타고나지 못해 언제나 중환자나 수술 환자의 경과를 염려하며 속을 태우는 그런 종류의 의사에 속한다. 아무리 환자의 고통을 동정한다 하더라도 그 때문에 정신력이 쓸데없이 소모되는 것을 막기 위하여 마음의 안정을 얻으려 해보았지만 소용이 없었다.

나는 흑인 환자들에게 그들이 받은 도움에 대하여 감사의 뜻을 표할 때는 될 수 있는 대로 행동으로 해달라고 부탁했다. 그들이 병원의 혜택을 입고 있는 것은 유럽에서 많은 사람들이 희생을 치른 대가이므로 그들도 그들 나름대로 병원을 유지하려고 힘닿는 데까지 같이 도와야 한다고 일러주었다. 이리하여 약값으로 금품이나 바나나, 닭, 또는 달걀을 받는 것이 차츰차츰 관례가 되었다. 물론 이런 식으로 들어오는 것은 그 실제적인 가치에는 훨씬 미치지 못했다. 하지만 그런 대로 병원 유지에 도움이 되었다. 들어온 바나나로는 식량이 떨어진 환자들을 먹일 수가 있었고 들어온 금품으로는 바나나를 충분히 구할 수 없을 경우 대신 쌀을 살 수가 있었다. 나의 또 하나의 생각은 원주민들이 모든 것을 그저 무료로 받을 때보다는 그들 스스로가 병원 유지를 위해 힘 자라는 데까지 기여하지 않을 수 없을 때, 오히려 병원의 가치를 더 높이 평가할 것이 아니냐는 것이었다. 이와 같이 선물을 요구하는 것이 교육적 의의가 있다는 나의 소신은 경험을 통해 더욱 굳어졌다. 물론 극빈자들이나 노인들 —원시인들 사이에서 늙었다는 것은 곧 가난하다는 것을 의미한다—에게는 아무것도 요구하지 않았다.

그들 가운데는 선물에 대해 전혀 다른 관념을 갖고 있는 원주민들도 있었다. 그들은 나의 병원에서 병이 다 나아 퇴원할 때면, 내가 이제 그들의 친구가 되었다는 이유로 오히려 나에게서 선물을 요구했다.

원주민들과 접촉하는 동안 나는 그들이 단지 전통에만 얽매인 사람들인가, 아니면 정말 독자적인 사고를 할 능력이 있는 사람들인가 하는, 지금까지 많은 논란의 대상이 되어왔던 문제를 생각해보지 않을 수 없었다. 그들과 대화를 해보고 놀란 것은 그들이 인생의 의의나 선악의 본질과 같은 기본적인 문제에 대하여 대체로 내가 생각했던 것보다 훨씬 더 많은 관심을 가지고 있다는 것이었다.

파리 선교회 간부들이 그토록 중시하던 교리 문제는 과연 내가 예상했던 대로 선교사들의 설교에서 사실상 전혀 문제가 되지 않았다. 듣는 사람들이 이해할 수 있게 하려고 산상수훈이나 바울의 위대한 말씀에서 볼 수 있는 것과 같은, 우리는 예수의 정신에 의하여 세상에서 자유롭게 된다는 단순한 복음 이상의 것은 전할 수가 없었다. 선교사들은 무엇보다도 기독교를 윤리 종교로서 제시해야만 했다. 1년에 두 번씩, 어떤 때는 이 선교소에서 어떤 때는 저 선교소에서 선교 회의가 열렸지만 그때 논의의 대상이 되는 것은 교리 문제가 아니라 그들의 교구 내에서 실천적 기독교를 어떻게 실현할 것인가 하는 문제였다.

신앙 문제에서 어떤 사람들은 좀 더 엄격하게 생각하고, 어떤 사람들은 좀 덜 엄격하게 생각한다 하여 그것이 공동으로 수행하는 선교 사업에 무슨 문제가 되는 것은 아니다. 나는 나의 신학적 견해로 선교사들을 추호도 괴롭히려 하지 않았기 때문에 그들은 나에 대한 불신을 씻고 우리들이 예수를 따르겠다는 신앙심과 소박한 기독교 활동을 하겠다는 의지 속에서 하나로 결합한 데 대해 나 못지않게 기뻐했다. 내가 도착한 지 몇 달 안 되어 그들은 나에게 설교도 해달라고 부탁했다. 이리하여 나는 함구무언하겠다던 파리에서의 약속에서 해방이 되었다.

선교사들이 흑인 목사들과 공동으로 개최하는 종교 회의에도 나는 손님으로 초청받았다. 나는 언젠가 선교사들의 요청을 받아 어떤 문제에 관해 의견을 말한 적이 있었는데, 그때 한 흑인 목사가 나는 의사일 뿐 신학자가 아니기 때문에 말할 자격이 없다고 했다.

나는 또한 세례 시험에도 참가할 수가 있었다. 나는 늙은 부인을 한둘 맡았는데 그것은 그들의 이 힘겨운 반 시간을 될 수 있는 대로 쉽게 만들어주기 위해서였다. 어느 날 나는 이런 시험을 치르는 자리에서 어떤 순박한 노부인에게 주 예수께서는 가난하셨는가 부유하셨는가 하고 물었다. 그러자 그 부인은 이렇게 대답했다. "그런 어리석은 질문이 어디 있어요. 추장 가운데 으뜸이신 하나님이 그분의 아버지이신데 어떻게 가난할 수가 있겠어요." 그리고 다른 질문에 대해서도 그 노부인은 가나안의 여인처럼 재치있는 답변을 해주었다. 신학 교수는 그 재치에 상응하는 좋은 점수를 주었지만 아무런 소용이 없었다. 이 부인이 속해 있는 교구의 흑인 목사가 아주 가혹하게 대했기 때문이다. 그는 이 부인이 교리 문답 시간에 꼬박꼬박 출석하지 않았다 하여 벌을 주고 싶었던 것이다. 이 부인의 훌륭한 답변도 그에게는 통하지 않았다. 그는 교리 문답에 기록된 답변을 요구했다. 이리하여 이 부인은 불합격이 되어 6개월 뒤에 다시 시험을 치러야만 했다.

설교를 한다는 것은 나에게는 큰 즐거움이었다. 예수와 바울의 말씀을 아직 들어보지 못한 사람들에게 전할 수 있다는 것은 영광스러운 일이라 생각되었다. 선교부의 흑인 교사들이 내 말을 즉석에서 갈로아 말이나 파우앵 말로, 또는 계속해서 두 가지 말로 통역해주었다.

랑바레네에서의 첫해에는 자유 시간이 별로 없었지만 나는 이 얼마 안 되는 자유 시간을 미국 판 바흐 파이프오르간 곡집의 마지막 세 권을 완성하는 데 바쳤다.

파리 바흐 협회에서는 내가 거기서 다년간 파이프오르가니스트로 있었다 해서 훌륭한 피아노 한 대를 보내주었다. 그것은 원래 열대용으로 제작된 것으로서 파이프오르간용 페달이 달려 있었다. 나는 이 피아노로 파이프오르간 연주를 계속할 수가 있었다. 그러나 처음에는 연습할 용기가 나지 않았다. 나는 아프리카에서의 활동이 곧 예술가로서의 나의 생애의 종말을 의미한다는 생각에 익숙해 있었고, 그래서 손가락과 발을 사용하지 않고 녹슬게 하면 단념하기가 더 쉬울 것이라 믿었다.

그러나 어느 날 저녁 우울한 마음으로 바흐의 파이프오르간 푸가를 치고 있었을 때 아프리카에서의 자유 시간을 내 연주 솜씨를 보완하고 심화하는 데 이용할 수 있다는 생각이 문득 떠올랐다. 동시에 나는 단 하나의 곡에 몇 주일, 또는 몇 개월씩 걸리는 한이 있더라도 바흐, 멘델스존, 위도르, 세자르 프랑크, 막스 레거의 작품을 하나씩 붙들고 가능한 대로 상세하게 연구하여 모두 암기해 버리기로 결심했다. 때로는 하루에 30분밖에 연습할 시간이 없었지만 예정된 연주회 때문에 시간의 구애를 받는 일 없이 여유있게 조용히 연습할 수 있다는 것은 참으로 즐거운 일이었다.

이와 같이 하여 나와 아내는 벌써 아프리카에서의 두 번째 건기를 보냈다. 그리고 세 번째 건기가 시작될 무렵엔 귀국하기로 계획을 세우기 시작했다. 그러나 바로 이때 1914년 8월 5일 유럽에 전쟁이 발발했다는 소식이 전해왔다. 그날 저녁으로 지시가 내려왔다. 우리는 자신을 포로로 간주해야 하며 따라서 별도 지시가 있을 때까지 사택에 머물러도 좋지만 백인 및 원주민들과 일체의 접촉을 삼가야 하며 감시를 맡은 흑인 병사의 지시에 무조건 복종해야 한다는 것이었다. 알자스 출신의 다른 선교사 부부도 우리와 마찬가지로 선교소에 감금되었다.

전쟁에 대해서 원주민들이 느낀 것은 처음엔 이제 목재 무역이 끝장났고 모든 물가가 올랐다는 정도였다. 나중에 많은 원주민들이 전투 부대를 위한 운반부로 카메룬에 수송되었을 때에야 그들은 비로소 전쟁이 무엇인지 알게 되었다.

전에 오고우에 유역에 살던 백인들 가운데 벌써 열 사람이나 죽었다는 소식이 전해지자 한 늙은 원주민은 이렇게 말했다. "이 전쟁으로 벌써 그렇게 많은 사람이 죽다니! 어째서 이 종족은 한데 모여 담판을 하지 않지요? 이들 죽은 사람들 전부에게 돈을 지불하자면 큰일일 텐데요."

원주민들 사이에서는 전쟁이 이긴 편이든 진 편이든 상대편의 전사자에게 보상금을 지불해야 한다. 이들은 유럽인들은 물론 시체는 먹으려 하지 않을 테니 단지 잔인성 때문에 사람을 죽이는 것이라고 비난했다.

백인이 백인을 포로로 하여 흑인 병사의 감시 하에 둔다는 것은 원주민들에게는 납득이 가지 않았다. 흑인 병사들은 '의사 선생님의 주인' 행세를 한다 하여 인근 부락민들에게 많은 욕을 들었다.

병원에서의 활동이 금지되자 나는 우선 바울에 대한 저서를 완성할 생각이었다. 그러나 몇 년 전부터 머릿속에서 생각은 했지만 이제 비로소 전쟁이란 사실로 말미암아 절실해진 문제, 즉 우리 문화에 대한 문제가 갑자기 나를 엄습해왔다. 감금된 다음날 나는 의학 공부를 시작하기 이전처럼 이른 아침부터 책상을 마주 대할 수 있다는 사실에 놀라움을 금치 못하며 《문화 철학》에 관한 저작에 착수했다.

이 문제를 다루어보겠다는 최초의 자극은 1899년 여름 베를린의 쿠르티우스 집에서 받았다. 어느 날 저녁 그 집에서 헤르만 그림과 다른 몇 사람이 방금 참석하고 돌아온 학술인 회의에 관해 이야기를 주고받았다. 그때 누군가가—그가 누구였던지 잘 기억이 나지 않는다—이렇게 말했다. "사실이지 우리는 뭐니뭐니해도 모두 아류에 지나지 않네." 이 말을 번갯불처럼 나를 치는 것 같았다. 이 말이야말로 내 자신이 느끼던 바를 표현해주었던 것이다.

이미 대학 시절 초기에도 나는 인류가 진보를 향하여 확고한 걸음걸이로 나아가고 있다는 견해에 대해 의심을 품기 시작했다. 나는 이상의 불길이 사람들이 알지 못하거나 또는 아무 걱정도 하지 않는 사이에 점점 꺼져간다는 인상을 받았다. 여론은 공공연하게 표명된 비인도적 사상을 격분하여 거부하기는커녕 오히려 받아들였는가 하면 여러 국가와 민족이 비인도적 행위를 시의에 맞는 처사라고 찬양해 마지않았다.

나는 숱한 기회에 이런 사실을 확인할 수 있었다. 정당한 것과 합리적인 것에 대해서도 단지 미지근한 열성밖에 없는 것 같았다. 여러 가지 징조를 보고 나는 자신의 업적을 자랑스럽게 여기던 이 종족이 정신적으로, 영적으로 특이한 피로를 느끼고 있다는 결론을 내리지 않을 수 없었다. 사람들은 인류의 장래에 대해 지금까지 지나치게 큰 희망을 걸어왔는데 앞으로는 성취 가능한 것만 추구해야 할 것이라고 이 종족이 항의하는 목소리가 내 귀에는 들리는 것만 같았다. 어디서나 내세우는 '현실 정치'라는 구호는 근시안적인 민족주의를 인정하고 지금까지 진보의 적이라 하여 배척되어온 권력이나 풍조와 타협하는 것을 의미했다. 몰락의 가장 뚜렷한 징조는 지금까지 교양인들 사이에서 추방되어왔던 미신이 다시 고개를 들기 시작했다는 것이다.

19세기 말 사람들이 인간 활동의 모든 분야에 걸쳐 그 업적을 확인하고 평하려고 과거를 회고하고 미래를 전망했을 때 그들은 나로서는 납득이 가지 않는 낙관주의에 빠져 있었다. 어디서나 사람들은 우리가 발명이나 지식에서 전진할 뿐 아니라 정신적 또는 윤리적 측면에서도 이전에 도달해본 적이 없는, 그리고 절대 상실될 수 없는 높은 차원에서 움직인다고 생각하는 것 같았다. 그러나 내가 보기에는 우리들이 정신 생활에서 구세대를 앞서기는커녕 오히려 그들의 업적만을 여러 모로 무위도식하고 있으며, 또한 이러한 유산의 상당 부분이 우리의 손아귀에서 차츰 사라져가는 것만 같았다.

그런데 지금 누군가가 나 자신이 묵묵히, 그리고 반무의식적으로 이 시대에 항의하던 바를 말해주었던 것이다. 쿠르티우스 가에서 보낸 그날 저녁부터 나는 마음속으로 기타 다른 저술과 더불어 '우리 아류들'이란 제목의 새로운 저술을 생각했다. 나는 여러 번 이 생각을 친구들에게 알렸지만 그들은 대개 그것을 세기말적 염세주의의 흥미 있는 역설이나 선언으로밖에는 보지 않았다. 그후로는 누구에게도 말하지 않았다. 단지 설교할 적에만 우리 문화와 정신에 대한 나의 회의를 표명할 수가 있었다.

문화 몰락의 결과로 오늘날 전쟁이 맹위를 떨쳤다.

이제 '우리 아류들'은 사실상 아무런 의미가 없었다. 이 책은 일종의 문화 비판으로 구상한 것이었다. 나는 이 책에서 문화 몰락을 확인하고, 그 위험에 대한 주의를 환기시키고 싶었던 것이다. 이미 파국이 온 이상, 백일하에 드러난 그 이유에 관해 고찰한들 무슨 소용이 있겠는가?

나는 시의를 잃은 이 책을 내 자신을 위하여 쓰려고 했다. 포로인 이상 글을 쓴다 해도 몰수당하지 않는다는 보장은 없지 않은가? 그리고 유럽으로 다시 돌아갈 수 있을지도 문제였다.

이와 같이 초연한 태도로 일을 계속하고 있을 때, 다시 외출이 허용되어 환자를 돌보게 되었다. 11월 말 우리들의 감금은 해제되었다. 후에 안 일이지만 그것은 위도르의 노력에 의한 것이었다. 환자들과 접촉하지 말라는 지시는 이미 그 이전부터 사실상 지킬 수 없는 것으로 판명되었다. 뚜렷한 이유도 없이 이 광범위한 지역에 하나밖에 없는 의사를 빼앗겼다고 백인, 흑인 할 것 없이 이 구동성으로 불평을 털어놓았다. 이렇게 되자 지역 사령관도 감시

병에게, 이 사람 또는 저 사람이 내 도움을 필요로 하니 들여보내 주라는 명령서를 내려보내지 않을 수 없었다.

비교적 자유로운 처지에서 의료 활동을 시작한 후에는 나는 시간 나는 대로 문화에 관한 책을 써나갔다. 참호 속에서 고생하는 사람들을 가슴 아프게 여기면서 나는 수많은 밤을 이 문제에 관해 생각하고 써나갔다.

1915년 여름이 시작될 무렵 나는 마취 상태에서 깨어나듯 눈을 떴다. 어째서 문화에 대한 비판만 할 것인가? 어째서 우리를 아류라고 분석하는 것만으로 만족할 것인가? 어째서 재건 작업은 하려 들지 않는가?

이제 나는 문화에의 의지와 문화를 실현할 수 있는 능력의 근원이 되는 인식과 신념을 추구하기 시작했다. 이리하여 '우리 아류들'은 문화 재건에 관한 책으로 확대되었다.

이 문제에 관해 연구하는 동안 문화와 세계관의 관계도 분명해졌다. 나는 문화의 파국이 세계관의 파국에서 비롯된다는 것을 깨달았다. 참된 문화의 이상은 그것이 뿌리박은 이상주의적 세계관이 사라져버렸기 때문에 무력해지고 말았다. 민족이나 인류의 모든 사건은 그들의 세계관 속에 주어진 정신적 원인에서 비롯된다.

그렇다면 문화란 무엇인가?

문화의 본질이라면 우선 개인이나 사회의 윤리적 완성을 들 수 있다. 그와 동시에 모든 정신적 또는 물질적 진보도 문화적 의의를 지닌다. 그러므로 문화에 대한 의지는 윤리적인 것을 최고의 가치로 의식하는 보편적인 진보 의지다. 그러나 한 가지 분명한 것은 지식과 능력이 이룩해놓은 업적이 아무리 중요하다 하더라도 인류는 윤리적 목표를 향해 나아갈 때에만 물질적 진보의 혜택을 충분히 누릴 수 있고, 또 거기에 수반되는 위험을 극복할 수 있다는 것이다. 인류는 진보가 그 내재적 힘에 의해 어떤 의미에서 자동적·자연적으로 실현되는 것이라 믿었고, 또 윤리적 이상 따위는 이제 더 필요없고 오직 능력과 지식에 의해서만 전진할 수 있다고 생각했다. 그러나 인류가 그후 처하게 된 상황은 인류가 무서운 오류에 빠져 있었음을 입증해주었다.

오늘날 이 혼란에서 벗어나려면 우리가 다시 문화 세계관을 통하여 그 속에 내포된 진정한 문화의 이상의 지배하에 들어가는 길밖에 없다.

그렇다면 보편적 의지와 윤리적 의지의 밑바탕이 되며, 또 이 양자를 결합시켜주는 세계관이란 어떤 것인가?

그것은 '윤리적 세계 긍정 및 인생 긍정'이다.

그렇다면 세계 긍정과 인생 긍정이란 무엇인가?

우리 유럽인들이나 세계 각지에 사는 유럽인 후손들에게는 진보 의지란 너무나 자연스럽고 자명한 것이기 때문에 그것이 세계관 속에 뿌리를 박고 있으며 정신적인 행동에서 비롯된다는 것을 설명할 필요조차 없다. 그러나 세계를 둘러보면 이렇게 우리들에게 자명한 사실이 결코 자명한 것이 아니라는 것을 곧 깨닫게 된다.

인도 사상(印度思想)에서는 지식이나 능력의 업적이라든가 인간과 인간 사회의 생존 관계의 개선을 추구하는 일체의 노력은 어리석다. 인도 사상에 따르면 인간이 취할 수 있는 단 하나의 의미 있는 처신 방법은 전적으로 자기 자신으로 돌아가 오로지 자신의 내면화만을 추구하는 것이다. 인간 사회나 인류가 어떻게 될 것인가 하는 문제에 대해서는 결코 관심을 가져서는 안 된다는 것이다. 인도 사상에서 말하는 내면화란 인간이 염리 사상에 따라 "무위(無爲)"나 온갖 종류의 생명 부정을 통하여 그의 지상에서의 생존을 해탈에 대한 기대 이외에 아무런 내용이 없는 존재로 끌어내리는 데 있다.

이와 같이 반자연적인 세계 부정과 인생 부정의 관념을 역사적으로 규명해보는 것도 흥미있는 일일 것이다. 그것은 원래 고대 인도 승려의 마술적 관념에서 나온 것으로 세계관과는 전혀 무관한 것이었다. 그들은 세계와 인생에서 해방되면 어떤 의미에서 초자연적 존재가 되어 신들을 지배할 수 있는 힘을 얻게 될 것이라고 믿었다.

원래 브라만의 특권이었던 세계 부정과 인생 부정은 세월이 흐름에 따라 만인에게 통용되는 하나의 세계관으로 발전해나갔다.

그러므로 진보 의지가 존재하느냐 존재하지 않느냐 하는 문제는 세계관 여하에 달려 있다. 인생 부정의 세계관은 진보 의지를 배척하지만 세계 긍정과 인생 긍정의 세계관은 이것을 요구한다. 또한 원시인들과 반미개인들에게도 진보 의지란 없다. 그 이유는 그들의 유치한 세계관이 세계 긍정이나 세계 부정의 문제에는 도달하지 못했기 때문이다. 그들의 이상은 가능한 한 단순하고 고생 없는 생활이다.

　우리 유럽인들도 많은 시간이 경과한 후에 비로소 세계관의 변천을 겪어 진보 의지에 도달했다. 고대와 중세에는 다만 거기에 도달해보려는 시도밖에 없었다. 그리스 사상은 세계 긍정과 인생 긍정의 세계관에 도달해보려고 시도해보았으나 성공하지 못하고 체념으로 끝나고 말았다. 중세의 세계관은 그리스의 형이상학과 융합된 고대 기독교 사상에 의하여 결정되었다. 고대 기독교는 오로지 초감각적인 사물에만 관심을 가지고 있었기 때문에 중세의 세계관은 근본적으로 세계 및 인생 부정적이다. 중세에 세계 긍정과 인생 긍정이 있었다면 그것은 예수의 설교 속에 내포된 활동적 윤리에서 온 것이거나 아니면 기독교를 통하여 자기의 본성에 어긋나는 세계관을 갖게 된 신선하고 새로운 민족들의 창조적인 힘에서 온 것이었다.

　그 다음에는 여러 민족 속에 하나의 본능으로 내재한 세계 긍정과 인생 긍정이 민족 대이동의 결과로 생겨나 차츰차츰 표면에 나타나기 시작했다. 르네상스는 세계 부정과 인생 부정의 중세적 세계관과 인연을 끊고 말았다. 이러한 세계 긍정과 인생 긍정은 예수의 기독교에서 사랑의 윤리를 받아들임으로써 윤리적 성격을 띠게 된다. 그리고 사랑의 윤리는 행동의 윤리로서 그 본래의 바탕이었던 세계 및 인생 부정의 세계관에서 뛰쳐나와 세계 및 인생 긍정과 결합함으로써 정신적 윤리적 세계의 구현이라는 이상에 도달할 수 있는 능력을 지녔다.

그러므로 근대 유럽인들에게서 볼 수 있는 물질적·정신적 진보의 추구는 그들이 도달한 세계관에서 연유한다. 인간은 르네상스와 이에 관련된 일련의 정신적·종교적 운동을 통하여 자기 자신과 세계에 대하여 새로운 관계를 갖게 되었기 때문에 개인과 인류의 보다 높은 발전에 이바지할 수 있는 정신적·물질적 가치를 활동을 통해 창조해보겠다는 욕구를 느끼게 되었다. 근대 유럽인들이 진보에 모든 정열을 쏟는 것은 거기에서 어떤 개인적 이익을 기대하기 때문이 아니다. 그들은 자신의 안락보다 다음 세대들이 누리게 될 행복에 관심이 더 많다. 그들은 진보에 대한 정열의 포로가 되고 말았다. 그들은 세계가 합목적적으로 작용하는 힘에 의하여 형성되고 유지된다는 사실을 발견하고는 이 위대한 체험에 감명을 받아 자기 자신도 세계 속에서 합목적적으로 작용하는 힘이 되고 싶어했다. 그들은 인류를 위해 더 나은 새 시대가 도래할 것이라고 확신했다. 그리고 다수가 지지하고 실천하는 이상은 환경을 지배하고 개선할 힘이 있다는 것을 경험을 통해 알고 있었다.

이와 같이 윤리적 진보 의지와 결합한 물질적 진보 의지의 바탕 위에 현대 문화는 건설되어 있다.

근대 유럽의 윤리적 세계 긍정과 인생 긍정의 세계관과 본질적으로 같은 것으로는 차라투스트라의 세계관과, 공자, 맹자, 묵자 및 기타 중국의 윤리사상가들에게서 볼 수 있는 중국사상의 세계관이 있다. 이 양자에게서는 물론 근대 유럽 세계관에서처럼 그렇게 강력하게 나타나는 것은 아니지만 민족과 인류의 상태를 진보적인 의미에서 변혁시켜보려는 노력을 엿볼 수 있다. 그리고 실제로 차라투스트라교의 영향권과 중국에는 윤리적 세계 긍정과 인생 긍정에 상응하는 문화가 실현되었다.

그러나 양자 모두 비극적인 종말을 고하고 말았다. 차라투스트라의 세계관에 의해 실현된 새로운 페르시아 문화는 회교에 의하여 파괴되고 말았다. 중국 문화는 유럽의 사상과 모순에서 오는 압력과 국내 정치의 혼란 및 경제적 파탄으로 말미암아 정상적인 발전을 하지 못하고 몰락의 위험에 처하게 되었다.

근대 유럽 사상에서도 비극적인 사태가 벌어지고 말았다. 즉 세계 인생 긍정과 윤리 사이의 유대가 조금씩조금씩 계속해서 이완되더니 결국에는 완전히 풀어지고 만 것이다. 이리하여 유럽인들은 외면화되고 방향 감각을 상실한 진보 의지의 인도를 받게 되었다.

세계 긍정과 인생 긍정만으로는 완전한 문화를 창조해낼 수 없다. 그것이 내면화하고 윤리화할 때 비로소 거기에서 생성되는 진보 의지는 가치 있는 것과 가치 없는 것을 구별할 수 있는 통찰력을 갖게 되며, 단지 지식과 능력의 성과에 의해서 이룩된 문화 대신 무엇보다도 개인과 인류를 정신적으로 윤리적으로 앞으로 이끌어줄 수 있는 문화를 추구하게 된다.

그렇다면 어떻게 해서 세계 및 인생 긍정의 근대적 세계관이 본래의 윤리적 성격을 버리고 비윤리적인 것으로 변하게 되었을까?

단 하나의 가능한 설명은 이 세계관이 실제로 사고(思考)에 근거를 두고 있지 않다는 것이다. 이 세계관의 근거가 된 사고는 고상하고 정열적이었지만 심오하지는 않았다. 그것은 윤리와 세계 및 인생 긍정과의 밀접한 관계를 느끼고 체험은 했지만 증명하지는 못했다. 그것은 세계 및 인생 긍정과 윤리를 신봉한다고 공언은 했지만 그 본질과 내적 연관성을 규명해내지는 못했다.

이 고상하고 귀중한 세계관은 사물의 본질을 파고드는 사고보다는 오히려 믿음에 뿌리를 박고 있었기 때문에 시간이 지남에 따라 차츰 쇠퇴해서 정신을 지배할 수 있는 힘을 상실할 수밖에 없었다. 그 다음에 나타난 윤리 문제와 세계에 대한 약점을 백일하에 드러냄으로써 그 붕괴를 촉진할 뿐이었다. 이러한 사고는 그후 이 세계관을 지원해보려 했지만 역시 결과는 마찬가지였다. 말하자면 그것은 이 세계관의 불충분한 근거를 충분한 것으로 대치해보려 했지만 한 번도 성공을 거두지 못했다. 그것이 제시한 새 근거나 바탕은 언제나 지탱할 힘이 없는 것으로 판명되었던 것이다.

세계관과 문화의 관계에 대한 나의 사고는 언뜻 보기에는 추상적일지 모르나 전적으로 사실에 입각하고 있다. 나는 나의 이와 같은 사고를 통하여 문화 몰락을 윤리적 세계 긍정과 인생 긍정의 전통적 세계관이 부단히 무력화한 결과로 보게 되었다. 그리고 나 자신도 남들과 마찬가지로 내면적 필요에서 이러한 세계관을 고수하지만 이것이 실제로 어느 정도까지 사고에 의해 증명될 수 있는 것인지에 관해서는 규명해보려 하지 않았다는 사실도 확실히 알게 되었다.

1915년 여름 동안 나는 여기까지 도달했다.

그러나 앞으로는 어떻게 전개될 것인가?

지금까지 풀 수 없는 것으로 밝혀졌던 것을 풀 수 있게 될까? 아니면 문화의 유일한 근거인 세계관을 우리 마음속에서 쉴새 없이 움직이긴 하지만 사실상 우리를 지배하지 못하는 하나의 환상으로 보아야 할 것인가?

계속해서 우리 세대를 향하여 이 세계관을 신봉해야 한다고 주장하는 것은 내가 보기에는 무의미하고 가망 없는 짓 같았다. 이 세계관은 사고에서 유래한 것으로 밝혀질 때에만 우리 세대의 정신적 재산이 될 수 있을 것이다.

여태까지 실현 불가능한 것으로 밝혀진 문화 세계관에서 주장하는 세계 및 인생 긍정과 윤리의 밀접한 관계는 진리에 대한 예감에서 나온 것이라고 나는 아직도 마음속으로 굳게 믿는다. 따라서 지금까지 종종 증명된 것으로 통했지만 실제로는 단순한 예감이나 믿음에 지나지 않던 진리를 새롭고 자연스럽고 참된 사고를 통하여 사고필연으로 파악해보려는 시도가 필요하게 되었다.

막상 이 일을 하려고 보니 내 처지가 바다로 타고 나갈 수 없는 썩어빠진 배 대신 더 나은 새 배를 한 척 만들기는 만들어야겠는데 어떻게 시작해야 좋을지 모르는 사람의 처지와 같다는 생각이 들었다.

몇 달 동안이나 나는 부단한 마음의 흥분 속에서 살았다. 날마다 병원에서 일하는 가운데도 계속해서 세계 및 인생 긍정과 윤리의 본질은 무엇이며 양자의 공통점은 무엇인가 하는 문제에 사고를 집중시켜보았지만 아무런 성과도 없었다. 그것은 길도 없는 밀림을 헤매고 닫힌 철문을 떠미는 격이었다.

  윤리 철학에 관한 모든 지식을 동원해보았지만 소용이 없었다. 윤리 철학이 만들어낸 선의 개념은 하나같이 생명이 없고 비본질적이고 편협하고 내용이 없어 세계 및 인생 긍정과는 도저히 결합될 수가 없었다. 도대체 윤리 철학은 문화와 세계관의 관계라는 문제와는 전혀 무관한 것이었다. 윤리 철학은 근대의 세계 긍정과 인생 긍정을 자명한 것으로 받아들였기 때문에 그것을 규명할 필요성을 전혀 느끼지 않았다.

  문화와 세계관에 대한 명상을 통하여 내가 도달한 철학의 중심 지대가 실제로는 아직 탐험되지 않은 땅임을 알고는 놀라지 않을 수 없었다. 나는 사방에서 그 내부로 침투해보려 했으나 언제나 단념하지 않을 수 없었다. 나는 이미 지칠 대로 지쳐 용기를 잃고 말았다. 나는 필요한 인식을 눈앞에 빤히 보면서도 그것을 포착하거나 표현할 수가 없었다.

  이와 같은 상태에서 나는 강을 따라 장기간의 여행을 하지 않으면 안 되었다. 아내의 건강 때문에 나는 아내와 함께 카프 로페스 근처 해안가에 체류하고 있었는데 — 때는 1915년 9월이었다 — 그때 병중인 선교사 부인 펠로 여사를 방문해달라는 부름을 받았다. 이리하여 나는 그녀를 방문하려고 2백 킬로미터 상류 지점에 있는 은고모 마을로 가지 않으면 안 되었다. 조그마한 기선 한 척이 화물을 잔뜩 실은 짐배를 끌고 막 떠나려 하던 참이었는데 이것이 유일한 선편이었다. 승객들은 나를 제외하고는 모두 흑인들이었는데 랑바레네에서 사귄 친구 에밀 오구마도 그 속에 끼어 있었다. 나는 너무 서두르다가 식량 준비를 충분히 하지 못했기 때문에 그들의 가마솥 신세를 지게 되었다.

배는 모래언덕 사이를 헤치며 강을 거슬러 느릿느릿 올라갔다. 마침 건기였다. 나는 배의 갑판에 망연히 앉아 있었다. 심중에는 어떤 철학에서도 발견하지 못한 근본적이고도 보편적인 윤리 개념을 찾아내려고 고심 중이었다. 나는 이 윤리 개념에 정신을 집중하려고 서로 연관성이 없는 문장들을 한 장씩 한 장씩 써내려 갔다.

사흘째 저녁, 해가 질 무렵 막 하마떼를 헤치고 배가 나아갈 때 문득 '생(生)의 외경'이란 말이 뇌리에 떠올랐다. 그것은 지금까지 내가 예감해본 적도 없고 구해본 적도 없는 말이었다. 드디어 철문이 열렸다. 밀림의 길이 보이기 시작했다. 이제 나는 세계 및 인생 긍정과 윤리를 함께 포괄하는 관념에 도달했다. 그리고 윤리적 세계 긍정과 인생 긍정의 세계관이 그 문화이상(文化理想)과 더불어 사고에 근거를 두고 있다는 것을 알게 되었다.

그렇다면 생에 대한 외경이란 무엇이며, 또 어떻게 해서 우리 마음속에 일어나는 것일까?

인간이 자기 자신과 세계에 대한 자신의 관계를 명백하게 알고 싶다면 자신의 사고와 지식의 잡다한 성과는 보지 말고 자신의 의식 속에 항상 내포되어 있는 근원적이고 가장 직접적인 사실을 생각하지 않으면 안 된다. 이 사실에서 출발할 때에만 인간은 사고하는 세계관에 도달할 수 있다.

데카르트는 "나는 생각한다. 고로 나는 존재한다"라는 명제에서 사고를 시작한다. 그는 이와 같이 시작하기 때문에 어쩔 수 없이 추상의 길로 들어서게 된다. 이따위 내용 없고 허구적인 사고 행위로는 인간이 자기 자신과 우주에 대하여 어떤 관계를 맺는지 전혀 알 수가 없다. 그러나 의식의 가장 직접적인 사실은 어떤 내용을 갖고 있다. 사고란 무엇인가 생각하는 것을 의미한다. "나는 살려고 하는, 생명에 둘러싸여 살려고 하는 생명이다." 바로 이것이 인간 의식의 가장 직접적인 사실이다. 인간은 자기 자신과 주위의 세계에 대해 생각하는 순간에는 언제나 자신을 생명 의지 한 가운데 서 있는 생명 의지로 파악한다.

우리들의 생명 의지 속에는 생명의 존속과, 이른바 쾌락이라고 하는 생명 의지의 신비스런 상승에 대한 동경이 있는가 하면 파멸과 이른바 고통이라고 하는 생명 의지의 신비스런 하강에 대한 불안이 있다. 그와 마찬가지로 이러한 동경과 불안은 우리를 둘러싼 생명 의지 속에도 있다. 그것이 우리를 향하여 자신의 뜻을 표현할 수 있느냐 아니면 침묵을 지키느냐 하는 것은 전혀 문제가 되지 않는다.

이제 인간은 자신의 생명 의지에 대하여 어떤 태도를 취할 것인지 결정을 내리지 않으면 안 된다. 그는 이 의지를 부정할 수도 있었다. 그러나 인도 사상이나 모든 염세 사상이 그러하듯 생명 의지를 생명 부정 의지로 변화시키려 든다면 그는 다시 모순에 빠지고 말 것이다. 그는 부자연스럽고 스스로 진실하지 못하고 실행 불가능한 것을 자신의 세계관과 인생관으로 삼는 결과가 되고 말

것이다. 인도 사상이나 쇼펜하우어의 사상은 모순투성이다. 왜냐하면 이러한 사상은 여하한 세계 부정과 인생 부정에도 아랑곳없이 존속해나가는 생명 의지 앞에서 어쩔 수 없이 양보를 해야만 하기 때문이다. 생명 의지의 부정은 실제로 육체적 생존에 종지부를 찍으려 할 때에만 자기 모순에 빠지지 않는다.

인간이 자신의 생명 의지를 긍정한다는 것은 자연스럽고 참된 행위다. 그는 이미 본능적인 사고 속에서 완료된 행위를 의식적인 사고 속에서 반복함으로써 이를 확인하는 것이다. 시작, 즉 끊임없이 반복되는 사고의 시작은 인간이 자신의 존재를 단순히 어떤 주어진 것으로 받아들이는 대신 규명할 수 없는 신비스런 것으로 체험하는 것이다. 생명의 긍정은 인간으로 하여금 무위도식을 그만두고 삶에 참다운 가치를 부여하려고 외경심을 갖고 자신의 삶에 헌신할 수 있게 해주는 정신적 행위다. 생명의 긍정은 생명 의지의 심화요, 내면화요, 상승이다.

사고하는 인간은 다른 생명 의지를 대할 때도 자신의 생명 의지를 대할 때와 똑같이 생명에 대한 외경심을 갖고 대하지 않으려야 않을 수 없다. 그는 남의 생명을 자신의 생명 속에서 체험한다. 그가 선으로 생각하는 것은 생명을 유지하는 것, 생명을 촉진하는 것, 그리고 발전할 수 있는 생명을 그 최고의 가치에까지 끌어올리는 것이다. 그리고 그가 악으로 생각하는 것은 생명을 파괴하는 것, 생명을 손상하는 것, 그리고 발전할 수 있는 생명을 억압하는 것이다. 이것이 도덕의 사고필연적 절대원리다.

지금까지 윤리는 인간에 대한 인간의 태도만을 문제삼아왔지만 그것은 큰 과오가 아닐 수 없다. 실제로 문제가 되는 것은 인간이 세계와 자신의 영역에 나타나는 모든 생명에 대해 어떤 태도를 취하는가 하는 것이다. 인간은 인간의 생명이든 동식물의 생명이든 생명을 생명으로서 신성시하고 곤궁에 빠진 생명을 헌신적으로 도와줄 때에만 윤리적이다. 모든 생명체에 대해 무한한 책임감을 체험하는 보편적 윤리만이 사고에 근거를 두고 있다. 인간에 대한 인간의 태도를 문제삼는 윤리는 그 자체만으로 하나의 독립된 영역을 형성할 수는 없고 보편적인 것에서 파생된 특수 영역에 지나지 않는다.

그러므로 생명에 대한 외경심의 윤리는 사랑, 헌신, 동정, 공동의 기쁨, 협력 등으로 불릴 수 있는 모든 것을 포괄한다.

그런데 세계는 지금 생명 의지의 자기 분열이라는 참극을 연출하고 있다. 하나의 생존은 다른 생존의 희생과 파괴 위에서 존속되고 있다. 다만 사고하는 인간에게서만 생명 의지는 다른 생명 의지를 의식하고 그와 유대를 맺고 싶어한다. 그러나 사고하는 인간은 이 일을 완전하게 해낼 수가 없다. 왜냐하면 그도 다른 생명을 희생해가며 살아나가야 하고 생명을 죽이고 손상함으로써 계속 죄를 짓지 않을 수 없는 불가사의하고 잔인한 법칙에 얽매여 있기 때문이다. 그러나 그는 윤리적 존재로서 가능한 한 이러한 필연성에서 벗어나려고 애쓰며, 지각이 생기고 자비로워진 인간으로서 그의 생존의 영향권 내에서 생명 의지의 분열을 지양하려고 노력한다. 그는 자신의 인간성을 견지하고 다른 생존을 고통에서 해방시켜주기를 열망한다.

사고하기 시작한 생명 의지 속에서 생겨난 생명에 대한 외경심은 이와 같이 세계 긍정, 인생 긍정 및 윤리를 동시에 내포한다. 생명에 대한 외경심은 개인과 인류의 물질적·정신적·윤리적 발전에 이바지할 수 있는 가치를 창조하고 진보를 이룩하고자 한다. 아무런 사상도 없는 현대의 세계 긍정과 인생 긍정이 지식과 능력과 권력의 이상 속에서 비틀거리는 데 반해 사고하는 세계 긍정과 인생 긍정은 인간의 정신적 윤리적 완성을 다른 모든 진보 이상에 진정한 가치를 부여하는 최고 이상으로 제시한다.

우리는 윤리적 세계 긍정과 인생 긍정을 통하여 문화의 본질적인 요소와 비본질적인 요소를 구별할 수 있는 사고 능력을 갖게 된다. 그렇게 되면 우리의 문화에 대한 어리석은 자만은 우리를 지배할 수 있는 힘을 상실하고 만다. 우리는 지식과 능력과 진보와 더불어 진정한 문화가 더 쉬워졌다기보다 오히려 더 어려워졌다는 사실을 과감하게 직시하게 된다. 그리고 정신과 물질의 상호 관계를 어렴풋하게나마 알게 된다. 우리는 누구나 우리의 인간성을 보존하려고 환경과 싸워야 하며, 많은 사람들이 불리한 사회적인 여건 아래서 그들의 인간성을 보존하려고 전개하는 거의 절망적인 투쟁을 다시 희망적인 것으로 만들기 위하여 노력하지 않으면 안 된다는 것을 안다.

사고에서 생겨난 심화된 윤리적 진보 의지는 이와 같이 우리를 비문화와 그 참상에서 진정한 문화로 이끌어줄 것이다. 조만간 세계에 평화를 가져다줄 진정하고 궁극적인 르네상스가 도래할 것이 틀림없다.

이제 문화 철학 전반에 대한 구상이 머릿속에 분명히 떠올랐다. 그것은 자동적으로 네 부분으로 구분되었다.

첫째, 현대의 문화 상실과 그 원인에 대하여.

둘째, 생에 대한 외경심의 관념과 윤리적 세계 긍정 및 인생 긍정의 세계관을 확립하려는 지금까지의 유럽 철학의 시도와의 비교 연구.

셋째, 생에 대한 외경심이라는 세계관에 대한 설명.

넷째, 문화 국가에 대하여.

윤리적 세계 긍정과 인생 긍정을 확립하기 위한 유럽 철학의 비극적 투쟁의 기록이 될 2부는 내가 다룰 문제를 역사적 전개 과정 속에서 이해하고 내가 내린 단안을 지금까지 시도한 모든 단안의 종합으로 이해하고 싶은 내면적 필요에 의한 것이었다. 나는 이런 유혹에 다시 빠졌다는 것을 후회하지는 않았다. 다른 사상을 검토하는 과정에서 나의 사상도 명백해졌다.

나는 이와 같은 역사적 연구를 위해 필요한 철학 서적의 일부를 가지고 있었다. 부족한 것은 취리히의 동물학 교수 J. 슈트롤 씨 부부가 보내주었다. 또한 내가 여러 번 파이프오르간 반주를 해준 적이 있는 취리히의 유명한 바흐 음악 가수 로베르트 카우프만도 취리히에 있는 민간인 포로 관리소의 도움을 얻어 가능한 범위 내에서 외부 세계와의 접촉을 유지할 수 있게 애써주었다.

나는 서두르지 않고 차근차근 초고를 작성해나가면서 예정된 저술의 구분에 구애받지 않고 자료를 수집하며 필요한 것을 추려냈다. 동시에 한 장(章)씩 써내려가기 시작했다. 남들은 전쟁터에서 사람을 죽이지 않으면 안 되는데 이렇게 생명을 구해주며 다가올 평화의 시대를 맞이하기 위하여 일할 수 있다는 것을 나는 날마다 커다란 은총으로 여기지 않을 수 없었다.

다행히도 약품과 붕대는 모자라지 않았다. 전쟁이 일어나기 직전에 마지막 선편으로 모든 필수품을 넉넉히 공급받았기 때문이다.

아내가 랑바레네의 무더운 공기로 말미암아 건강을 해쳤기 때문에 우리는 1916년에서 1917년 사이의 우기를 해안에서 보냈다. 어떤 목재상이 오고우에 강의 한 지류의 하구에 자리 잡은 카프 로페스의 강구에 있는 뗏목지기의 집을 제공해주었는데 그 집은 전쟁으로 말미암아 비어 있었다. 그 보답으로 나는 그곳에 남아 있던 흑인 노동자들과 더불어 뗏목에 매인 오쿠메 통나무를 바다에서 육지로 굴려올렸다. 유럽으로 운반될 때까지의 긴 기간 동안 배벌레가 쏠지 못하게 하기 위해서였다. 이 힘든 일은 밀물 때에 해치워야 했는데 3톤이나 되는 무거운 통나무 하나를 육지로 굴려올리는 데 때로는 여러 시간씩 걸렸다. 썰물 때는 환자들에게 시간을 빼앗기지 않는 한 《문화 철학》에 몰두했다.

14
가레종과 생 레미에서의 수용소 생활

랑바레네에서 다시 활동하기 시작한 지 얼마 안 된 1917년 9월 우리는 포로수용소에 수감되기 위하여 다음 선편으로 유럽으로 떠나야 한다는 명령을 받았다. 다행히도 배가 며칠 늦어졌기 때문에 우리는 선교사들과 몇몇 원주민들의 도움을 얻어 우리가 쓰던 물건과 약품과 기구를 상자 속에 꾸려 조그마한 골함석 바라크에 넣어둘 수 있는 시간적 여유가 있었다.

《문화 철학》의 초고를 가지고 간다는 것은 생각할 수 없는 일이었다. 언제 세관 검사에서 빼앗길는지 모를 일이었다. 그래서 당시 랑바레네에서 활동하던 미국인 선교사 포드 씨에게 맡겼다. 그는 철학을 백해무익한 것으로 생각하기 때문에 이 무거운 짐을 강물 속에 던져버리고 싶다고 실토했다. 그러나 기독교적 사랑에서 그것을 맡아두었다가 전쟁이 끝난 다음 보내주겠다고 했다. 만일의 경우를 생각해서 이틀 밤이나 걸려 프랑스어로 초록(抄錄)을 만들어두었는데 그것은 전체의 주요 사상과 이미 완성된 부분의 순서를 기록해두자는 뜻에서였다. 검사관에게 현실과는 관계 없는 무해한 것이라는 인상을 주려고 각 장마다 적당한 제목을 붙여 르네상스에 관한 역사적 연구처럼 보이게 했다. 실제로 그 때문에 여러 번 몰수당할 것을 모면할 수 있었다.

떠나기 이틀 전에 짐을 꾸리다 말고 급히 감돈탈장 수술을 하지 않으면 안 되었다.

우리가 기선으로 호송되고, 원주민들이 강 언덕에서 다정한 작별 인사를 보내왔을 때 가톨릭 선교부의 수석 신부가 갑판 위로 올라와서 우리들에게 접근하지 못하게 하려는 흑인 병사들의 제지를 근엄한 태도로 물리치고 우리의 손을 잡더니 "이곳을 떠나기에 앞서 당신들 두 분이 이곳을 위해 행한 모든 선행에 감사드리는 바입니다"라고 말했다. 우리는 그후 다시 만날 수 없었다. 우리를 유럽으로 싣고 온 아프리카 호는 전쟁이 끝난 직후 비스카야 만에서 침몰하고 말았는데 그때 그는 그 배에 타고 있었던 것이다.

카프 로페스에 도착했을 때 어떤 백인이 살며시 다가와 돈이 없거든 쓰라고 나에게 돈을 주었다. 나는 언젠가 그의 아내를 치료해준 적이 있었다. 지금 와서 생각해보니 전쟁이 일어날 경우를 대비해서 금을 가지고 오길 잘했다 싶었다. 우리는 그곳을 출발하기 직전 잘 아는 영국 목재상한테 가서 가지고 있던 금을 유리한 시세로 프랑스 지폐와 바꾼 다음 그것을 입고 있던 옷 속에 누벼 넣었다.

배를 타자 우리는 백인 하사관에게 넘겨졌는데 그의 일이란 우리가 정해진 사환 외에는 누구와도 접촉하지 못하도록 감시하고 또 정해진 시간에 갑판 위로 데려가주는 일이었다. 쓰는 것은 허용되지 않았기 때문에 나는 바흐의 푸가와 위도르의 파이프오르간 교향곡 6번을 외우는 일로 시간을 보냈다.

우리들의 사환은—내 기억이 틀림없다면 그의 이름은 가이야르라 했던 것 같다—아주 친절하게 대해주었다. 항해가 끝날 무렵 그는 우리에게 포로로서는 특별 대우를 해주었는데 그 이유가 무엇인 줄 아느냐고 물었다. "당신들의 음식은 언제나 깨끗하게 차려드렸지요. 그리고 당신들의 방도 다른 방들같이 그렇게 더럽지는 않았지요(대전 당시 아프리카를 왕래하는 배에서는 깨끗하다는 것이 상대적이었기 때문에 그것은 적절한 표현이었다). 왜 잘해드렸는지 아세요? 팁을 톡톡히 받으려고 그랬던 것은 아니랍니다. 누가 포로한테서 팁을 받을 것이라고 생각하겠어요? 왠지 아세요? 그 이유를 말씀드리죠. 몇 달 전 이 배로 고셰라는 분이 귀국했는데, 그분의 방을 내가 돌봐드렸지요. 그런데 그분은 몇 달 동안 당신 병원에 누워 있었대요. 그분의 말씀이 랑바레네의 의사도 곧 포로가 되어 유럽으로 송환될지 모르니까 만일 그분이 자네 배에 타게 되면 나를 봐서라도 그분에게 잘해드리라는 것이었습니다. 이제는 내가 왜 당신들에게 잘해드렸는지 아시겠지요."

보르도에 도착하자 벨르빌 가(街)에 있는 전쟁 중 포로가 된 외국인들을 수용하는 '카제른 드 파사주'에 3주간 수용되었다. 이곳에 수용되자마자 나는 금방 이질에 걸리고 말았다. 다행히도 짐 속에 넣어 가지고 온 에메틴으로 치료를 할 수가 있었지만 오랫동안 고생을 하지 않으면 안 되었다.

그후 우리는 피레네 산맥 가운데 자리 잡은 가레종의 큼직한 수용소로 이송되었다. 밤에 떠날 준비를 하라는 명령을 받았지만 바로 그날 밤이리라고는 생각하지 못했기 때문에 한밤중에 헌병 두 사람이 우리를 데리러 차를 타고 왔을 때는 전혀 짐을 꾸려놓지 않고 있었다. 그들은 우리가 명령에 복종하지 않았다고 생각하고는 화를 냈다. 그리고 희미한 촛불 밑에서 빨리 짐을 꾸릴 수가 없었기 때문에 그들은 참다 못해 짐을 내버려둔 채 우리들만 데리고 가려 했다.

그러나 결국 우리의 처지를 동정하여 물건을 모아 트렁크 속에 넣는 일을 손수 거들어주기까지 했다. 그후 나는 도저히 참을 수 없다고 생각될 때에도 이 두 헌병을 생각하고는 사람들에게 참을성 있게 대해준 적이 여러 번 있었다.

우리들이 가레종에 도착하여 당직 하사관에게서 짐 조사를 받게 되었을 때 그는 내가 《문화 철학》에 관한 저술을 위하여 휴대하고 다니던 아리스토텔레스의 프랑스어 번역판 《정치학》을 발견하고는 호통을 쳤다. "정말 놀랄 일인데. 정치 서적을 포로 수용소 안으로 끌고 들어오다니." 나는 그 책이 그리스도 탄생 오래전에 씌어진 것이라고 조심스럽게 말했다. "이봐, 공부한 친구, 그게 사실인가?" 하고 그는 옆에 서 있는 병사에게 물었다. 그 병사는 내 말이 맞다고 했다. "그래 그때도 정치학을 했단 말이지?" 하고 그는 되물었다. 우리가 그렇다고 대답하자 그는 "그때의 정치학은 오늘날과는 확실히 달랐을 거야. 이 책은 가져도 좋아"라고 결정을 내렸다.

가레종('치유'라는 뜻의 프로방스 방언)은 전에는 큰 수도원이었으며 병자들이 멀리서 이곳으로 순례의 길에 오르곤 했다. 교회와 국가가 분리된 후 이 수도원은 텅텅 비어 폐허가 되어갔는데 전쟁이 발발하자 남녀노소 할 것 없이 몇백 명의 적국인들이 그곳에 수용되었다. 1년이 지나는 동안 이 건물은 수감자들 사이에 끼어 있던 수공인들의 손에 의해 꽤 복구되었다. 우리가 그곳에 수용되어 있을 당시의 소장은 베키라고 하는 퇴역 식민지 관리였는데 그는 접신론자로서 맡은 바 직책을 공정하게 수행했고 또 친절하게 대해주었다. 그의 선임자가 엄격하고 가혹했기 때문에 사람들은 그의 친절에 대해 더욱 감사하게 생각했다.

그곳에 도착한 지 이틀째 되던 날, 추워서 벌벌 떨면서 마당에 서 있자니까 어떤 포로가 다가와서 제분 기술자 보르케로라고 자기 소개를 하며 도와드릴 일이 없겠느냐고 물었다. 내가 그의 아내의 병을 고쳐주었기 때문에 내게 신세를 졌다는 것이었다. 나도 그 부인을 몰랐고 그 부인도 나를 몰랐지만 그것은 사실이었다.

전쟁 초기에 함부르크의 어떤 목재상회의 대리인으로 와 있던 리하르트 클라센이라는 이가 랑바레네에서 다호메이 수용소로 이송되었을 때 나는 그와 그가 그곳 수용소에서 만나게 될 다른 포로들을 위하여 키니네, 블라우드 정(錠), 에메틴, 아르레날, 브롬 나트륨, 수면제 같은 약품들을 듬뿍 내주면서 약병마다 자세한 사용법을 써준 적이 있었다. 그 뒤 그가 다호메이에서 프랑스로 이송되었을 때 어떤 수용소에서 보르케로 부부와 만나게 되었던 것이다. 그리하여 보르케로 부인은 입맛이 떨어지고 신경쇠약에 걸렸을 때 클라센 씨가 기적적으로 짐 검사를 통과해서 가지고 온 약을 먹고 건강을 회복할 수가 있었다. 그 대가로 나는 보르케로 씨에게서 창고에서 뜯어낸 널빤지로 만든 탁자 하나를 받았다. 이제 나는 쓸 수도 있었고…… 또 파이프오르간도 칠 수 있었다. 이미 나는 배를 타고 오면서 어릴 적에 그랬던 것처럼 탁자를 건반으로 하고 그 아래 마룻바닥을 페달로 삼아 파이프오르간 연습을 하기 시작했다.

며칠 뒤에 우리들과 같이 포로가 된 집시 악사들 가운데 나이가 제일 많은 사람이 나를 보고 로맹 롤랑의《오늘의 음악가들》에 나오는 알베르트 슈바이처가 아니냐고 물었다. 내가 그렇다고 대답하자 그와 그의 일행은 앞으로 나를 자기들의 동료로 생각하겠다고 말했다. 그것은 곧 그들이 창고 안에서 음악을 연주할 때 내가 거기에 참석할 수 있고, 나와 아내가 생일날에 세레나데 연주를 들을 권리가 있다는 것을 뜻했다. 아닌 게 아니라 아내는 생일날 〈호프만의 이야기〉 속의 멋진 왈츠 연주와 함께 잠에서 깼다.

파리의 고급 카페에서 연주하던 이들 집시 악사들은 포로가 될 때 그들의 악기는 작업 도구로 가져도 좋다는 허가를 받았고 따라서 수용소 안에서도 연습을 할 수가 있었다.

우리가 도착한 지 얼마 안 되어 해체되고 만 조그마한 수용소에 수감되었던 사람들이 우리 수용소로 옮겨왔다. 그들은 도착하자마자 음식 솜씨가 형편없다고 불평을 털어놓는가 하면 선망의 대상이던 취사 당번 포로들이 맡은 바 직책을 훌륭하게 수행해내지 못한다고 비난하기 시작했다.

당시 취사 당번 포로들은 원래 직업 요리사들로 파리의 일류 호텔과 레스토랑에서 이곳으로 왔기 때문에 그만큼 실망도 컸다. 이 사실이 소장에게 보고되었다. 그래서 소장이 반란자들에게 그들 중에 요리사였던 사람이 있느냐고 묻자 그런 사람도 하나도 없다는 사실이 밝혀졌다. 주동자는 구두공이었고 나머지 사람들은 재단사, 모자 제조공, 바구니 제조공, 솥 제조공 등등이었다. 그러나 그들은 그 전 수용소에서 요리를 해보았기 때문에 많은 음식을 하면서도 적은 음식을 할 때와 꼭 같이 맛있게 조리할 수 있는 기술을 터득했다고 주장했다.

그래서 소장은 이들에게 시험적으로 2주일 동안만 취사장을 맡겨보기로 솔로몬의 지혜로써 결정을 내렸다. 남들보다 잘하면 계속 취사장을 맡길 것이나 그렇지 못한 경우에는 소요죄로 감금하겠다고 말했다. 바로 그날 그들은 감자와 양배추를 가지고 그들의 주장이 거짓이 아님을 입증했다. 날마다 계속해서 새로운 승리를 거두었다. 그리하여 요리사가 아닌 사람들이 요리사로 임명되고 직업 요리사들은 취사장에서 쫓겨났다.

내가 구두공에게 비결을 묻자 그는 "많이 아는 것도 중요하지만 가장 중요한 것은 정성껏 요리하는 것이지요"라고 대답했다. 그후로는 어떤 사람이 전혀 지식이 없는 부문의 장관이 되었다 해도 그 전처럼 그렇게 흥분하지 않고 가레종의 구두공이 좋은 요리사 노릇을 해냈듯이 그도 그 부문에 유능한 인물이 되기를 기대할 따름이었다.

이상하게도 나는 수감자들 가운데 유일한 의사였다. 소장은 처음에는 이 지방의 늙은 의사가 수용소의 공의(公醫) 노릇을 하니, 환자들과는 일체 접촉하지 말라는 엄명을 내렸다. 그러나 나중에는 포로가 된 치과의사들과 마찬가지로 나도 수용소를 위해 일하는 것을 당연한 것으로 생각하게 되었다. 그는 내가 활동할 방까지 내주었다. 내 짐이라야 대부분 의약품과 의료 기구였고 또 검열 때 상사가 이를 통과시켜주었기 때문에 나는 환자의 치료를 위해 필요한 것은 거의 다 갖춘 셈이었다. 나는 특히 식민지에서 이송되어 온 사람들과 열대병에 걸린 선원들에게 많은 도움을 줄 수가 있었다.

이리하여 나는 다시 의사가 되었다. 여가에는 《문화 철학》 저작에 몰두하거나(나는 당시 문화국가에 관한 초안을 작성했다) 탁자와 마룻바닥을 이용하여 파이프오르간 연습을 했다.

나는 의사로서 수용소 내의 여러 가지 참상을 목격할 수 있었다. 가장 비참한 사람들은 포로가 된 데 대해 정신적 고통을 느끼는 사람들이었다. 그들은 마당으로 내려가는 것이 허용된 순간부터 땅거미가 내려 그곳을 떠나라는 나팔 신호가 들릴 때까지 담 너머로 하얗게 빛나는 아름다운 피레네 산맥을 바라다보며 마당을 빙빙 돌았다. 그들은 이미 무엇을 해보겠다는 정신력을 상실하고 말았다. 비가 오는 때는 멍청하니 복도에서 서성거렸다. 이곳 식사는 포로 수용소치고는 나쁜 편이 아니었지만 그들은 시간이 지남에 따라 차차 단조로운 음식에 싫증이 나서 대개 영양실조 상태에 있었다. 또한 대부분의 방에는 난방 장치가 없어 추위로 고생하는 사람들이 많았다. 이렇게 정신적으로나 육체적으로 허약해진 사람들은 조금만 아파도 중태에 빠지는데 그렇게 되면 제대로 치료를 할 수가 없다. 그들이 의기소침해진 까닭은 대개의 경우 외국에서 이룩해놓은 지위를 상실한 데 대한 비애 때문이었다. 언젠가 가레종의 문이 열린다 해도 그들은 어디로 가서 무엇을 다시 시작해야 좋을지 몰랐다. 그들 상당수가 프랑스 여자들과 결혼하여 프랑스어밖에 못하는 자녀들을 두었다. 그들은 처자에게 그들의 고국을 떠나자고 강요할 것인가, 아니면 전쟁이 끝난 후 낯선 이국 땅에서 또다시 수모를 받아가며 직장을 구해야 할 것인가?

얼굴이 창백하고 추위에 떠는, 대부분 프랑스어를 말하는 수용소 어린이들은 마당이나 복도에서 매일같이 전쟁을 했다. 한쪽은 연합국 편이었고 다른 한쪽은 독일과 오스트리아 편이었다.

수용소에서는 여러 나라에서 온 온갖 직업을 가진 사람들을 만나볼 수 있었기 때문에 어느 정도 건강하고 원기왕성한 사람이라면 여러 가지 흥미있는 일을 경험할 수가 있었다. 수용소에서는 학자, 예술가, 특히 파리에서 전쟁을 겪은 화가, 파리의 큰 상점에서 일하던 독일 또는 오스트리아 출신의 구두공과 부인복 재단사, 프랑스와 그 식민지에 정착한 은행장, 호텔 지배인, 급사, 기술자, 건축가, 수공업자, 상인, 흰 옷에 빨간 모자를 쓴 사하라에서 온 가톨릭 선교사, 종교 단체 회원, 리베리아와 기타 아프리카 서해안 지방에서 온 상인, 해상에서 포로가 된 북미, 남미, 중국, 인도

등지에서 온 상인과 여행자, 같은 운명을 겪게 된 독일과 오스트리아 상선의 선원, 근동 지방 전쟁 때 여러 가지 이유에서 추방된 터키인, 아랍인, 그리스인, 발칸 제국인 들을 만나볼 수가 있었는데, 그 중에는 베일을 쓴 부인을 데리고 다니는 터키인들도 있었다. 하루 두 번씩 마당에서 점호를 받을 때는 그야말로 민족 전시장 같았다.

수용소에서는 교양을 위해 책을 읽을 필요가 없었다. 무엇이든 알고 싶으면 그 방면의 전문가에게 물어볼 수가 있었다. 나는 배울 수 있는 이 절호의 기회를 충분히 이용했다. 은행업, 건축, 제분기 제작과 제분업, 곡식 재배, 난로 제작 등에 관해 이 기회가 아니었더라면 도저히 알 수 없었을 지식을 얻을 수 있었다. 아무 활동도 할 수 없는 수공인들이 제일 괴로웠다. 아내가 따뜻한 옷을 지어 입으려고 옷감을 구했을 때 많은 재단사들이 다시 한 번 손에 옷감을 쥐고 손가락 사이에 바늘과 실을 들어보고 싶은 마음에서 무료로 지어주겠다고 자청하고 나섰다.

인근 농부들의 농사 일을 도와주겠다고 나선 사람들 중에는 농사 일을 아는 사람들도 있었지만 육체 노동이라고는 전혀 해본 적이 없는 사람들도 끼어 있었다. 가장 일을 하고 싶어하지 않는 사람들은 역시 선원들이었다. 그들은 갑판 생활을 오래 했기 때문에 어떻게 하면 힘들이지 않고 무료한 시간을 어울려 보낼 수 있는지 알았다.

1918년 초, 벨기에 민간인들에 대한 독일의 조처가 정해진 날짜까지 철회되지 않는다면 수용소의 명사들의 이름 중에서 각 알

파벳 별로 몇 명씩 뽑아내어, 내 기억이 틀림없다면, 북아프리카에 있는 보복 수용소에 보내겠다는 통고를 받았다. 우리들은 이런 운명을 당하지 않도록 친척들이 필요한 조치를 취할 수 있게끔 이 사실을 고향에 알려야만 했다. 보복 대상 명사로는 은행장, 호텔 지배인, 대상인, 학자, 예술가 등이 뽑혔다. 그 이유는 존재가 희미한 사람들보다는 이런 사람들에게 보복을 가해야만 더 많은 주목을 끌 수 있을 것으로 생각되었기 때문이다. 그런데 이 통고로 말미암아 우리들의 명사들 가운데는 진짜 명사가 아닌 사람들이 상당수 있었다는 사실이 밝혀졌다. 이곳에 이송되어 왔을 때 좀 으스대보고 싶은 생각에서 급사장이 호텔 지배인 행세를 하고 상점 점원이 대상인 행세를 한 사례가 있었던 것이다. 이렇게 되고 보니 그들은 만나는 사람마다 으스대다가 망했다고 한탄을 늘어놓았다. 그러나 모든 것이 잘 해결되었다. 벨기에인에 대한 독일의 조처는 철회되었고 가레종의 명사들도 진짜든 가짜든 간에 당분간 보복 수용소 행을 두려워할 필요가 없게 되었다.

 길고 힘들었던 겨울이 지나고 봄이 되자 나와 아내는 알자스 사람들만 수용하는 생 레미 드 프로방스 수용소로 옮기라는 명령을 받았다. 소장은 수용소를 위해 의사를 두고 싶었고 우리도 낯익은 이곳에 머물고 싶어서 이감 명령을 취소해달라고 탄원해보았으나 소용이 없었다.

 3월 말, 우리는 생 레미로 이송되었다. 그곳 수용소는 가레종만큼 세계적이지 않았다. 그곳에 수용된 사람들은 주로 교사, 산림관, 철도 관리들이었다. 거기서 나는 아는 사람들을 많이 만났는

데 그 중에는 귄스바흐의 젊은 교사 요한 일티스와 내 제자였던 리프리히라는 젊은 목사도 있었다. 리프리히 목사는 허가를 얻어 주일 예배를 봐주고 있었다. 나는 그의 부목사로서 여러 번 설교를 했다.

소장은 바그노라는 사람으로 마르세유 출신의 퇴직 경찰서장이었는데, 상당히 관대한 편이었다. 성격이 쾌활하여 이런저런 일을 해도 좋겠느냐고 물으면 "아무것도 허가할 수는 없어! 그러나 어리석은 짓만 하지 않는다면 참아줄 수는 있지"라고 대답하곤 했다. 그는 내 이름을 발음할 수가 없어 무슈 알베르라고 불렀다.

우리가 낮 동안 쉴 수 있는 아래층 큰 방에 처음 들어섰을 때 그 휑뎅그렁하고 흉한 모습이 어딘지 모르게 낯익어 보였다. 도대체 내가 어디서 이 쇠난로와 방 전체를 가로지르는 긴 연통을 보았을까? 드디어 나는 그것을 반 고흐의 그림에서 보았다는 것을 알았다. 높은 담으로 둘러싸인 정원 가운데 자리 잡은 이 수도원 건물은 얼마 전까지만 해도 신경병 환자와 정신병 환자들을 수용했다. 당시 이들 환자들 가운데는 반 고흐도 끼어 있었는데 그는 그의 연필로 지금 우리가 앉아 있는 이 황량한 방을 영원한 것으로 만들었다. 남프랑스의 차가운 바람이 불어올 때면 그도 우리들처럼 이 돌바닥 위에서 꽁꽁 얼었을 것이다. 그도 우리들처럼 높다란 정원 담 사이를 원을 그리며 빙빙 돌았을 것이다.

수감자들 가운데 의사가 한 사람 있었기 때문에 나는 처음에 환자를 돌보지 않아도 되었다. 따라서 하루 종일 책상에 붙어 앉아 문화국가론의 초안을 작성할 수가 있었다. 이 동료가 후일 교환 포로로 고향으로 돌아가게 되자 내가 대신 수용소 의사가 되었다. 그러나 가레종에 비한다면 여기 일은 많은 편이 아니었다.

가레종의 고지대 공기로 건강을 많이 회복한 아내에게는 프로방스의 거친 바람이 좋지 않았다. 아내는 또한 돌바닥에 익숙해질 수가 없었다. 나 역시 건강이 좋지 못했다. 보르도에서 이질을 앓고 난 뒤로 점점 체력이 약해지는 걸 느낄 수 있었다. 극복해보려고 했지만 소용이 없었다. 나는 금방 피로를 느꼈다. 그래서 수감자들에게 일정한 날짜에 한해 병사들의 감시 아래 산책을 하는 것이 허용되어 있었지만 나는 아내와 마찬가지로 그 산책에도 참가할 수가 없었다. 수감자들은 될 수 있는 대로 운동을 많이 하고 주어진 시간 내에 될 수 있는 대로 멀리 가보고 싶어했기 때문에 이 산책은 속보였다. 이런 날은 소장이 직접 우리 두 사람과 몇몇 병약자들을 데리고 밖으로 나갔는데 우리는 이것을 정말 고맙게 생각했다.

15
다시 알자스로

 7월 중순경, 우리 수감자들은 전부, 또는 거의 전부가 교환 포로로 며칠 안으로 스위스를 거쳐 고향으로 돌아갈 수 있다는 통고를 받았다. 나는 여간 기쁘지 않았다. 아내는 포로 생활에 지쳤고 향수로 괴로워하고 있었다. 그러나 소장에게 전달된 석방자의 명단에는 내 이름이 빠져 있었는데 아내가 이 사실을 모른다는 것은 다행한 일이었다.
 7월 12일 우리는 밤중에 기상하지 않으면 안 되었다. 즉시 출발 준비를 하라는 명령이 전보로 도착했던 것이다. 이번에는 전부 명단에 올라 있었다. 해가 뜨자 우리는 검열을 받으려고 트렁크를 마당으로 끌고나갔다. 가레종과 여기서 작성한 《문화 철학》 초안은 이전에 이미 수용소 검열관에게 제출한 바 있었기 때문에 일정한 페이지에 도장을 받은 다음 휴대해도 좋다는 허가를 받았다.
 우리의 대열이 문 밖으로 나가자 나는 소장을 만나보려고 되돌아갔다. 그는 슬픈 얼굴을 하고 사무실에 앉아 있었다. 포로들과 이별하는 것이 가슴 아팠던 것이다. 우리 사이에는 지금도 서신 왕래가 있다. 그는 편지에서 나를 '친애하는 나의 하숙인'이라 부른다.

타라스콩 역에서는 기차가 도착할 때까지 멀리 떨어진 헛간에 가 있지 않으면 안 되었다. 짐을 잔뜩 메고 나는 아내와 선로 사이의 자갈길을 겨우겨우 걸어갔다. 그때 내가 수용소에서 치료해준 적이 있는 불쌍한 장애우가 짐을 들어주겠다고 나섰다. 그는 아무것도 가진 것이 없었기 때문에 빈 손이었다. 나는 감동해서 그의 도움을 받아들였다. 타는 듯한 햇볕 속을 나란히 걸어가며, 나는 이 사람을 생각해서라도 앞으로는 어느 정거장에서나 무거운 짐을 든 사람을 찾아가 도와주기로 마음속으로 굳게 맹세했다. 그리고 나는 이 맹세를 지켰다. 그러나 언젠가 한 번은 짐을 들어주겠다고 나섰다가 훔칠 생각에서 그러는 게 아닌가 하는 의심을 사기도 했다.

타라스콩과 리옹 사이의 어떤 역에 도착했을 때, 어떤 위원회에서 우리를 따뜻하게 맞아주며 음식을 잔뜩 차려놓은 식탁으로 안내해주었다. 우리가 음식을 맛있게 먹는 동안 우리를 대접해주던 사람들은 눈에 띄게 당황한 빛을 보이며 잠깐 서로 의논하더니 사라져버렸다. 그들이 환영하고 음식 대접을 하려 했던 손님들은 우리가 아니라는 것을 알았던 것이다.

그들이 기다리던 사람들은 북프랑스의 독일 점령 지구에 살다가 독일인들에 의하여 얼마 동안 억류된 다음 스위스를 거쳐 프랑스로 송환된 사람들로 앞으로 남프랑스에 수용될 예정이었다. 역에서 '억류자 열차'가 도착하여 정거하고 있다고 알리자 이 지방을 통과하는 추방자들을 돌봐주려고 결성한 위원회는 바로 그들이 도착한 줄 알았던 것이다. 그러다가 식사를 하는 사람들이 프랑스 말이 아니라 알자스 말을 하는 것을 듣고 나서야 비로소 잘못 알았다는 사실을 깨달았다. 일이 하도 우습게 되고 보니 그들도 마지막에는 웃음을 터뜨리고 말았다. 그러나 가장 재미있는 것은 모든 일이 순식간에 일어난 데다 먹는 데만 정신이 빠져 있었기 때문에 우리들은 대부분 사태를 파악하지 못하고 그저 우리를 위하여 마련해준 음식을 잘 먹어주었다고만 굳게 믿고 그곳을 떠났다는 것이다.

다른 수용소에서 온 객차들이 도중 여러 정거장에서 하나씩 둘씩 연결되었기 때문에 우리들을 태운 기차는 갈수록 점점 길어졌다. 그 중 두 객차는 교환된 바구니 수선공, 냄비 수선공, 가위 가는 사람, 부랑배, 집시들로 꽉 차 있었다.

우리와 교환될 사람들을 태운 기차가 스위스 국경에 도착했다는 전보가 올 때까지 우리들을 태운 기차는 스위스 국경에 붙잡혀 있었다.

7월 15일 새벽, 우리는 취리히에 도착했다. 놀랍게도 나를 밖으로 불러내는 사람들이 있어 나가 보니 신학 교수 아놀트 마이어, 가수 로베르트 카우프만 외 다른 친구들이 나를 환영하려고 나와 있었다. 그들은 몇 주 전부터 내가 오리라는 것을 알고 있었다. 콘스탄츠로 가는 도중 우리는 계속 창가에 서서 스위스의 잘 손질된 들과 깨끗한 집들을 내다보았는데 아무리 보아도 지루하지가 않았다. 전쟁을 모르는 나라에 와 있다니 정말 이해할 수 없는 일이었다.
　콘스탄츠에서 받은 인상은 처참했다. 지금까지 소문으로만 들어서 알던 기근을 여기서 처음 목격했다. 거리에는 창백하고 말라빠진 사람들뿐이었다. 그들은 지쳐 있었다. 그러면서도 아직 똑바로 서 있을 수 있다니 정말 놀라운 일이었다.
　아내는 여기까지 마중 나온 장인 장모님과 함께 곧장 스트라스부르로 가도 좋다는 허가를 받았다. 나는 다른 교환 포로들과 더불어 콘스탄츠에 하루 더 머무르면서 필요한 수속이 끝날 때까지 기다리지 않으면 안 되었다. 나는 밤중에 스트라스부르에 도착했다. 거리에는 불빛이라고는 하나도 보이지 않았다. 집들도 캄캄했다. 공습 때문에 전 시가는 완전 소등을 하지 않으면 안 되었다. 장인 장모가 사는 멀리 떨어진 교외의 전원 도시까지 갈 수가 없었다. 간신히 성 토마스 교회 부근에 있는 피셔 부인의 집을 찾아갈 수가 있었다.

　귄스바흐는 군사 작전 지역 안에 들어 있었기 때문에 부친을 방문해도 좋다는 허가를 얻기 위해 나는 여러 번 찾아가서 청원을 하지 않으면 안 되었다. 기차는 콜마르까지밖에 가지 않았다. 거기서 보주까지 15킬로미터는 걸어서 가야 했다.
　이곳은 내가 1913년 그리스도 수난일에 작별 인사를 할 때만 해도 평화스런 골짜기였다. 산 위에서는 대포 소리가 은은하게 들려왔다. 사람들은 짚으로 씌운 철책 사이를 마치 높은 담장 사이를 오가듯 왕래했다. 그것은 보주의 능선에 자리 잡은 적의 포대에서 골짜기 안의 왕래를 은폐하기 위한 것이었다. 어디서나 벽돌로 쌓은 기관총 진지와 포탄에 맞아 폐허가 된 집들을 볼 수가 있었다. 이전에는 울창했던 산들이 벌거숭이가 되어 있었다. 포탄을 맞고 남은 그루터기만이 몇 개 여기저기 흩어져 있었다. 마을에는 누구나 항시 가스마스크를 휴대하고 다녀야 한다는 명령이 나붙어 있었다.

권스바흐는 사람이 사는 곳으로는 전선 참호에 가장 가까운 곳이었다. 그런데도 그곳이 보주 산의 능선에 자리 잡은 포대에 의해 파괴되지 않은 것은 주위가 산으로 가려져 있었기 때문이다. 수많은 병사들 속에서도 이곳 주민들은 마치 전쟁이 일어나지도 않은 것처럼 포화에 파괴된 집들 사이에서 제 할 일을 하고 있었다.

그들에게는 목장의 마른 풀을 낮에는 가져올 수 없고 밤에만 가져올 수 있다는 사실이, 공습 경보가 나면 지하실로 내려가야 한다든가 적의 공격이 예상되기 때문에 일체의 재산을 버리고 즉각 마을을 떠나라는 명령이 언제라도 내릴 수 있다는 사실과 마찬가지로 당연한 것으로 생각되었다. 나의 부친도 일체의 위험에 무관심해져서 포격이 시작되어도 다른 사람들과 함께 지하실로 내려가지 않고 서재에 머물러 있었다. 그는 목사관을 장교와 병사들과 함께 나누어 쓰지 않았던 때가 있었다는 사실을 상상할 수 없는 모양이었다.

전쟁에 무관심해진 사람들도 수확에 대해서는 걱정을 했다. 심한 가뭄이 계속되었다. 곡식이 말라버리고 감자가 못 쓰게 되었다. 많은 목장에서는 풀이 너무 드문드문 자라 베어보았자 소용이 없을 정도였다. 마구간에서는 굶주린 가축들의 울부짖는 소리가 들려왔다. 지평선 너머로 먹구름이 일어도 비는 오지 않고 바람만 불어와 대지에 남은 마지막 습기를 앗아갔다. 그리고 구름같이 일어나는 먼지 사이로 기아의 유령이 나타나는 것만 같았다.

그동안 아내도 귄스바흐에 가도 좋다는 허가를 받았다.

나는 고향에 가기만 하면 생 레미에서의 생활이 끝날 무렵부터 오르락내리락하던 열과 함께 피로감을 씻어버릴 수 있을 것이라고 생각했지만 소용이 없었다. 날로 악화되어갈 뿐이었다. 8월 말경, 고열과 심한 고통을 겪고 나서 나는 이것이 보르도에서 치료한 적이 있는 이질의 후유증이므로 조속히 수술을 하지 않으면 안 된다고 생각하게 되었다. 나는 아내의 부축을 받으며 콜마르 쪽으로 6킬로미터나 걸어가 그곳에서 차를 탈 수 있었다. 9월 1일 나는 스트라스부르에서 슈톨츠 교수의 집도로 수술을 받았다.

어느 정도 다시 일할 수 있게 되자 스트라스부르의 슈반더 시장이 시립 병원 의사 자리를 주겠다고 제의해왔다. 나는 어떻게 살아가야 할지 막연해하던 참이라 기쁜 마음으로 이를 받아들였다. 나는 피부과의 부인 병실 두 개를 맡았다. 동시에 성 니콜라이 교회의 부목사가 되었다. 나는 부목사이기 때문에 사실상 자격이 없는데도 토마스회에서 니콜라우스 제방가에 있는 니콜라이 교회의 비어 있는 목사관을 쓰도록 해준 데 대해 진심으로 감사를 드린다.

휴전이 체결된 후, 알자스는 독일령에서 프랑스령이 되었는데 나는 한동안 성 니콜라이 교회의 예배를 혼자서 맡아보지 않으면 안 되었다. 게롤트 목사는 반독일적 언사 때문에 독일 정부에 의해 직위 해제된 후 아직 프랑스 정부에 의해 복직되지 않았고, 크니텔 목사의 후임자인 에른스트 목사는 프랑스에 대해 별로 호감을 가지고 있지 않았기 때문에 자리를 내놓지 않을 수 없었다.

휴전 기간과 그 다음 2년 동안 나는 라인 강 다리에 있는 세관 관리들에게 잘 알려진 사람이었다. 나는 독일에서 굶주리는 친구들에게 다소나마 보내주려고 식량이 가득 든 베낭을 메고 자주 케엘로 가곤 했기 때문이다. 특히 나는 코지마 바그너 부인, 노화가 한스 토마와 그의 누이 아가테를 도와주고 싶었다. 나는 한스 토마를 그의 청년 시절 친구의 미망인인 샤를로테 슈 부인을 통해 알고 있었다.

16
의사 겸 성 니콜라이 교회 목사로 일하던 시절

나는 두 가지 직책에 쫓겨 별로 여가가 없었지만, 틈이 나는 대로 바흐의 《합창 전주곡》에 몰두했다. 그것은 미국 판 바흐의 마지막 세 권을 위하여 랑바레네에서 작성한 원고가 도착되는 대로 이를 인쇄에 넘길 수 있게끔 미리 준비를 해두기 위해서였다. 그러나 원고가 도착하지 않았고, 또 미국 출판업자가 당장 출판을 시작할 뜻을 보이지 않았기 때문에 나는 이 일은 그만두고 다시 《문화 철학》에 몰두했다.

그동안 다시 사업 의욕을 가지게 된 출판업자의 독촉에도 아랑곳없이 나는 아직까지도 《합창 전주곡》 3권을 출판하지 못하고 있다. 《문화 철학》에 관한 아프리카의 원고가 도착하기를 기다리며 나는 여러 가지 세계 종교와 그 속에 내포된 세계관을 연구하기 시작했다. 나는 이미 종전의 철학이 문화의 추진력으로서의 윤리적 세계 긍정과 인생 긍정을 어느 정도 내포하는지 조사해보았다. 그러나 지금은 유대교, 기독교, 회교, 차라투스트라교, 브라만교, 불교, 힌두교 및 중국 사상의 종교성 속에 어느 정도의 세계 긍정과 인생 긍정, 세계 부정과 인생 부정, 그리고 윤리가 내포되어 있는지 규정하려 했다. 이 연구를 통하여 나는 문화가 윤리적 세계 긍정과 인생 긍정에서 비롯된다는 나의 견해를 완전히 확인할 수 있었다.

세계와 인생을 전적으로 부정하는 종교들(브라만교와 불교)은 문화에 대해 아무런 흥미를 보이지 않는다. 예언기의 유대교, 그와 거의 동시에 등장하는 차라투스트라교 및 중국 사상가의 종교성은 그 윤리적 세계 긍정과 인생 긍정 속에 문화에 대한 강력한 추진력을 내포하고 있다. 이러한 종교들은 사회 상태를 개선하려 할 뿐 아니라 실현되어야만 할 보편적인 목적을 위하여 뜻있는 행동을 하도록 인간에게 촉구한다. 반면에 염세적 종교들은 인간으로 하여금 끝까지 고독한 명상 속에서 지내도록 한다.

유대 예언자 아모스와 이사야(B.C.760~700)와 차라투스트라(B.C. 7세기) 및 공자(B.C. 560~480)는 인류 정신사의 위대한 전환점을 의미한다. 기원전 8세기에서 6세기 사이에 서로 멀리 떨어져 살며 아무런 접촉도 없었던 세 민족에 속하는 사고하는 인간들은 윤리가 전통적인 민족의 관습을 따르는 데 있는 것이 아니라 개인이 이웃이나 또는 사회상의 개선이라는 목적을 위해 헌신적으로 활동하는 데 있다는 인식에 동시에 도달한다. 이 위대한 혁명 속에서 인류의 정신적 인간화가 시작되고 이와 동시에 최고도의 발전이 가능한 문화가 시작된다. 기독교와 힌두교는 전적으로 세계 및 인생 긍정적이거나 전적으로 세계 및 인생 부정적도 아니고 세계 및 인생 긍정과 세계 및 인생 부정을 동시에 같은 정도로 내포한다. 따라서 양자는 문화 부정적일 수도 있고 문화 긍정적일 수도 있다.

기독교는 세계 종말의 대망 속에서 생겨나 자연적 세계의 상태 개선에 전혀 관심을 보이지 않기 때문에 문화 부정적이다. 그러나 동시에 활동적 윤리를 내포하는 이상 현저하게 문화 긍정적이다. 기독교는 고대 세계에서는 문화 파괴적 역할을 했다. 기독교는 로마 제국을 개혁하고 윤리적 인간성을 창조해보려던 후기 스토아 학파의 노력이 성공하지 못하고 만 데 대한 책임의 일부를 져야 한다. 사실은 우리가 에픽테토스와 다른 사람들을 통해 아는 후기 스토아 학파의 윤리적 견해는 예수의 윤리적 견해와 비슷하다. 그러나 기독교의 윤리가 세계 및 인생 부정적 세계관과 결합했다는 사실이 결정적 역할을 했던 것이다.

기독교는 근대에 와서 르네상스, 종교개혁, 계몽주의를 거치는 동안 원시 기독교의 세계 종말 대망의 잔재인 세계 및 인생 부정을 탈피하고 세계 및 인생 긍정을 받아들임으로써 문화의 실현에 주력하는 종교가 되었다.

기독교는 그와 같은 종교로서 무지, 비합리성, 잔혹 및 불의에 대한 투쟁에 참여했는데 이 투쟁을 통하여 근대에 와서 새로운 세계가 탄생했다. 오직 기독교의 강력한 윤리적 활동력이 근대의 세계 및 인생 긍정의 진보 의지와 결합하여 시대에 봉사했기 때문에 17세기와 18세기는 우리가 감사하게 생각해야만 할 문화 사업을 수행할 수가 있었던 것이다.

18세기에 후퇴한 세계 및 인생 부정이 기독교 속에 내포되어 있던 중세 및 후기 중세적 경향에 의하여 다시 의미를 지니게 됨에 따라 거기에 비례해서 기독교는 문화에의 추진력이기를 그만두고 다시 문화에 대한 방해자로 등장한다. 여기에 대해서는 우리 시대의 역사가 잘 말해준다.

힌두교에서는 세계 및 인생 긍정이 세계 및 인생 부정을 실제로 지배할 수 있었던 적은 한 번도 없었다. 힌두교는 결코 염세주의적 전통과 관계를 끊을 수 없었다. 그러나 16, 17, 18세기의 기독교는 유력한 사상가들에 힘입어 이 일을 해낼 수가 있었다. 따라서 힌두교는 그 윤리적 추진력에도 아랑곳없이 그 전파 지역에서 기독교에 비교될 수 있는 문화 사업을 해낼 수가 없었다.

회교는 단지 그 광범위한 전파 지역 때문에 세계 종교라 불릴 수 있을 것이다. 회교는 세계와 인간에 대한 심오한 사고를 용납하지 않았기 때문에 정신적으로 세계 종교로 발전할 수가 없었다. 회교는 전통적인 제 견해의 권위를 지키려고 그와 같은 사고가 보이는 대로 타도해버렸다. 그런데도 오늘날의 회교는 신비주의와 윤리적 신화를 추구하는 경향이 겉보기보다는 훨씬 강하다.

이와 같은 연구에 몰두하던 차에 나는 1919년 성탄절을 며칠 앞두고 대주교 나탄 죄더블롬에게서 1920년 부활절 후에 올라우스 페트리 재단을 위하여 웁살라대학에서 강의를 해달라는 초청을 받았다. 이와 같은 초청은 전혀 뜻밖이었다. 나는 전후 기간을 쭉 스트라스부르에 틀어박혀 살면서 내 처지가 장농 밑으로 굴러

들어간 뒤 그곳에서 잊혀지고 만 동전 같다고 느껴왔다. 전후에 나는 꼭 한번 외부 세계와 접촉을 가졌다. 즉 나는 1919년 오르페오 카탈라의 친구들 앞에서 파이프오르간 연주를 들려주기 위해 간신히 여권을 얻은 다음 있는 돈을 다 긁어모아 가지고 바르셀로나로 갔다. 나는 이 첫나들이 때, 내가 예술가로서 아직도 어느 정도 인정을 받고 있다는 것을 깨달았다.

돌아오는 길에는 타라스콩에서 리옹까지 순양함 '에르네스트 르낭'의 수병들이 나의 길동무가 되어주었다. 그들의 모자에 이름이 씌어 있길래 그 사람이 누구냐고 묻자, "그에 관해서는 아무 이야기도 해주지 않았어요. 그러나 아마 이미 고인이 된 어떤 장군의 이름인가 봐요"라고 대답했다.

취리히와 베른대학의 신학부에서 내게 보여준 사랑과 호의가 없었더라면 나는 내 자신이 학계에서 완전히 잊혀졌다고 생각했을 것이다.

웁살라대학에서의 강의 대상으로 나는 철학과 세계 종교에서의 세계 및 인생 긍정과 윤리의 문제를 택했다. 내가 강의를 하기 시작했을 때는 아프리카에 남겨두고 온 《문화 철학》의 여러 장들이 아직 내 손에 들어오지 않았다. 따라서 나는 다시 쓰지 않으면 안 되었다. 처음에는 참 불운하다고 생각되었다. 그러나 나중에는 두 번째 손질이 일에 도움이 되었다는 것을 알고 내 운명과 화해를 했다. 웁살라에서 돌아온 뒤인 1920년 여름에야 비로소 아프리카의 원고가 도착했다.

나는 웁살라에서 처음으로 내가 5년 동안 품고 다니던 생각에 대해 다소 공명을 얻을 수 있었다. 생명에 대한 외경심의 윤리의 근본 사상을 전개한 마지막 강의에서는 너무나 감동되어 말이 제대로 나오지 않았다.

나는 지치고 의기소침하고 아직도 병약한 사람으로—1919년 여름, 나는 두 번째 수술을 받아야만 했다—스웨덴으로 왔다. 웁살라의 좋은 공기와 우리 내외가 손님으로 있던 대주교 댁의 좋은 분위기 속에서 나는 몸이 나아 다시 일에 재미를 붙이게 되었다.

전쟁중 병원을 계속 운영하려고 나는 파리 선교회와 파리의 친지들에게 빚을 졌는데 그 때문에 아직도 마음이 편하지 않았다. 산책을 하며 이와 같은 걱정을 털어놓자 대주교는 스웨덴—당시 이 나라는 전쟁으로 많은 돈을 벌었다—에서 파이프오르간 연주회와 강연회를 열어보라고 권하며 여러 도시로 추천장을 써주었다.

신학과 학생 엘리아스 죄더슈트룀(그는 몇 년 후에 선교사로 일하다가 세상을 떠났다)이 길동무로 자청하고 나섰다. 그는 연단이나 설교단 위에 나와 나란히 서서 원시림의 병원에 대한 나의 강연을 한 문장씩 한 문장씩 너무도 생생하게 번역해주었기 때문에 사람들은 곧 번역된 강연을 듣고 있다는 사실을 잊어버릴 정도였다. 랑바레네에서 예배를 볼 때 통역관의 입을 통하여 말하는 기술을 습득해놓았던 것이 지금 와서 큰 도움이 되었다.

이 기술의 요점은 연사가 간단명료한 문장으로 말하되 사전에 강연 내용을 통역자와 면밀히 검토한 다음 통역자에게 알려준 문안은 변경하지 않는 것이다. 이렇게 하면 통역자는 번역해야 할 문장의 의미를 파악하느라 애쓸 필요가 없다. 그는 그 문장을 공처럼 받아다가 즉시 청중에게 던져줄 수가 있는 것이다. 이와 같은 방법을 사용하면 통역자를 통해 학술 강연도 할 수가 있다. 연사가 완전히 익숙하지 않은 언어로 말하느라고 청중과 자신을 괴롭히느니보다는 차라리 이 방법이 훨씬 낫다.

크지는 않지만 놀라운 소리가 나는 옛 스웨덴 파이프오르간들은 나를 몹시 기쁘게 해주었다. 이들은 나의 바흐 연주 방법에는 그야말로 안성마춤이었다.

몇 주일 사이에 나는 연주회와 강연회를 통해 마음을 무겁게 하던 빚을 갚을 수 있을 만한 돈을 모았다. 7월 중순 내게 그토록 많은 호의를 베풀어준 스웨덴 땅을 떠나며 나는 랑바레네의 사업을 다시 시작하기로 굳게 결심했다. 전에는 감히 그런 생각조차 하지 못하고 다시 대학교직으로 돌아갈까 생각을 했다. 나는 스웨덴으로 떠나기에 앞서 몇 가지 암시를 받고 스위스에 희망을 걸고 있었다. 1920년 나는 취리히대학 신학부에서 명예박사 학위를 받았다.

17
아프리카 회고록

집으로 돌아오자마자 나는 '물과 원시림 사이에서'란 제목으로 아프리카 회고록을 쓰기 시작했다. 웁살라의 린트블라트 출판사에서 그러한 책을 써달라는 요청을 해왔던 것이다. 그러나 출판업자가 몇천 자 이내에서 써달라고 제한을 했기 때문에 쉬운 일이 아니었다. 쓰고 난 뒤 몇천 자를 잘라내지 않으면 안 되었는데 그것은 책을 쓰는 일보다 더 힘들었다. 원시림의 벌목자와 뗏목꾼에 관한 장은 전부 잘라내야 할 판이었다. 그러나 출판업자는 내 청에 따라 이 초과분도 받아주었다.

원고 매수가 제한되었다는 것은 결국 책을 위하여 이로운 일이었다. 그 뒤부터 나는 될 수 있는 대로 간결한 표현을 하려 했는데 《문화 철학》을 쓸 때도 마찬가지였다.

《물과 원시림 사이에서》는 1921년 그레타 라거펠트 남작부인에 의해 스웨덴어로 번역되었다. 같은 해에 독일어 판(처음에 스위스에서 출간됨)이 나왔고 영어 판은 나의 친구 C. T. 캠피온의 번역으로 'On the Edge of Primeval Forest'란 제목으로 나왔다. 이 책은 그뒤 네덜란드어, 프랑스어, 덴마크어, 핀란드어로 번역되어 나왔다.

이 책을 장식해주는 훌륭한 그림들은 대부분 함부르크의 리하르트 클라센 씨가(나는 후일 포로가 된 그에게 약을 나누어준 적이 있었다) 1914년 여름 목재 구입차 랑바레네에 체류할 때 찍은 사진들이다.

적도 아프리카 원시림 속에서의 나의 활동에 관하여 보고를 하다 보니 자연 원시림의 토인들 사이에서의 식민 정책이라는 어려운 문제에 대해서도 내 의견을 말할 수 있는 기회를 갖게 되었다.

우리 백인들은 식민지의 토인들에게—내 경험은 이들에게 국한되어 있다—우리의 지배를 강요할 권리가 있는 것일까? 우리가 단지 그들은 지배하고 그들의 땅에서 물질적 이익을 취할 생각뿐이라면 그럴 권리가 없다. 우리가 진심으로 그들을 교육하고 그들의 복지를 도와줄 생각이라면 그럴 권리가 있다. 이 민족들이 독립해서 살 수 있는 가능성이 다소라도 보이면 그들 자신에게 맡겨야 할 것이다. 그러나 오늘날 그들에게까지 침투한 세계 무역은 우리도 그들도 어떻게 할 수 없는 하나의 사실이다. 세계 무역으로 인하여 그들은 이미 자유를 잃어버렸다. 그들의 경제적·사회적 상태 역시 세계 무역으로 인하여 흔들리게 되었다. 그 필연적인 결과로 추장들은 세계 무역을 통하여 수중에 넣게 된 무기와 돈으로 원주민 대중을 절대 복종시켜 소수의 부를 위하여 수출에 종사하는 노예로 전락시키고 말았다. 이들은 노예 매매가 성행하던 때처럼 자신이 상품이 되어 돈, 납, 화약, 담배, 브랜디 등과 교환되는 사례도 있었다. 세계 무역에 의해 야기된 이와 같은 상황을 고려할 때, 이 민족들에게는 진정한 의미의 독립은 문제가 될 수 없고, 다만 탐욕스러운 원주민 권력자에게 무조건 내맡기는 것이 이들을 위해 더 나은가, 아니면 유럽 국가 관리들의 통치를 받는 것이 더 나은가 하는 것만이 문제가 될 뿐이다.

우리의 위임을 받아 우리의 이름으로 식민지를 통치한 자들 가운데는 사실 원주민 추장에 못지않을 정도로 부정과 폭력과 잔인한 짓을 자행하여 커다란 죄과를 지은 자들이 비일비재하다. 오늘날도 원주민들에게 죄악을 저지르고 있다는 사실에 대해서는 묵과해서도 안 되고 용서해서도 안 된다. 그러나 식민지의 토인들에게 독립을 부여한다는 것은 필연적으로 동족에 의한 노예화의 길을 터줄 것이므로 우리가 그들에게 저지른 죄과에 대한 보상이 되지 못할 것이다.

한 가지 가능한 방법은 우리가 실제로 소유한 통치권을 원주민들의 행복을 위하여 행사하고, 또 그렇게 함으로써 우리의 통치권에 도덕적인 정당성을 부여하는 길뿐이다. 지금까지의 '제국주의'에 대해서도 어느 정도 윤리적 가치를 인정할 수 있을 것이다. 제국주의는 노예 매매에 종지부를 찍었다. 그리고 토인들 사이의 끊임없는 전쟁을 종식시킴으로써 세계의 많은 부분에 지속적인 평화를 가져다주었다. 그뿐 아니라 세계 무역에 의한 식민지 주민의 수탈을 막으려고 여러모로 노력했다. 현재 백인 및 흑인 상인들의 횡포를 막는 당국이 철수하는 경우 오고우에 지방

숲속에 사는 원주민 벌목꾼들의 운명이 어떻게 될 것인지 나로서는 감히 상상조차 할 수 없다.

토인들에게 소위 자치란 것이 무엇을 의미하는지 알고 싶다면, 흑인 공화국 리베리아에는 오늘날까지도 가내 노예가 있을 뿐 아니라 설상가상으로 노동자들을 해외로 강제 수출하는 일까지 존속하고 있다는 사실을 염두에 두어야 할 것이다. 1930년 10월 1일부로 그것은 서류상으로는 금지되었다.

식민 정책과 문명의 이해 관계가 반드시 일치하지 않고 여러 모로 상치된다는 것은 비극적인 사실이다. 원시 민족을 위한 최선의 길은 가능한 한 세계 무역에서 격리되어 현명한 행정 아래서 유목, 또는 반 유목 상태를 벗어나 점차로 정착 농민이나 수공업자가 되는 길일 것이다.

그러나 토인들은 세계 무역에 물자를 공급해주고 돈을 벌 수 있는 기회를 놓치려 하지 않고, 세계 무역도 그들에게서 토산품을 사고 그 대신 상품을 파는 일을 단념하려 하지 않기 때문에 그것은 불가능하다. 그러므로 진정한 의미의 문명을 뜻하는 식민 정책을 수행한다는 것은 대단히 힘들게 되었다.

이들 원시 민족들의 진정한 부는 그들이 가능한 한 모든 생활 필수품을 농사와 수공업을 통해 자력으로 생산할 수 있는 단계에 이르는 것이다. 그러나 그들은 그럴 생각은 하지 않고 세계 무역이 요구하는 좋은 가격으로 물건을 공급할 생각만 하고 있다. 그리고 그렇게 번 돈으로 그들은 기성품과 식료품을 구입하기 때문에 국내 수공업이 불가능해지며 때로는 국내 농업까지도 존망의 위기에 처하게 된다. 세계 무역에 쌀, 솜, 카카오, 광물, 목재 등을 제공하는 원시림 속의 흑인 부족들은 모두 다 이러한 상태에 있다. 목재 무역의 경기가 좋을 때면 오고우에 지방은 언제나 기근을 겪는다. 그 이유는 원주민들이 될 수 있는 대로 나무를 많이 베려고 농경지 개간을 소홀히 하기 때문이다. 늪지대나 숲에서 나무 베는 일에 여념이 없는 그들은 노동해서 번 돈으로 수입 쌀과 수입 통조림을 사 먹으며 살아간다.

그러므로 문명이란 뜻에서의 식민 정책이라면, 이처럼 위기에 처해 있는 원시 부족들의 노동력을 자국의 수공업과 필요한 식량 공급을 위한 농업의 일손이 부족하지 않는 한도 내에서 수출에 종사케 해야 할 것이다. 식민지의 인구가 희박하면 할수록 그 나라의 번영 발전과 세계 무역의 이해 관계를 일치시키기가 힘들다. 수출의 증대가 반드시 식민지의 발전을 의미하는 것은 아니며 때로는 오히려 파멸의 길을 걸어가고 있다는 것을 의미할 수도 있다.

토인들이 사는 식민지에서는 도로 건설이나 철도 부설도 쉬운 문제가 아니다. 도로나 철도는 운반부들의 비참한 생활에 종지부를 찍고 기근이 들었을 때 피해 지역에 식량을 보내주고 상업을 발전시키기 위해서는 꼭 필요하다. 그러나 그것은 동시에 그 나라의 번영 발전을 위협할 위험이 있다. 가령 이 사업이 그 나라가 정상적으로 제공할 수 있는 이상의 노동력을 요구할 때가 그런 경우다. 설사 노동자들의 숙식 문제가 훌륭하게 해결된다 하더라도(유감스럽게도 언제나 그런 것은 아니다) 식민지의 도로 건설 및 철도 부설 사업은 많은 인명 피해를 초래한다는 점을 감안하지 않아서는 안 될 것이다. 도로 건설이나 철도 부설로 말미암아 마땅히 혜택을 입어야 할 지역이 오히려 그 때문에 파멸하고 마는 경우도 발생할 수가 있다. 이와 같이 개발 사업은 신중을 요한다. 필요하고 가능하다는 판단 아래 착수한 사업이라 하더라도 서서히 진행해야 하며 경우에 따라서는 중단해야 할 경우도 있다. 경험에 따르면 그렇게 해야만 많은 인명을 구할 수가 있기 때문이다.

나라의 발전을 위해서는 멀리 떨어져 있는 촌락들을 철도나 도로 연변으로 옮길 필요가 발생할 수도 있다. 설사 그럴 필요가 생긴다 하더라도 불가피한 경우를 제외하고는 원주민들의 인권을 침해해서는 안 된다. 공명심에 불타는 관리의 머릿속에서나 그럴싸하게 생각되는 강제 수단을 동원하다가는 두고두고 식민지 주민들의 불만을 살 것이다.

오늘날 많은 논란의 대상이 되는 강제 노동의 타당성 여부에 관해 내 의견을 말한다면 당국은 기간의 길고 짧음에 관계 없이 여하한 경우에도 원주민을 사적인 일에 동원해서는 안 된다는 것이다. 그것이 국가에 대한 세금이나 부역으로 간주되는 경우도 마찬가지이다. 공공복지를 위해 당국의 감시 아래 행해지는 노동만을 원주민에게 부과해야 할 것이다.

또한 원주민들에게 세금을 점점 더 많이 부과하면 그들이 일하게 될 것이라고 생각해서도 안 된다. 물론 그들은 세금을 물기 위하여 노동을 하지 않을 수 없겠지만 이같은 간접적인 강제 노동은 직접적인 강제 노동과 마찬가지로 게으른 인간을 부지런한 인간으로 만들 수는 없다. 불의는 결코 도덕적인 결과를 가져올 수 없다.

오늘날 세계 어느 식민지를 가나 세금이 과중하여 주민들이 다 물 수 없는 실정이다. 무모하게도 식민지를 빚투성이로 만들어놓았기 때문에 그 이자도 다 징수할 수 없게 되어버렸다.

원주민들의 교육 문제는 경제 및 사회 문제와 얽혀 이에 못지않게 복잡하다. 농업과 수공업이 문화의 기반이다. 이러한 기반이 있는 곳에서만 상업과 정신 노동에 종사할 수 있는 계층이 형성되고 존속될 수 있는 것이다. 그러나 우리는 농업이나 수공업보다는 읽고 쓰는 것이 문화의 시작인 것처럼 원주민들을 다루며 원주민들 자신도 그렇게 해주기를 바란다. 이들은 단순히 유럽식 학교를 모방한 학교에서 '지식인'이 되어 나와서는 수공업 같은 것은 깔보고 상업이나 정신 노동에만 종사하려 한다. 이들은 상점이나 관청에 적당한 사무직을 구하지 못하면 아무 하는 일 없이 여기저기 돌아다니며 푸념만 늘어놓는다.

모든 식민지의 불행은—이것은 비단 토인들이 사는 식민지에 국한된 것은 아니다—학교를 나온 자들이 대부분 농업과 수공업의 발전에 이바지하지 않고 오히려 이를 외면해버린다는 것이다. 이와 같은 상향식 영락은 아주 불건전한 경제적·사회적 상태를 초래한다.

그러므로 올바른 식민 정책이란 원주민들이 농업이나 수공업을 외면하지 말고 오히려 그런 일에 종사하도록 이끌어주는 것을 의미한다. 식민지 학교에서는 지식 습득과 더불어 모든 종류의 기술 습득이 병행되어야만 한다. 원주민들의 문화를 위해서는 읽고 쓰기를 잘한다거나 A+B나 X+Y를 계산할 줄 아는 것보다도 벽돌을 굽고, 집을 짓고, 통나무를 켜서 널빤지를 만들고, 망치, 대패, 끌을 다루는 기술을 습득하는 것이 더 중요하다.

그러나 가장 중요한 것은 원시 부족의 사멸을 방지하는 일이다. 무역을 통하여 들어온 알코올, 우리가 옮겨다준 각종 질병, 그리고 수면병처럼 이전부터 그들 사이에 있긴 했지만, 식민지 정책에 의하여 교류가 활발해짐에 따라 널리 퍼져 오늘날 몇백만의 인명을 위협하는 질병에 의하여 그들의 생존은 위협을 받고 있다.

알코올 수입에 따르는 재난은, 브랜디나 럼주는 금하고 포도주나 맥주는 그대로 계속 허용한다고 해서 극복되는 것이 아니다. 유럽에서보다 식민지에서는 포도주나 맥주가 훨씬 더 위험한 음료다. 왜냐하면 열대 또는 아열대 지방에서는 부패를 방지하려고 포도주나 맥주에 진짜 알콜을 섞기 때문이다. 그리고 브랜디나 럼주가 없으면 이러한 포도주나 맥주를 그만큼 더 마시게 된다. 그러므로 토인들이 알코올 때문에 멸망하는 것을 막으려면 알코올 음료는 종류 여하를 막론하고 무조건 수입을 금해야만 할 것이다

질병에 대한 투쟁은 거의 모든 식민지에서 너무 늦게 시작한 감이 없지 않다. 그러나 처음엔 아주 미온적이었다. 오늘날 이 투

쟁이 다소라도 성공할 가망이 보인다면 그것은 우리가 최신 의학을 통하여 입수한 무기 덕택이다.

흔히들 식민지의 원주민들에게 의료 지원을 해야 하는 이유로 식민지는 인적 자원 없이는 무가치하다는 논리를 들고 나온다. 그러나 그것은 경제 문제로 그칠 성질의 것이 아니다. 우리들 문화 민족들은 과학을 통하여 질병, 고통, 죽음에 대처할 수 있는 충분한 수단을 획득했지만 이것을 우리들만 보유한다는 것은 생각할 수 없는 일이다. 우리가 조금이라도 윤리적인 생각을 한다면 먼 곳에서 우리보다 더 심한 육체적 고통에 시달리는 사람들에게도 그 혜택을 입도록 해주어야 할 것이다.

정부에서 파견하는 의사들은 우리가 해야 할 일의 일부를 해내기에도 충분하지 못하다. 그러므로 그들 이외에도 다른 의사들이 인간 사회가 인간 사회로서 부과하는 의무에 따라 그곳으로 가지 않으면 안 될 것이다. 우리들 가운데 고통과 공포가 무엇인지 체험을 통하여 아는 사람은, 먼 곳에서 육체적 고통에 시달리는 사람들도 자기가 받은 것과 똑같은 도움을 받을 수 있도록 협조하지 않으면 안 될 것이다. 그는 이제 자기 혼자만이 아니라 고통받는 모든 사람의 형제다. 인도주의(人道主義)를 위하여 식민지에서 활동하는 의사는 '고통으로 낙인 찍힌 자들의 협회'에 봉사하고 있다. 의사는 이들의 위임을 받은 사람으로서 먼 나라에서 괴로워하는 사람들 사이에서 진정한 문화의 이름으로 수행되지 않으면 안 될 과업을 완수해야만 한다.

나는 '고통으로 낙인 찍힌 자들의 협회'라는 사상에 내포된 기본적인 진리를 믿고 감히 랑바레네에 병원을 세웠다. 이 진리는 인정을 받아 제 갈 길을 가고 있다.

마지막으로 말해두고 싶은 것은 우리가 식민지 주민들에게 베푼 호의는 선행이라기보다는 우리 백인들의 배가 그들의 해안에 상륙하던 그날부터 그들에게 가한 수많은 고통에 대한 속죄 행위라는 것이다.

오늘날 제기되는 식민지에 관한 여러 가지 문제점들은 정치적으로만 해결할 수는 없다. 어떤 새로운 것이 도입되어 백인과 흑인이 윤리적 정신에서 서로 만날 수 있어야만 할 것이다. 그제서야 비로소 상호 이해가 가능할 것이다.

이러한 정신의 창조를 위하여 일한다는 것은 곧 전도 유망한 세계 정치를 하는 것을 의미한다.

18
귄스바흐와 외국 여행

 1921년 부활절 전전 일요일, 나는 바르셀로나의 오르페오 카탈라에서 열린 바흐의 〈마태 수난곡〉 연주회에서 — 이 곡이 스페인에서 연주되기는 이번이 처음이었다 — 파이프오르간을 연주하는 기쁨을 누렸다.

 1921년 4월, 나는 스트라스부르에서의 두 직책을 내놓았다. 앞으로의 생계는 문필과 파이프오르간에 의존할 생각이었다. 조용한 가운데 《문화 철학》에 몰두하려고 나는 아내와 딸아이를 — 이 애는 1919년 1월 14일 내 생일날에 태어났다 — 데리고 아버님이 살고 계신 귄스바흐의 정든 목사관으로 옮겼다. 도서관을 이용하느라 가끔 스트라스부르에 가서 머무르지 않으면 안 되었기 때문에 나는 크노프로호 가(街)의 어떤 고가에 살던 디에츠 헤르터 목사의 미망인 댁 다락방을 임시 숙소로 정했다.

 물론 이 일도 거듭되는 여행으로 중단되고 말았다. 여러 대학에서 문화 철학이나 원시 기독교 문제에 관한 강의를 해달라는 초청이 들어왔다. 그리고 랑바레네의 병원에 관한 보고 강연을 통해 사업을 계속하기 위한 자금을 조달해야만 했다. 또 파이프오르간 연주회를 통해 내가 다시 아프리카에 가 있을 몇 년 동안 나와 가족이 쓸 생활비를 마련하지 않으면 안 되었다.

1921년 가을, 나는 스위스에 가 있었다. 11월에는 이곳에서 스웨덴으로 갔다. 1월 말에는 스웨덴에서 옥스퍼드로 갔는데 데일 재단의 위촉으로 그곳 맨스필드 칼리지에서 강의를 하기 위해서였다. 그 다음에는 버밍엄의 셀리 오크 칼리지(기독교와 세계 종교에 관하여)와 케임브리지(종말론의 의의에 관하여)와 런던 종교 학회(바울의 문제에 관하여)에서 강의를 했다. 또한 영국에서는 일련의 파이프오르간 연주회도 가졌다.

1922년 3월 중순, 나는 다시 연주회와 강연회를 갖기 위하여 영국에서 스웨덴으로 되돌아갔다. 그리고 귀국하자마자 다시 몇 주일 동안 스위스에서 연주회와 강연회를 가졌다.

1922년 여름, 나는 아무런 방해도 받지 않고 《문화 철학》에 몰두할 수 있었다.

그러나 가을에는 스위스로 갔다. 그 다음은 코펜하겐대학 신학부 초청으로 그곳에서 윤리학 강의를 했고 이어서 덴마크의 여러 도시에서 파이프오르간 연주회와 강연회를 가졌다.

1923년 1월에는 오스카 크라우스 교수의 초청으로 프라하에서 《문화 철학》을 강의했다. 그때부터 나는 이 충실한 브렌타노의 제자와 깊은 우의를 맺게 되었다.

이 몇 해 동안 나는 얼마나 훌륭한 경험을 했던가! 아프리카로 떠날 때 나는 세 가지 희생을 각오했다. 즉, 파이프오르간 예술을 단념하고, 그렇게도 애지중지하던 대학 교직을 버리고, 물질적 독립을 상실하게 되어 앞으로의 생활을 친구들의 도움에 의존할 각오를 했다. 나는 이 세 가지 희생을 치르기 시작했다. 그것이 내게 얼마나 힘들었는지 가까운 친구들만이 알고 있었다.

그런데 이제 내게는 아브라함이 그의 아들을 제물로 바치려고 했을 때 일어났던 것과 같은 일이 일어났다. 아브라함처럼 나도 제물을 면제받았다. 파리 바흐 협회가 보내준 파이프오르간용 페달이 달린 열대용 피아노와 열대 기후를 이겨낼 수 있는 내 건강 덕택으로 나는 나의 파이프오르간 솜씨를 길러나갈 수 있었다. 원시림의 고독 속에서 4년 반 동안 바흐와 더불어 조용한 시간을 보냈기 때문에 나는 그의 작품 정신에 더 깊이 파고들 수 있었다. 이리하여 나는 아마추어 예술가가 되는 대신 나의 파이프오르간 솜씨를 완전하게 연마하여 유럽으로 돌아왔기 때문에 이제는 예술가로서 전보다 한층 더 인정을 받을 수 있었다.

스트라스부르대학의 교직은 그만두었지만 대신 여러 대학의 강의실에서 강의를 할 수 있었기 때문에 그 보상을 받은 셈이었다.

물질적 독립을 상실한 적도 가끔 있었지만 이제는 파이프오르간과 문필을 통해 이를 다시 획득할 수 있었다.

이미 바친 세 가지 희생이 면제되었다는 것은 나에게는 고무적인 체험이 아닐 수 없었다. 이로 말미암아 나는 많은 사람들과 더불어 비참한 전쟁 기간에 겪어야 했던 온갖 고난 속에서도 꿋꿋하게 버틸 수 있었고 여하한 어려움이나 체념도 기꺼이 받아들일 수 있었다.

1923년 봄《문화 철학》의 처음 두 권이 완성되어 그 해에 출판 되었다. 첫 권의 제목은《문화의 몰락과 재건》이었고 둘째 권의 제목은《문화와 윤리》였다.

《문화의 몰락과 재건》에서 나는 문화와 세계관 사이에 개재하는 여러 가지 관계에 대해 논술했다.[15]

문화 몰락에 대한 책임은 19세기 철학이 져야 한다. 19세기 철학은 계몽주의 시대에 존재했던 문화 의지를 생생하게 보존할 줄 몰랐다. 18세기가 완성하지 못한 채 남겨놓은 일을 윤리와 세계관에 대한 근본적인 사고 속에서 계속해나가는 것이 19세기 철학의 과업이었을 것이다. 그러나 19세기가 경과하는 동안 철학은 점점 더 비근본적인 사상 속으로 빠져들어간다.

19세기 철학은 세계관을 추구하고 싶어하는 인간 본래의 욕구와는 관계를 끊고 철학사학(哲學史學)이 되고 말았다. 그것은 역사와 자연과학에서 하나의 세계관을 조립해냈다. 그러나 이 세계관은 전혀 생명력이 없었고 따라서 문화 의지를 보존할 능력이 없었다.

문화 세계관이 무력해진 이 시대에 문화는 물질적으로도 위협을 받게 되었다. 이 시대는 사람들에게 문화의 향유를 어렵게 하는 생존 환경을 유발했다. 그리고 사람들은 의지할 수 있는 문화

---

15 《문화의 몰락과 재건》65쪽, 1923(C. H. Beck, München:Paul Haupt, Bern). 영어, 스웨덴어, 덴마크어 및 네덜란드어 판도 있다.

세계관을 가지고 있지 못했기 때문에 제대로 반항도 해보지 못하고 문화 방해적 환경의 영향을 그대로 받아들였다. 항상 바빠 제정신을 차리지 못하는 현대인은 정신적인 독립을 상실하고 무슨 일에나 피상적이고 역사와 현실 생활의 사건에 대해 그릇된 가치평가를 하게 되었다. 그리하여 여기서 생겨난 민족주의와 무서운 비인도주의에 빠져들어갔다.

그러므로 우리는 새로운 사고를 통하여 진정한 문화의 이상을 내포하는 세계관에 다시 도달하여야 한다. 윤리와 세계에 대한 우리의 관계를 다시 심사숙고하기 시작하는 순간 우리는 이미 비문화에서 문화로 되돌아가는 길을 가는 것이다.

나는 일반적으로 문화를 개인과 인류의 윤리적 발전과 병행하는, 모든 분야에 걸친 정신적 또는 물질적 진보라고 정의한다.

《문화와 윤리》에서 나는 윤리적 세계 긍정과 인생 긍정에 도달하려는 유럽 사상의 비극적 투쟁을 서술하였다.[16] 동시에 나는 여러 세계 종교에서 볼 수 있는 문화 세계관에 도달하려는 투쟁에 대해서도 서술하고 싶었다.

그러나 그렇게 하면 책이 너무 방대해지기 때문에 그것은 단념할 수밖에 없었다. 그러므로 나는 거기에 대해 몇 가지 간단한 암

---

16 《문화와 윤리》, 280쪽, 1923(C. H. Beck, München:Paul Haupt, Bern). 영어 판(1923), 네덜란드어 판(1931)도 있다.

시를 주는 정도로 그치기로 했다.
 나는 일부러 철학적인 전문 용어를 피했다. 나는 사고하는 인간을 상대로 하여 모든 인간의 마음속에 제기되는 생존 문제에 관해 근본적인 사고를 불러일으키고 싶었을 따름이다.

 윤리의 심오한 세계 긍정과 인생 긍정에 도달하려던 헛된 노력은 대체 어떻게 된 것이었던가?
 고대 사상은 윤리를 합리적인 것으로 설명하고 세계 긍정과 인생 긍정을 뜻있는 것으로 파악하려고 무척 애썼다. 그러나 그것은 논리의 필연성에 따라 체념으로 끝날 수밖에 없었다. 현세에서의 활동을 거부하는 현자를 이상으로 삼았다는 사실이 이러한 체념을 잘 말해준다.
 물질적 또는 정신적 조건을 개선해보려는 현세에서의 활동을 개인의 의무로 삼는 믿음직한 윤리적 세계관은 다만 마르쿠스 아우렐리우스와 에픽테토스 등의 후기 스토아 학파에서만 볼 수 있다. 후기 스토아 학파의 세계관은 어떤 의미에서 그후 계몽주의 시대에 와서 인간의 감정을 지배한 합리적인 세계관의 선구자라고도 할 수 있을 것이다. 그러나 이 세계관은 처음 등장했을 때는 자신을 관철할 수가 없었고 그 개혁적인 힘을 발휘할 수가 없었다. 위대한 스토아 학파 황제들은 이 세계관을 진실로 신봉했으며, 그 영향 아래 당시 만연하던 고대 사회의 퇴폐 풍조를 제지해보려 했다. 그러나 이 세계관은 대중에겐 먹혀 들어가지 않았다.
 후기 스토아 학파와 18세기의 합리주의는 어떤 방법으로 윤리적 세계 긍정과 인생 긍정에 도달하려 했던가? 그들은 세계를 있는 그대로 받아들이지 않고 세계 사건을 합리적·윤리적 세계 의지의 표현으로 파악함으로써 거기에 도달했다. 세계와 인생을 긍정하는 인간의 윤리적 의지는 세계 사건 속에서 작용하는 힘을 제멋대로 해석했다. 하나의 세계관은 하나의 인생관에서 형성된다. 그러나 인생관은 자기가 무엇을 하는지 알지 못하고 오히려 자기가 세계의 본질에 대한 인식의 결과라고만 생각했던 것이다.

철학이 윤리적 세계 긍정과 인생 긍정에 도달하는 곳에서는 어디서나 여기서 발생하는 것과 같은 일이 되풀이된다. 철학은 세계사를 윤리적 궁극 목적을 향하여 나아가는 뜻깊은 것으로 파악하려는 세계사 해석에서 이와 같은 윤리적 세계 긍정과 인생 긍정을 추론해낸다. 따라서 철학은 인간으로 하여금 윤리적 활동을 통하여 이러한 세계 목적에 봉사케 한다.

공자와 차라투스트라의 경우에도 윤리적 세계 긍정과 인생 긍정은 이와 유사한 세계 해석에서 유래한다.

칸트, 피히테, 헤겔 같은 사변 철학의 위대한 대가들도 이와 같은 세계 해석을 시도하지만 18세기의 윤리적 합리주의처럼 그렇게 단순하고 소박한 방법을 택하지는 않는다. 그들은 복잡한 사고 작업을 통하여 이러한 해석에 도달한다. 이러한 사고 작업은 결국 윤리적 세계 긍정과 인생 긍정의 세계관이 인식론적 문제의 올바른 해결에서 오는가, 아니면 순수 존재가 어떻게 해서 공간과 시간 안에서 사건의 세계로 발전할 수 있는가 하는 점을 논리적으로 파악하는 데서 오는가 하는 문제로 귀결된다.

19세기 초, 지식인들은 이 거대한 체계의 인위적인 사고를 통하여 윤리적 세계 긍정과 인생 긍정의 세계관이 사고필연으로 증명되었다고 믿었다. 그러나 기쁨은 오래 가지 않았다. 19세기 중엽, 실용적이고 자연과학적인 사고 방법의 압력에 못 이겨 이 논리적 공중 누각은 무너지고 말았다. 사람들은 아주 냉철해지기 시작했다. 그래서 사고는 간계나 폭력에 의하여 세계를 파악해보려는 시도를 포기하고 말았다. 사고는 있는 그대로의 현실과 타협하여 그 현실에서 윤리적 세계 긍정과 인생 긍정에 부합되는 행동의 동기를 찾아내려 했다. 그러나 현실은 사고의 시대에 부응하기를 거부한다. 세계는 인간의 윤리적 활동에 의미를 부여할 수 있는 어떠한 해석도 용납하지 않는다.

물론 사고는 이 부정적인 결과를 전적으로 시인하려 들지는 않을 것이다. 그러나 윤리적 세계 긍정과 인생 긍정의 세계관과 그 속에 내포된 문화 이상이 무력해지고 말았다는 사실이 이 부정적 결과를 잘 말해준다.

세계 해석을 통하여 윤리적 세계 긍정과 인생 긍정에 도달해 보려는 사고의 모든 시도는 성공할 가망성이 전혀 없다.

생에 대한 외경심의 세계관은 세계를 있는 그대로 받아들인다. 세계는 멋있는가 하면 무섭고, 의미심장한가 하면 무의미하고, 기쁨으로 가득 차 있는가 하면 고뇌로 가득 차 있다. 세계는 어느 모로 보나 인간에게는 수수께끼다.

그러나 우리가 세계사(世界事)를 의미 있는 것으로 파악하지 못하고 체념한다고 해서 인생 문제에 속수무책이라고 할 수는 없을 것이다. 생에 대한 외경심은 세계에 대해 우주의 모든 인식과는 전혀 무관한 정신적 관계를 맺도록 우리를 인도해준다. 그것은 체념의 어두운 골짜기를 지나서 내면적 필연성에서 나온 윤리적 세계 긍정과 인생 긍정의 햇빛 찬란한 언덕 위로 우리를 인도해준다.

이제는 세계에 대한 인식에서 인생관을 유도해낼 필요가 없다. 우리는 생에 대한 외경심 속에 그 자체에 근거를 둔 인생관을 가지고 있으며, 또 그 인생관 속에는 우리가 찾고 있던 윤리적 세계관이 확고하게 서 있다. 우리가 우리 자신과 주위의 생명에 대해 사고할 때마다 그것은 우리의 내부에서 새로워진다.

우리가 세계와 관계를 맺게 되는 것은 인식을 통해서가 아니라 체험을 통해서다. 심오한 경지에 이르는 모든 사고는 윤리적 신비주의로 끝난다. 합리적인 것은 비합리적인 것에 존속한다. 생에 대한 외경심이라는 윤리적 신비주의는 합리주의를 그 궁극에까지 사고해간 것이다.

《문화와 윤리》의 인쇄 교정을 보며 나는 다시 아프리카로 떠나기 위하여 짐을 꾸렸다.

1923년 가을, 인쇄가 잠시 중단되었다. 왜냐하면 독일어 판을 찍기로 되어 있는 뇌르트링엔(바이에른)의 인쇄소가 정부에서 인플레 때문에 필요한 다량의 지폐를 찍는 데 참가해달라는 요청을 받았기 때문이다.

내가 원시림에서 다시 일을 시작할 수 있었던 것은 내 강연을 듣고 자금을 대준 알자스, 스위스, 덴마크, 영국의 신교 단체와 유럽 여러 나라에 사는 개인적인 친구들 덕분이었다.

아프리카로 떠나기에 앞서 나는 버밍엄의 셀리 오크 칼리지에서 행한 '기독교와 세계 종교'에 관한 강연을 인쇄에 넘길 수 있도록 손질을 했다.[17] 그것은 각 종교의 종교적 신념 속에 세계 긍정과 인생 긍정, 세계 부정과 인생 부정, 그리고 윤리가 어느 정도 강하게 표현되어 있으며 그들 상호간의 관계는 어떠한지 밝힘으로써 여러 세계 종교의 본질을 철학적으로 규정하려 한 것이었다. 유감스럽게도 나는 세계 종교에 대한 나의 연구 논문을 강의 형식으로 출간하지 않으면 안 되었기 때문에 지나칠 정도로 요약하지 않으면 안 되었다.

또한 나는 짐을 꾸리며 유년 시절과 소년 시절의 회상기를 썼다. 그것은 나의 친구인 취리히의 유명한 정신분석학자 B. 피스터 박사와 만난 것이 계기가 되었다. 1923년 초여름 나는 서스위스에서 동스위스로 가던 도중 취리히에 두 시간 정도 머무르게 되어 그의 집에 들렀다. 그는 마실 것을 대접하며 피곤한 몸을 푹 쉴 수 있게 해주었다. 그때 그는 나에게 어린 시절에 일어난 사건들을 생각나는 대로 이야기해달라고 했다. 어떤 소년 잡지에 내기 위해서였다. 후일 그는 이 두 시간 동안에 속기한 것을 보내왔다. 나는

---

[17] 《기독교와 세계 종교》, 59쪽, 1924(C. H. Beck, Münchem:Paul Haupt, Bern). 영어판은 Christianity and the Religions of the World란 제목으로 1923년에 나왔다(Allen & Unwin, London). 후에 덴마크어, 스웨덴어, 네덜란드어 및 일본어 판이 나왔다.

그것을 출판하지 말고 완성할 수 있도록 내게 맡겨달라고 했다. 아프리카로 떠나기 직전, 비와 눈이 섞여서 내리던 어느 일요일 오후, 나는 어린 시절을 돌이켜볼 때마다 나를 감동시키곤 하던 생각들을 내 이야기의 맺음말로 쓸 수 있었다.[18]

---

18 《나의 유년 시절과 소년 시절》, 64쪽, 1824(C. H. Beck, Müchen : Paul Haupt, Bern). 영어 판 1924년(Allen & Unwin, London). 스웨덴어, 네덜란드어, 덴마크어 및 프랑스어 판이 있다.

19
아프리카에서의 두 번째 활동

1924년 2월 14일, 나는 랑바레네를 향하여 스트라스부르에서 출발했다. 아내는 건강이 좋지 않아 이번에는 동행할 수가 없었다. 그런데도 아내는 내가 랑바레네에서의 활동을 재개하는 데 동의해주었는데 나는 아내의 이러한 희생에 대해 두고두고 감사해했다. 옥스퍼드대학의 젊은 화학도 노엘 질스파이가 동행했다. 그는 나를 도와주라는 모친의 부탁으로 몇 달 동안 가 있을 예정이었다.

보르도에서 배를 탈 때, 나는 출항자의 짐을 조사하는 세관 관리의 의심을 샀다. 항해 중에 답장을 낼 생각으로 아직 답장을 내지 못한 편지들을 감자 자루 네 개에다 가득 넣어가지고 있었기 때문이다. 세관원은 아직 이렇게 많은 편지를 가지고 다니는 여행자를 만나보지 못했던 것이다. 그리고 당시엔 프랑스에서 화폐를 가지고 나가는 것이 엄격히 금지되어 있었기 때문에 — 여행자는 5천 프랑 이상은 외국으로 가지고 나갈 수 없었다 — 그는 이 편지 속에 지폐를 숨겨놓았을 것이라고 생각했던 모양이다. 그래서 그는 한 시간 반 동안 편지를 한 장 한 장 조사하더니 두 번째 자루의 조사가 끝나자 머리를 흔들며 단념하고 말았다.

네덜란드 화물선 오레스테스 호로 긴 항해를 하는 동안 나는 아프리카 서해안 지방에 대해 더 자세히 알 수 있었다. 드디어 4월 19일, 부활절 전 토요일 해뜰 무렵, 우리는 랑바레네에 도착했다.

병원 건물로 남아 있는 것이라곤 조그마한 골함석 바라크와 큼직한 대나무 오두막의 단단한 나무 뼈대뿐이었다. 7년 동안 떠나 있는 사이 다른 건물들은 모두 썩어서 허물어지고 말았다. 병원에서 언덕 위의 의사 집에 이르는 길은 풀과 덩굴로 뒤덮여 길이 어디서 구부러졌는지 알아볼 수 없을 정도였다.

무엇보다도 시급한 것은 의사 집과 아직도 똑바로 서 있는 두 병원 건물의 썩어서 구멍이 뻐끔뻐끔한 지붕을 아쉬운 대로 수리하는 일이었다. 다음에는 무너진 병원 오두막들을 다시 일으켜세웠다. 이 일은 여러 달 걸렸다. 게다가 무척 힘든 일이었기 때문에 《사도 바울의 신비주의》에 관한 원고를 마무리할 수가 없었다. 이 원고는 1911년에 시작한 것으로 이번에 두 번째로 아프리카로 가져왔다.

이 몇 달 동안 나는 아침에는 의사 노릇을 하고 오후에는 목수 노릇을 하며 시간을 보냈다. 전쟁이 끝나자 다시 번창하기 시작한 목재 무역이 동원 가능한 모든 노동력을 앗아가버렸기 때문에 첫 번째 체류 때와 마찬가지로 일꾼을 구할 수가 없었다.

그래서 나는 몇몇 '지원자들'의 도움을 받지 않을 수 없었다. 그들은 환자를 데리고 온 사람들이거나 병이 나았지만 아직 병원에 머물러 있는 사람들로서 일이 있는 날에는 꽁지를 빼는 게 더 낫다고 생각하거나 또 설사 그렇지 않다 하더라도 일에 열성을 보이지는 않았다.

두 번째로 아프리카에 체류하던 어느 날 이미 아프리카화한 늙은 목재상 한 사람이 이곳을 지나가다 나와 점심을 같이하려고 이곳에 들렀다. 식탁에서 일어날 때 그는 내게 다정한 말이라도 한마디 해야 한다고 생각했던 모양이다. "박사님" 하고 그는 말을 이었다. "박사님께서 하모늄을 잘 치신다고 들었습니다. 저도 음악을 좋아하지요. 폭풍이 일기 전에 집에 도착하려고 지금 출발하지 않아도 된다면 박사님께 괴테의 푸가를 들려달라고 부탁드렸을 것입니다."

환자의 수는 계속 늘어만 갔다. 그래서 1924년과 1925년 사이에 의사 두 명과 간호사 두 명을 유럽에서 오게 했다.

1925년 가을이 되어서야 병원이 제대로 복구되었다. 앞으로는 저녁 시간에 바울에 관한 논문에 몰두할 수 있을 것 같았다. 그러나 그때 심한 기근이 닥쳐왔다. 벌목하느라 곡식 재배를 소홀히 했기 때문이다. 동시에 무서운 이질이 퍼지기 시작했다. 이 두 가지 사건 때문에 나와 나의 조수들은 여러 달 동안 눈코 뜰 새 없이 바빴다. 입원한 환자들에게 먹일 양식이 떨어지면 우리는 두 척의 모터보트 '탁 사 미케트'와 '라루프'(하나는 스웨덴 친구들의 기증품이고 다른 하나는 유틀란트 친구들의 기증품이다)를 타고 쌀을 구하기 위하여 얼마나 많은 여행을 하지 않으면 안 되었던가!

이질이 퍼지자 병원을 좀 더 넓은 장소로 옮겨야 했다. 선교소에는 더 넓힐 데가 없었다. 그곳에서 내가 사용할 수 있는 땅은 모두 강과 늪과 가파른 언덕으로 둘러싸여 있었다. 거기다 건물을 세워보았자 옛날처럼 기껏 50명 정도의 환자와 그들의 동반자들을 수용할 수 있을 정도이지 요즘처럼 매일 밤 1백 50명씩을 수용할 수는 없을 것이다.

병원을 복구할 때 나는 이미 이 점을 생각하지 못했던 것은 아니다. 그러나 이렇게 환자가 많은 것은 일시적인 현상이길 바랐다. 게다가 이질이 퍼지자 전염병 환자를 위한 격리 병동이 없어 병원이 어떠한 위험에 처했는가도 알게 되었다. 이질 환자는 당연히 격리 수용되어야 하는데도 그럴 수가 없었기 때문에 결국 병원 전체가 전염되고 말았다. 참으로 무서운 시기였다.

또 하나의 불행은 정신병 환자를 위한 충분한 방이 마련되어 있지 않다는 것이다. 우리들의 작은 방 두 칸도 모두 만원이었기 때문에 때로는 위험한 정신병 환자마저 수용할 수 없는 형편이었다.

그래서 나는 무거운 마음으로 병원을 상류 쪽으로 3킬로미터 떨어진 지점에다 옮기기로 결심했다. 그곳에서는 마음대로 확장할 수가 있었기 때문이다. 나의 사업을 지원해주는 친구들을 믿고 나는 감히 막대한 비용을 들여 이번의 이사를 계기로 항상 수리를 요하는 야자나무 잎으로 지붕을 인 대나무 오두막을 골함석 바라크로 바꾸기로 했다. 범람하는 강물과 심한 폭풍우 뒤에 언덕에서 내려오는 빗물로부터 병원을 보호하기 위하여 나는 현대에 사는 유사 이전의 인간이 되어 먼저 말뚝을 박고 그 위에다 골함석 바라크 촌을 세웠다.

이제 나는 병원 일을 동료인 네스만 박사(알자스인)와 라우터부르크 박사(스위스인)와 트렌츠 박사(네스만 박사와 교대한 알자스인)에게 거의 전적으로 맡기다시피 했다. 나는 선정된 장소에서 나무를 베고 집을 짓는 인부들의 감독이 되었다. 이 직책은 내가 맡지 않을 수 없었다. 환자의 동반자들과 회복되어가는 환자들 가운데서 징발한 '지원자'들의 무리는 항상 바뀌기 때문에 소위 '노(老)' 의사의 권위 이외에는 인정하려 들지 않았다. 나무를 자르는 인부들을 감독하고 있던 중 나는 프라하의 독일대학 철학부에서 나에게 명예 박사학위를 수여했다는 소식을 들었다.

건축 부지가 마련되자 나는 땅을 개간하기 시작했다. 원시림에서 밭을 얻는다는 것은 얼마나 기쁜 일인가!

그후부터는 병원 주위에 에덴 동산을 이룩하려고 해마다 일을 계속했다. 씨를 뿌려 길러낸 어린 과일 나무를 이미 몇백 그루나 심었다. 이 과일 나무에는 언젠가는 굉장히 많은 과일이 열려 아무나 마음대로 따먹을 수 있게 될 것이다. 그렇게 되면 도둑질도 없어질 것이다. 파파야, 망고, 기름야자의 열매는 이미 그 정도가 되었다. 우리가 많이 심은 파파야나무에서는 이미 병원에서 쓰고 남을 정도의 수확을 올리고 있다.

병원 주위의 원시림 속에는 망고나무와 기름야자나무가 굉장히 많았다. 그래서 다른 나무를 베어버리자 숲은 온통 망고나무와 기름야자나무뿐이었다. 휘감고 있던 덩굴과 햇빛을 가리던 거목들을 잘라내자 곧 열매를 맺기 시작했다.

이 과일 나무들은 원래부터 이 원시림 속에 자라던 것은 아니다. 망고나무는 이전에 강가에 있던 여러 마을에서부터 숲속으로 침입해들어온 것이고 기름야자는 앵무새가 마을 근처에 있는 기름야자나무에서 물어다가 떨어뜨린 열매에서 자라난 것이다. 원래 적도 아프리카 원시림 속에는 식용 과일 나무가 없었다. 여행자들은 도중에 식량이 떨어지면 굶어 죽을 수밖에 없었다. 바나나, 마니호트, 기름야자, 망고뿐 아니라 그 밖의 다른 과일 나무들도 적도 아프리카가 원산지가 아니고 유럽인들에 의해 서인도 제도에서 수입된 것이다.

　유감스럽게도 여기서는 더위와 습기 때문에 과일을 보존할 수가 없었다. 따기만 하면 곧 썩어버린다.

　환자의 급식을 위해 필요한 다량의 바나나는 에덴 동산이 있긴 하지만 언제나 인근 여러 마을에서 수입할 수밖에 없었다. 인부들에게 삯을 주고 바나나를 재배한다 해도 물가에 자리 잡은 원주민들의 농장에서 사들이는 것보다 훨씬 비싸게 먹힐 것이다. 그러나 원주민들은 같은 장소에 사는 것이 아니라 항상 다른 곳으로 옮기기 때문에 과일 나무는 거의 가지고 있지 않았다.

　바나나도 저장이 안 되기 때문에 부근에 충분한 수확고를 올리는 바나나 농장이 없을 경우에 대비하여 항상 상당량의 쌀을 저장해두지 않으면 안 된다.

　곧장 새 병원을 짓지 않고 먼저 낡은 병원을 수리한 것은 잘한 일이었다. 그때 얻은 경험이 지금 와서 큰 도움이 되었기 때문이다. 원주민으로 처음부터 끝까지 우리들과 더불어 일한 사람은 모넨찰리라는 목수밖에 없었는데 그가 없었더라면 그 일을 해낼 수가 없었을 것이다. 마지막 몇 달 동안은 스위스에서 온 젊은 목수가 나를 도와주었다.

2년이 지나면 유럽으로 돌아갈 계획이었으나 이 계획은 이번에도 수포로 돌아가고 말았다. 나는 3년 반 동안 머무르지 않으면 안 되었다. 햇빛 속을 쉴새없이 돌아다니다 보니 저녁에는 지쳐서 글을 쓸 수가 없었다. 파이프오르간 페달이 달린 피아노로 규칙적인 연습을 하는 것이 고작이었다. 그리하여 《바울의 신비주의》는 미완성으로 남게 되었다. 그러나 음악에서는 이 몇 년 동안 발전을 했다.

아프리카에서의 두 번째 활동에 관해서는 《랑바레네 통신》을 보면 알 수 있을 것이다.[19] 이것은 사업을 도와준 친구들에게 보고하려고 틈틈이 기록해둔 수기다.

내가 아프리카에 가 있는 동안 스트라스부르의 에미 마르틴 부인, 바젤의 신학 박사 한스 바우어 목사, 스트라스부르 근처 오버하우스베르겐의 목사이며 나의 매부인 알베르트 보이트가 유럽에서 병원을 위해 해야 할 일들을 보아주었다. 이들과 다른 이들의 헌신적인 지원이 없었더라면 이렇게 규모가 커진 이 사업은 존속될 수 없었을 것이다.

---

19 《람바레네 통신》, 1권 및 2권(1924년 봄부터 1925년 가을까지), 164쪽, 3권(1925년 가을부터 1927년 여름까지), 74쪽(C. H. Beck, München). 스웨덴어, 영어, 네덜란드어로 번역되었다. 영어 판(1931) 제목은 More from the Primeval Forest다.

건물의 일부가 완성되자 1927년 1월 21일, 환자들을 낡은 병원에서 새 병원으로 옮겼다. 이날 저녁 나는 마지막 선편으로 정신병 환자들을 데리고 올라갔다. 감시인들은 조금도 싫증을 내지 않고 환자들에게 새 병원에 가면 마루를 깐 방에서 지내게 된다고 거듭 설명해주었다. 낡은 병원 바닥은 마루가 아니라 축축한 땅바닥이었다.

그날 저녁 새 병원 주위를 한 바퀴 돌았을 때 사방에 피워놓은 모닥불가에서, 그리고 모기장 속에서 "박사님, 정말 좋은 집입니다. 정말 좋아요"라고 외치는 소리가 들려왔다. 내가 아프리카에서 활동을 시작한 이래 처음으로 나의 환자들이 인간다운 숙소에 수용된 것이다.

1927년 4월, 나는 병원 주위의 원시림을 개간하는 인부들의 감독을 막 도착한 C.E.B. 러셀 부인에게 맡겼다. 이 부인은 인부들을 복종케 하는 재주가 있었다. 부인의 지도 아래 농장도 만들기 시작했다. 그 이후의 경험에 비추어볼 때 대체로 흑인 원주인들은 백인 여자의 권위를 우리 남자들의 권위보다 더 쉽사리 인정한다.

이 해 한여름까지 나는 바라크를 여러 채 지었다. 이제는 필요한 경우 2백 명 이상의 환자와 그들의 동반자들을 수용할 수 있는 병원을 갖게 되었다. 지난 몇 달 동안 환자 수는 보통 1백 50명에서 1백 60명을 헤아렸다. 이질 환자들을 위한 격리 병동도 마련되었다. 정신병 환자를 위한 건물은 런던의 길드하우스 신도회가 고인이 된 회원 앰부로즈 포머로이 크래그 씨를 기념하려고 모은 기금으로 세웠다.

이제는 병원 내부 시설이 그런 대로 갖추어졌기 때문에 병원을 동료들에게 맡기고 귀국할 생각을 할 수 있게 되었다. 7월 3일, 나는 랑바레네를 떠났다. 1924년 여름부터 병원에서 간호사로 일하던 마틸데 코트만 양과 라우터부르크 박사의 누이가 나와 함께 유럽으로 돌아왔다. 랑바레네에는 엠마 하우스크네히트 양이 남아 있었지만 곧 다른 간호사들이 도우러 갔다.

20
유럽에서 보낸 2년과
아프리카에서의 세 번째 활동

유럽에 와 있는 2년 동안 나는 연주회와 강연회를 위한 여행으로 대부분의 시간을 보냈다.

1927년 가을과 겨울은 스웨덴과 덴마크에서 보냈다. 1928년 봄과 초여름은 네덜란드와 영국에서 보냈고, 가을과 겨울은 스위스, 독일 그리고 체코슬로바키아에서 보냈다.

1929년에는 독일에서 여러 번 연주 여행을 했다. 여행을 하지 않을 때는 아내, 딸아이와 함께 슈바르츠발트의 산간 요양지 쾨니히스펠트나 스트라스부르에서 지냈다.

랑바레네에 가 있는 의사나 간호사들이 그곳 기후를 견디지 못하거나, 또는 가정 사정으로 인하여 예정보다 빨리 귀국하게 되는 수가 많았다. 나는 그럴 때마다 이들을 대신해줄 사람을 가능한 한 빨리 찾아 보내주지 않으면 안 되었는데 힘들고 마음 조이는 일이었다. 새 의사로 뮌들러 박사, 헤디거 박사, 슈탈더 박사, 그리고 역시 박사인 슈나벨 양이 갔다. 이들은 네 명 모두 스위스 출신이었다. 스위스 출신 의사인 에리히 될켄 박사의 죽음으로 인하여 우리는 모두 깊은 슬픔에 빠져 있었다. 이분은 1929년 10월 랑바레네로 가던 도중 그랑드 바삼 항에서 심장마비로 갑작스레 세상을 떠났다.

유럽에 와 있는 동안 나는 틈 나는 대로 《사도 바울의 신비주의》를 완성해나갔다. 나는 이 원고를 세 번씩이나 아프리카로 가져가고 싶지는 않았다. 그래서 나는 유럽에 도착하자마자 곧 여기에 다시 몰두하기 시작했다. 한 장 한 장씩 천천히 완성해나갔다.[20]

그리스도 안에서 존재한다는 사도 바울의 신비주의는 메시아 왕국과 세계 종말의 도래에 대하여 그가 가지고 있던 표상에 의하여 설명된다. 초기에 다른 신자들과 마찬가지로 바울 역시 유대교에서 여러 가지 견해를 물려받았는데, 그는 이 견해에 입각하여 예수를 앞으로 올 메시아라고 믿는 사람만이 예수와 함께 메시아 왕국에서 초자연적 방법으로 살아갈 것이지만, 그렇게 믿지 않는 동시대인들과 천지창조 이후부터 그리스도 이전까지 산 사람들은 우선 무덤 속에 누워 있지 않으면 안 된다고 생각했다. 후기 유대교의 견해에 따르면 초자연적이긴 하지만 역시 일시적

---

[20] 《사도 바울의 신비주의》, 405쪽, 1930(J. C. B. Mohr Siebeck, Tübingen). W. 몽고메리는 이 책의 영역을 끝낸 뒤 며칠 뒤 세상을 떠났다.

인 것으로 생각되었던 메시아 왕국이 끝날 때에야 비로소 최후의 심판을 받기 위해 모든 사자(死者)가 부활한다. 부활과 더불어 비로소 영원한 시대가 시작되며, 영원한 시대가 시작되면, 하나님은 "만유 속의 만유이시다." 그것은 곧 만물이 하나님에게로 귀착된다는 뜻이다.

사도 바울은 그리스도를 메시아라고 믿는 사람들이 메시아 왕국에 참여함으로써 다른 사람들보다 먼저 부활의 존재 방식을 취하게 되는 것은 그들이 어떤 특수한 육체적 생존을 그리스도와 공유하기 때문이라고 설명한다. 그리스도에 대한 그들의 신앙은 하나님이 이미 그들을 메시아의 반려자로 선택해놓았다는 것을 의미한다. 이와 같이 신비로우면서도 자연스런 방법으로 그리스도와 결합함으로써 그리스도에게 작용하던 사망과 부활의 힘이 그가 죽어서 부활하던 그 순간부터 그들에게도 똑같은 작용을 한다. 이와 동시에 이 신자들은 이미 다른 사람들처럼 자연적인 인간이 아니다. 그들은 자연적 상태에서 초자연적 상태로 넘어가는 과정에 있으며, 그들이 지닌 자연적 인간의 모습은 메시아 왕국이 도래하는 날 벗어버릴 베일에 불과하다. 그들은 신비스런 방법으로 그리스도와 더불어 그리스도 안에서 이미 사망했고 부활했다. 그리고 머지않아 부활의 존재 방식에 따라 그리스도와 더불어 살게 될 것이다.

그리스도 안에서 존재하고 그리스도와 더불어 사망하고 부활한다는 신비주의 속에는 이와 같이 세계 종말에 대한 대망의 긴

장이 깃들이고 있다. 머지않아 메시아 왕국이 도래할 것이라는 믿음을 사도 바울은 예수가 죽어서 부활하던 그 순간부터 이미 자연적인 것이 초자연적인 것으로 변하기 시작했다는 인식으로까지 발전시켰던 것이다. 그러므로 그의 신비주의는 우주적 사건을 전제로 한다.

이처럼 그리스도와의 결합이 무엇을 의미하는지 아는 데서부터 사도 바울의 실천 윤리가 생겨난다. 유대교의 율법은 자연적인 인간에게만 적용되는 것이기 때문에 신자들에게는 적용되지 않는다. 같은 이유에서 그리스도를 믿게 된 이교도들에게도 유대교의 율법을 적용해서는 안 된다. 그리스도와 결합한 사람은 그가 참여하는 그리스도의 영(靈)에서 무엇이 윤리적인지 직접 안다.

다른 신자들은 무아경의 언사나 경련의 상태를 성령 소유의 최고 증거로 보았지만 사도 바울은 성령론을 윤리적인 것으로 돌린다. 바울에 따르면 신자들이 소유한 영은 예수의 영이며 신자들은 예수와의 신비스러운 결합을 통하여 예수의 영에 참여하게 된다. 예수의 영은 하늘에서 내려온 생명력으로서 예수를 부활시켰던 것과 마찬가지로 신자들을 부활 상태의 존재로 준비시켜준다. 동시에 예수의 영은 신자들에게 그들이 세계와 다르기 때문에 이미 이 세계에 속하지 않는 자들임을 증명하게끔 강요하는 힘이다. 성령에 대한 최고의 증거는 사랑이다. 사랑은 인간이 본연의 모습 그대로 지상에서 소유할 수 있는 영원한 것이다.

이렇듯 그리스도와의 결합이라는 종말론적 신비주의 속에서는 형이상학적인 것이 모두 윤리적인 의미를 지닌다. 종교에서의 윤리의 우위성을 바울은 다음과 같은 말로 영원히 확립하고 있다. "이제 믿음, 희망, 사랑, 이 세 가지가 남는다. 그러나 그 중 제일 큰 것은 사랑이다." 그는 기독교인이 된다는 것이 무엇을 의미하는가에 대한 이와 같은 윤리적 해석을 봉사로 일관된 활동을 통하여 실증했다.

빵과 포도주가 자기의 몸과 피라고 한 예수의 말씀을 바울은 그리스도와의 신비적 결합에 관한 그의 이론에 따라 해석하는데, 그 이론에 따르면 성찬의 의의는 거기에 참여하는 자들이 그것을 먹고 마심으로써 예수와 결합하게 되는 데 있다는 것이다. 그리스도에 의한 구제의 시작인 세례는 바울에게는 그리스도와 더불어 죽고 부활하는 행위의 시작이다.

몇 세기 동안, 바울 종교의 핵심으로 생각되어왔던, 오직 믿음에 의해서만 의롭다는 이론은 실제로는 예수의 속죄의 죽음에 관한 원시 기독교의 교리를 그리스도와의 결합이라는 신비주의에 맞도록 해석한 것이다. 바울은 그의 반대파인 유대 기독교도들에게 좀 더 성공적으로 대항하려고, 예수의 희생적 죽음의 속죄적 의미에 대한 믿음 속에는 이미 율법이 그 효력을 상실하고 말았다는 확신이 내포되어 있는데 이러한 확신은 그리스도와의 결합이라는 신비주의에서 생겨난 것이라고 말했다. 이리하여 그는 유대 기독교도들에 대해서는 그 행위에—그는 유대 율법의 활동을 말한다—믿음 이외의 어떠한 의미도 인정하지 않지만 그의 신비주의에서는 그리스도와 결합되었다는 증거로 윤리적 행위를 요구한다.

유대 기독교에 대항하기 위하여 마련된, 믿음에 의해서만 의롭다는 이론은 행위에 의하여 의롭다는 주장으로 기독교를 천박하게 만드는 움직임에 대항하여 일어선 사람들이 언제나 이 이론을 증거로 내세워 바울의 권위로 승리할 수 있기 때문에 큰 의의를 갖게 되었다. 한편 이러한 이론을 〈구약성서〉에 이미 내포되어 있던 것으로 설명하려는 바울의 인위적인 논리는 그에 대항한 오해를 낳게 했다. 그는 예수의 단순한 복음 대신 복잡한 교리를 내세운 사람이라는 비난을 듣는다. 그러나 바울은 그의 토론 방법에 종종 유대 율법학자적 냄새가 풍기긴 하지만 사실 박력 있고 근본적인 사상가다. 그는 예수의 단순한 복음을 글자 그대로 계승한 것이 아니라 그 정신에 따라 계승한 것이다. 그는 예수와 하나님의 나라에 대한 종말론적 신앙을 예수 그리스도와의 결합이라는 신비주의로 발전시킴으로써 이 신앙에 종말론적 대망의 쇠퇴를 견디어내고 여하한 세계관 속에서도 윤리적 그리스도 신비주의로서 형태를 갖출 수 있는 기틀을 마련해주었다. 그는 종말론적인 그리스도 신앙을 궁극적인 데까지 추구함으로써 예수에 대한 우리의 관계에 관해 비록 종말론의 형이상학에서 생겨나긴 했지만 그 정신과 윤리적 의미에서 궁극적이며 시간을 초월한 사상에 이르렀다.

이와 같이 바울에게는 그리스적인 데는 조금도 없다. 그러나 그는 역시 기독교 신앙에 그리스 정신에 의하여 동화될 수 있는 형태를 부여하고 있다. 이 일을 수행한 사람은 이그나티우스와 유스틴이지만 그들이 한 일은 그리스도와의 결합이라는 신비주의를 그리스적 표상으로 옮긴 데 불과하다.

《사도 바울의 신비주의》의 마지막 장을 나는 1929년 12월 보르도에서 카프 로페스로 가는 배 위에서 썼다. 서문은 크리스마스 다음날 랑바레네로 가는 기선 위에서 썼다. 그런데 이 배 위에는 나 이외에도 아내와 여의사 안나 슈미츠 박사와 실험실에서 일하게 될 마리 세크레탄 양이 함께 타고 있었다.

세 번째로 랑바레네에 도착해보니 유감스럽게도 또다시 건축 공사를 벌여놓고 있었다. 내가 도착했을 때는 이질 전염병이 거의 자취를 감추었지만 한창 기승을 부릴 때는 이질 환자들을 위한 바라크가 너무 적다는 것이 밝혀졌다. 그래서 부근에 있는 정신병 환자 병동에 이질 환자들을 수용하고 정신병 환자들을 위해서는 새 병동을 짓지 않을 수 없었던 것이다.

그동안 얻은 경험 덕분으로 새 병실은 기존의 병실들보다 더 튼튼하면서도 환기가 잘 되고 채광이 좋았다. 그 다음에는 개인용 침대를 갖춘 중환자용 대형 바라크와 환기가 잘 되고 도난의 위험이 없는 식량 창고와 흑인 간호 보조원이 거처할 수 있는 숙소를 세워야만 했다. 나는 병원 일을 보면서도 충실한 흑인 목수 모넨찰리의 도움으로 만 1년 동안에 이 모든 것을 스스로 완성할 수가 있었다. 이때 알자스 출신의 젊은 목재상 추버 씨가 오고우에 지방에 체류하는 것도 이제 마지막이라면서 병원을 위하여 그의 건축 지식을 동원해준 덕분에 시멘트로 만든 큼직한 빗물 수집통이 몇 개, 그리고 환기가 잘 되는 시멘트 건물 한 채가 더 생겼다. 우리는 이 시멘트 건물을 식당으로도 사용하고 공동 휴게소로도 사용하고 있다.

1930년 부활절께, 아내는 이곳 기후로 건강을 해쳤기 때문에 유럽으로 돌아가지 않으면 안 되었다. 여름에 알자스 출신 의사 마일랜더 박사가 새로 도착했다.

이제 병원은 사방 몇백 킬로미터 지점에까지 알려졌다. 오는 데 몇 주씩이나 걸려도 수술을 받으려고 찾아왔다. 유럽에서 이 사업을 후원해주는 친구들 덕분으로 우리는 필요한 시설을 완비한 수술실도 가질 수 있게 되었다. 그리고 약국에는 필요한 약은 물론이려니와 열대병 치료에 쓰이는 상당히 값비싼 약도 갖다 놓을 수 있게 되었으며, 가난하여 식량을 살 수 없는 많은 환자들에게 그런 대로 급식도 할 수 있게 되었다. 이제는 랑바레네에서 일하는 것이 즐겁다. 무엇보다도 의사와 간호사가 충분하기 때문에 지치도록 일하지 않아도 할 일을 다 할 수 있게 되었다. 그러한 사업을 가능하게 해준 후원자 여러분에게 무어라 감사의 말씀을 드려야 할지 모르겠다.

병원에는 아직도 힘든 일이 있기는 하지만 그 전처럼 '힘에 겨운' 일은 없기 때문에 저녁에는 얼마든지 정신 노동을 할 수가 있다. 물론 수술 환자나 중환자들 때문에 걱정이 되어 다른 일을 생각할 수 없을 때는 여가를 이용하여 하는 이러한 일은 여러 날, 또는 여러 주일 중단되는 때도 많았다. 그래서 이번 아프리카 체류 중 최초의 저술로 계획했던 나의 생애와 활동에 관한 이 간단한 보고도 몇 개월씩이나 걸렸다.

맺음말

나의 삶에는 두 가지 체험이 그림자를 던지고 있다. 그 중 하나는 세계가 말할 수 없이 신비스럽고 또 고뇌에 차 있다는 인식이고, 다른 하나는 인류의 정신적 쇠퇴기에 내가 태어났다는 것이다. 그러나 나는 생에 대한 외경심이라는 윤리적 세계 긍정과 인생 긍정으로 나를 인도해준 사고(思考)를 통하여 이 두 가지 체험을 극복할 수 있었다. 나의 삶은 이러한 원칙 속에 의지할 곳과 방향을 발견했다.

이와 같이 나는 사고를 통하여 인간을 내면화하고 향상시키려고 노력하면서 세계 속에 서서 활동하고 있다.

나는 시대 정신과는 정반대의 입장에 서 있다. 왜냐하면 시대 정신은 사고를 전적으로 멸시하기 때문이다. 사고가 스스로 내세운 목표에 아직 도달해보지 못했다는 점을 감안할 때 시대 정신의 이와 같은 태도는 어느 정도 이해가 간다. 사고는 인식론적으로나 윤리적으로 만족할 만한 세계관을 명백하게 확립했다고 확신한 적이 한두 번이 아니었다. 그러나 시간이 지나고 보면 언제나 이것이 성공하지 못했다는 사실이 명백하게 드러났다.

이리하여 사람들은 사고가 과연 세계와 세계에 대한 우리들의 관계를 묻는 질문을 받았을 때 우리의 삶에 의미와 내용을 부여할 수 있는 답변을 할 수 있을까 하고 회의하게 되었다.

오늘날의 사고 멸시적 태도는 사고에 대한 불신에도 그 원인이 있다. 현대의 조직화한 국가, 사회, 종교 단체들은 개인이 독자적인 사고를 통하여 신념을 얻는 것이 아니라 단체가 미리 준비하여 둔 신념을 자기 것으로 만들도록 한다. 독자적인 사고를 하며 따라서 정신적으로 자유인인 사람은 이들 단체들에게는 불편하고 위험한 존재다. 그는 자기가 조직체 속에서 그들이 원하는 대로 살아갈 것이라는 충분한 보장을 하지 않는다

모든 단체는 오늘날 그 단체가 대표하는 이념의 정신적 가치성이나 회원들의 정신적 가치성을 통해서보다는 최대한도의 단결과 폐쇄성을 통하여 자신을 강화하려 한다. 오늘날의 단체들은 최대한도의 단결과 폐쇄성에 의하여 가장 강력한 저항력과 공격력을 소유할 수 있다고 믿는다.

그러므로 시대 정신은 사고가 그 임무를 다할 수 없는 데 대해 슬퍼하기는커녕 오히려 기뻐한다. 시대 정신은 사고가 불완전하나마 이미 상당한 업적을 이루어놓았다는 점을 참작해주지 않는다. 그리고 지금까지의 모든 정신적 진보가 사고의 업적을 통하여 이루어졌다는 엄연한 사실조차 인정하려 하지 않는다. 그뿐 아니라 시대 정신은 사고가 과거에 성취하지 못한 것을 미래에 성취할 수 있을 것이라는 점도 고려에 넣으려 하지 않는다. 시대 정신은 그런 점들을 전혀 고려에 넣지 않는다. 그리고 어떻게 해서라도

개인적 사고의 신용을 떨어뜨리려고 노력한다. 시대 정신은 '무릇 없는 자는 그 가진 것도 빼앗기리라'라는 말씀에 따라 개인적 사고를 처리한다.

현대인은 이와 같이 일생을 통하여 자신의 사고에 대해 자신을 가질 수 없게 하는 여러 가지 영향을 받는다. 현대인이 받아들여야만 하는 정신적 비독립성은 그가 듣고 읽는 모든 것 속에 내포되어 있다. 그것은 그가 만나는 사람들이나 그를 강압하는 당파나 단체 속에도 있다. 그것은 그의 생활 환경 구석구석에까지 퍼져 있다.

현대인은 삶에 필요한 진리와 신념을 자기에 대해 권리를 가진 단체들에게서 받아들이도록 사방에서 갖가지 방법으로 감화를 받고 있다. 자기의 뜻을 관철할 수 있을 만큼 충분한 자본을 가진 회사가 대도시의 거리에 번쩍이는 네온 광고를 통하여 발걸음마다 강박 관념을 주어 자기 회사 제품인 구두약이나 인스턴트 수프를 구입하게 만드는 것처럼 그는 여러 가지 신념을 받아들이도록 계속 강요받는다.

시대 정신은 이와 같이 현대인으로 하여금 독자적인 사고에 대해 회의를 품고 권위 있는 진리를 받아들이게끔 강요한다. 그는 과중한 일로 정신 집중을 할 수 없는 산만한 인간이기 때문에 이와 같은 부단한 외부 영향에 대해 적절한 저항을 할 수가 없다. 게다가 그의 숙명인 여러 가지 물질적 부자유가 그의 심리 상태에까지 영향을 주기 때문에 결국 그는 스스로 독자적 사상에 대한 요구를 내세울 자격이 없다고 믿게 된다.

그의 정신적 자신감은 나날이 증가하는 방대한 지식의 압력에
의해서도 감퇴되고 말았다. 그는 알려진 모든 새로운 지식을 이해
된 것으로 받아들일 능력이 없다. 그는 그것을 이해하지도 못하면
서 정당한 것으로 받아들이지 않으면 안 된다. 학문적 진리에 대
한 이와 같은 태도로 말미암아 그는 사고에 관해서도 자신의 판단
력이 충분하지 못하다는 생각에 사로잡히게 된다.

이와 같이 시대의 상황은 우리를 시대 정신에 내맡기기 위해 최
선을 다한다. 회의주의의 싹은 돋아났다. 현대인은 진실로 정신적
자신감을 가지고 있지 않다. 그의 자신만만한 행동 뒤에는 커다란
정신적 불안이 숨어 있다. 그는 자신의 위대한 물질적 성취 능력
에도 아랑곳없이 그의 사고 능력을 전혀 사용하려 하지 않기 때문
에 위축 일로에 있는 인간이다. 지식과 능력의 업적에 의하여 이
토록 위대해진 우리 세대가 사고를 포기할 만큼 정신적으로 타락
했다는 것은 두고두고 이해할 수 없는 사실로 남게 될 것이다.

합리적이고 자유사상적인 것이라면 무엇이나 가소롭고 무가치
하고 오래전에 이미 극복된 것으로 보며, 심지어는 18세기에 확립
된 상실될 수 없는 인간 권리 주장조차 비웃는 이 시대에 나는 합
리적인 사고에 신뢰를 거는 인간임을 공언하는 바다. 지금까지의
합리주의가 처음에는 낭만주의에, 다음에는 정신적 또는 물질적
영역에 주도권을 장악한 현실 정치에 양보하지 않으면 안 되었다
고 해서 합리주의가 이미 끝장났다고 생각해서는 안 된다는 것을
나는 감히 우리 세대에 말하는 바다.

우리 세대가 이와 같은 보편적 현실 정치의 어리석음을 체험하고 그로 인하여 더욱더 정신적 또는 물질적 곤궁에 빠지게 된다면 우리 세대에겐 지난날의 합리주의보다 더 심오하고 유력한 새로운 합리주의에 의탁하고 거기서 구원을 찾는 길밖에 없다.

사고에 대한 포기는 정신적 파산 선고를 뜻한다. 인간이 사고를 통하여 진리를 인식한다는 신념이 없는 곳에는 회의주의가 시작된다. 우리 시대를 이와 같은 방식으로 회의적으로 만들려는 사람들은 인간이 스스로 인식한 진리를 포기하게 되면 권위적으로, 또는 선전을 통하여 진리로 강요된 것을 받아들이게 될 것이라고 기대한다.

그러나 그것은 계산착오다. 회의주의의 물길이 육지로 쏟아져 나오게끔 수문을 여는 사람은 그 물길을 다시 막을 수 있으리라고 기대해서는 안 된다. 독자적인 사고를 통해 진리에 도달해보겠다는 용기를 잃어버린 사람들 가운데 극소수만이 강요된 진리라는 대용품으로 만족한다. 대다수는 여전히 회의적이다. 그들은 진리에 대한 감각과 욕구를 상실하고 사상이 없는 가운데 무위도식하며 여러 의견 사이에서 이리저리 밀려다닌다.

권위에 의해 강요된 진리 역시 아무리 정신적·윤리적 내용을 가지고 있다 하더라도 회의주의를 지양할 수는 없고 다만 뚜껑을 덮는 데 그칠 뿐이다. 인간이 스스로 인식할 수 있는 진리를 믿지 않는다는 부자연스러운 상태는 계속해서 효력을 발휘하고 있다.

진리의 도시는 회의주의의 늪지대 위에 건설될 수는 없다. 우리의 정신 생활은 철저하게 회의주의에 젖어 있기 때문에 철두철미

썩었다. 그러므로 우리는 어느 모로 보나 거짓투성이의 세계 속에 산다. 우리는 진리까지도 조직화하려 하기 때문에 파멸의 위기에 직면한 것이다.

신앙화하는 회의주의가 받아들인 진리는 사고에 의해 산출된 진리가 갖는 정신적 속성을 갖고 있지 않다. 그것은 피상적이며 굳어버린 것이다. 그것은 인간에게 영향은 줄 수 있으나 인간의 본질과 내면에서부터 결합될 수는 없다. 사고에 의해 산출된 진리만이 생생한 진리다.

나무에 열리는 과일은 매년 같은 열매면서도 언제나 새롭듯이 항구적인 가치를 지니는 모든 이념도 사고에 의해 언제나 새로 산출되어야만 한다. 그러나 우리 세대는 회의주의라는 열매를 맺지 못하는 나뭇가지에 진리의 과일을 매닮으로써 이 나무가 열매를 맺게 하려고 애쓴다.

우리의 개인적 사고를 통하여 진리에 도달할 수 있다는 확신을 가질 때에만 우리는 진리를 받아들일 수 있다. 깊이가 있는 자유로운 사고는 주관주의에 빠지지 않는다. 그것은 자신 속에 내포된 전통적으로 진리로 인정되어온 관념들을 독자적인 관념으로 움직여 이들을 지식으로 소유하고자 노력한다.

진리에 대한 의지 못지않게 진실성에 대한 의지도 강해야 한다. 진실성에 대한 용기를 보여줄 수 있는 시대만이 정신적인 힘으로 작용할 수 있는 진리를 소유할 수 있다.

진실성은 정신 생활의 밑바탕이다. 우리 세대는 사고를 경시함으로써 진실성에 대한 감각과 더불어 진리에 대한 감각마저 상실하고 말았다. 그러므로 우리 세대를 도우려면 우리 세대를 다시 사고의 궤도 위에 올려놓는 길밖에 없다.

이러한 확신을 갖기 때문에 나는 시대 정신에 항거하며 신념을 가지고 사색의 불길을 다시 점화시키는 일에 동참하는 것을 내 책임으로 삼고 있는 것이다.

생(生)에 대한 외경심이라는 사상은 이미 그 속성으로 말미암아 회의주의에 대한 투쟁을 전개할 수 있는 특이한 능력을 가지고 있다. 이 사상은 근본적이다.

근본적인 사상이란 세계에 대한 인간 관계나 삶의 의미나 선의 본질과 같은 근본적인 문제에서 출발하는 사상을 말한다. 근본적인 사상은 모든 인간의 마음속에 움직이는 사상과 직접적으로 결합되어 있어 그 속으로 들어가 그것을 확대하고 심화한다.

그와 같은 근본적인 사상은 스토아 철학에서 찾아볼 수 있다. 학생 시절 철학사를 배우게 되었을 때 나는 스토아 철학을 떠나 그 다음에 등장하는 전혀 성격이 다른 사상 속으로 길을 더듬어가느라고 무척 애를 먹었다. 물론 스토아 철학의 성과에 만족할 수는 없었지만 나는 이 단순한 철학 방법이 정당하다고 느꼈으며, 사람들이 어떻게 그것을 포기할 수 있었는지 이해할 수가 없었다.

나는 스토아 철학을 위대하다고 생각했다. 스토아 철학은 목표를 향하여 일직선으로 나아가며 일반적으로 이해하기 쉬우면서도 깊이가 있다. 그리고 비록 불만스럽다 하더라도 일반 진리로 인정하는 것에는 순응하며 헌신적인 진지함으로 이 진리에 생명을 부여한다. 또한 진실성의 정신을 소유하며 인간에게 정신을 차리고 자신을 내면화할 것을 촉구할 뿐 아니라 책임감을 일깨워준다. 나는 또한 인간이 세계와 정신적 관계를 맺어야 하며 세계와 하나가 되어야 한다는 스토아 철학의 근본 사상을 진리라고 생각했다. 스토아 철학은 본질적으로 신비주의에 도달한 자연 철학이다.

나는 노자의 《도덕경》을 알게 되었을 때 노자의 사상 역시 스토아 철학의 사상과 똑같은 방법으로 근본적이라고 생각했다. 노자에게서도 중요한 것은 인간이 단순한 사고를 통하여 세계와 정신적 관계를 맺고 이러한 세계와의 결합을 자신의 생활 속에서 입증하는 것이었다.

따라서 그리스와 중국의 스토아 철학은 본질적으로도 유사하다. 차이점이라면 그리스의 스토아 철학은 원숙한 논리적 사고에 의해 산출된 데 비해 중국의 스토아 철학은 미숙하지만 놀랄 만큼 심오하고 직관적인 사고에 의해 산출되었다는 것뿐이다.

유럽 철학과 유럽 외 철학에 등장하는 이와 같은 근본적 사상은 자기에게 부여된 주도권을 유지하지 못하고 이를 비근본적인 사상에 넘겨주지 않으면 안 되었다. 그것은 그 성과가 만족스럽지 못했기 때문에 자기를 관철할 수 없었다. 그것은 정신적으로 발달한 인간의 생명 의지 속에 내포된 활동과 윤리적 행위에 대한 욕구를 뜻있는 것으로 파악할 수가 없었다. 이리하여 그리스의 스토아 철학은 체념의 이상에 머물렀고 노자는 유럽인들에게는 아주 이상하게 생각되는 선의의 무위(無爲)에 머무르고 말았다.

사실 철학의 전체 역사는 인간이 타고난 윤리적 세계 긍정과 인생 긍정의 사상이 인간과 인간의 대(對) 세계 관계에 관한 단순하고 논리적인 사고의 성과 안에서 자기를 파악할 수 없기 때문에 여기에 만족하지 못하는 데서 비롯된다는 것이다. 따라서 윤리적 세계 긍정과 인생 긍정의 사상은 사고로 하여금 목표에 도달할 수 있을 것으로 생각되는 우회로로 들어서도록 강요한다. 이리하여 근본적인 사상과 나란히 여러 가지 형태의 비근본적 사상이 자라나는데 이것이 근본적인 사상을 휘감아 때로는 완전히 뒤덮어버리기까지 한다.

사고가 들어선 우회로는 주로 세계 안에서의 윤리적 활동 의지를 뜻있는 것으로 밝히려는 세계 해석을 시도하는 방향으로 나아간다. 에픽테토스와 마르쿠스 아우렐리우스의 후기 스토아 철학, 18세기의 합리주의, 공자, 맹자, 묵자 및 기타 중국 사상가들에게서 인간의 대세계(對世界) 관계라는 근본적인 문제에서 출발하는 철학은 세계사를 윤리적 목적을 추구하는 세계 의지에 귀착시키고, 인간을 이와 같은 세계 의지에 봉사하는 것으로 가정함으로써 윤리적 세계 긍정과 인생 긍정에 도달한다.

브라만교나 불교 사상을 위시한 인도 사상 일반과 쇼펜하우어의 철학에서는 공간과 시간 속에서 진행되는 존재는 무의미하기 때문에 끝장이 나야 한다는 이와 반대되는 세계 해석이 제시된다. 그러므로 세계에 대한 인간의 의미 있는 태도는 세계와 인생에 대하여 죽어버린 존재가 되는 데 있다는 것이다.

이와 같이 적어도 그 출발점과 관심에서 변함없이 근본적인 사상과 함께, 특히 유럽 철학에서 또 하나의 사상 경향이 있는데 이것은 세계에 대한 인간의 관계를 문제의 중심으로 삼지 않는다는 점에서 전적으로 비근본적인 사상이다. 이것은 인식론적 문제, 논리적 사변, 자연과학, 심리학, 사회학 등에 몰두하면서 철학의 과제가 이러한 문제의 해결 자체에 있거나 또는 여러 가지 학문 성과의 일람과 종합에 있는 것처럼 생각한다.

이 철학은 인간에게 자기 자신과 세계에 대한 자신의 관계를 끊임없이 반성해보라고 촉구하는 대신 인식론, 논리적 사변, 자연과학, 심리학, 사회학의 성과를 전달하면서 그의 생활과 대세계 관계에 관한 견해를 여기에 맞추기만 하면 된다고 말한다. 이 철학은 마치 인간이 세계 안에서 존재하고 자기를 체험하는 것이 아니라 세계 옆에 서서 세계를 관망하는 존재인 것처럼 이 모든 것은 인간에게 가르쳐준다.

이 근본적인 유럽 철학은 임의로 택한 출발점에서부터 세계에 대한 인간 관계 문제로 들어가거나, 또는 이 문제를 지나쳐버리기 때문에 어딘지 통일성이 없고 불안하고 인위적이고 괴상하고 단편적인 데가 있다. 그런데도 이 근본적 유럽 철학은 가장 풍부하고 가장 보편적이다. 여러 가지 체계, 반체계, 비체계가 잇달아 나타나 서로 얽히는 가운데 이 철학은 세계관의 문제를 가능한 모든 각도와 관점에서 바라볼 수 있다. 그리고 또 이 철학은 자연과학, 역사, 윤리의 문제를 다른 철학보다 더 깊이 파고들어가기 때문에 가장 실제적인 철학이다.

미래의 세계 철학은 유럽 철학과 비유럽 철학을 조화시키려는 노력보다 근본적 철학과 비근본적 철학을 조화시키려는 노력에 의하여 산출될 것이다.

　오늘날 신비주의는 우리 시대의 정신 생활에서 멀리 떨어져 있다. 신비주의는 본질적으로 근본적 사상이다. 왜냐하면 신비주의는 인간으로 하여금 세계와 정신적 관계를 맺도록 직접적인 방법으로 노력하기 때문이다. 그러나 신비주의는 이러한 일이 논리적 사고에 의하여 가능하리라곤 믿지 않기 때문에 상상력이 활동할 수 있는 직관적 사고로 후퇴해버린다. 그러므로 어떤 의미에서 지금까지의 신비주의는 우회로를 시도하는 사상에서 비롯된다.

　우리는 논리적 사고에 의해 산출된 지식만을 진리로 인정하기 때문에 신비주의에 내포된 여러 가지 신념들은 그것이 지금 표현되고 증명되는 그런 방식으로는 우리의 정신적 소유가 될 수 없다. 게다가 이러한 신념들은 본래 만족스러운 것이 못 된다. 지금까지의 모든 신비주의는 윤리적 내용이 너무 빈약하다. 신비주의는 인간을 내면화의 길로 인도하지만 생생한 윤리의 길로 인도하지는 못한다.

　어떤 세계관의 진실성 여부는 우리가 그 세계관을 통하여 존재와 세계에 대하여 맺는 정신적 관계가 우리를 활동적 윤리를 가진 내면적 인간으로 만들 수 있는지의 여부에 따라 결정되지 않으면 안 된다.

　따라서 우리 시대의 무사상 상태에 대해서는 세계 해석에서 우회로를 택하는 비근본적 사상이나 신비적 직관적 사상은 별 소용이 없다. 회의주의를 극복할 수 있는 힘은 모든 개인에게 내재한 자연적인 사고를 받아들여 이를 발전시키는 근본적 사고만이 가지고 있다.

이와 반대로 비근본적 사상은 어떤 방법으로 도달하게 된 사고 결과를 인간에게 제시하지만 인간의 독자적 사고를 보존시켜주기는커녕 오히려 이를 빼앗아버리고 그 대신 다른 것을 강요한다.

이와 같이 다른 사상을 받아들인다는 것은 독자적 사상을 저해하고 약화시키는 것을 뜻한다. 이것은 곧 진리를 외부에서 받아들이는 첫걸음인 동시에 회의주의로 들어가는 첫걸음이기도 하다. 이리하여 19세기 초에 감격적으로 받아들여졌던 독일 철학의 위대한 체계는 후일 회의주의로 나아갈 발판을 마련하였던 것이다.

그러므로 인간을 다시 사고하게 만든다는 것은 그가 인생에 필요한 인식에 도달할 수 있게끔 그로 하여금 독자적 사고를 재발견하게 하는 것을 말한다. 생에 대한 외경심이란 사상에 의하여 근본적 사고의 혁신이 이루어진다. 땅 속으로 먼 거리를 흘러가던 흐름이 다시 표면에 나타난다.

근본적 사고가 지난날의 헛된 노력 끝에 이제야 윤리적 세계 긍정과 인생 긍정에 도달했다는 것은 자기 기만이 아니며, 그것이 전적으로 현실화했다는 것과 관련이 있다.

이전에는 세계에 대하여 사건의 전체로서 논쟁을 폈다. 인간이 이러한 사건의 전체와 맺을 수 있는 유일한 정신적 관계는 자신이 날 때부터 이 사건의 전체에 예속된다는 사실을 인정함으로써 체념을 통하여 그 아래서 정신적 안정을 구하려 하는 것이다. 세계를 이렇게 해석한다면 인간은 자신의 행위에 아무런 의미도 부여할 수 없다. 그는 자기를 압도하는 사건의 전체에 봉사할 수가 없다. 그에게는 세계 긍정과 인생 긍정 윤리로 가는 길이 막혀 있다.

이와 같은 생기 없고 불완전한 세계 표상으로 인하여 장애를 받고 있는 근본적 사고는 자연스런 방법으로 성취할 수 없는 것을 어떤 세계 해석을 통하여 억지로 얻어보려 하지만 이 역시 헛된 일이다. 그것은 마치 바다로 흘러가다가 산맥으로 막히고 만 물줄기와도 같다. 이제 물길은 나갈 길을 찾아 우회한다. 그러나 헛된 일이다. 물은 언제나 새로운 계곡에 이르러 그 계곡을 채운다. 몇 세기가 지난 후에 비로소 괴었던 물은 터져나온다.

세계는 사건일 뿐 아니라 또한 생명이다. 나는 나의 활동 범위 내에서 세계의 생명에 대해 수동적으로 대할 것이 아니라 능동적으로 대해야 한다. 살아 있는 존재에 봉사함으로써 나는 세계에 대한 어떤 뜻깊은 행위에 도달한다.

생기 없는 세계 개념을 현실적이고 생명에 넘치는 세계로 대치한다는 것은 일단 해놓고 보면 간단하고 자명한 일이지만 그렇게 되기까지는 오랜 기간의 진화가 필요하다. 바다에서 솟아난 산맥의 바위는 그것을 덮었던 석회층이 빗물에 씻긴 후에야 표면에 나타난다. 이와 마찬가지로 세계관의 문제에서도 비현실적 사고가 현실적 사고를 뒤덮고 있다.

생에 대한 외경심의 관념은 인간과 세계가 어떤 관계를 가지고 있는가 하는 현실적으로 제시된 문제를 현실적으로 해결해준다. 세계에 대한 인간이 아는 것은 존재하는 모든 것이 그 자신과 마찬가지로 생명 의지의 현상이라는 것뿐이다. 인간은 이 세계와 수동 또는 능동의 관계를 맺고 있다. 그는 생명 전체 속에 일어나는 사건에 예속되었는가 하면 또한 자신의 영역에 들어오는 생명을 저해하거나 촉진할 수도 있고 파괴하거나 보존할 수도 있다. 인간이 그의 생존에 의미를 부여할 수 있는 유일한 길은 세계에 대한 자신의 자연적인 관계를 정신적인 관계로 끌어올리는 것이다.

수동적 존재로서의 인간은 체념을 통하여 세계와 정신적 관계를 맺을 수 있다. 참다운 체념은 인간이 세계 사건에 예속되었으면서도 그의 생존의 외면을 이루는 운명에서 내면적 자유를 획득하는 것이다. 내면적 자유란 곧 인간이 모든 고난을 극복함으로써 심화하고 내면화하고 정화되고 조용하고 평화스런 존재가 될 수 있는 힘을 갖게 된다는 것을 뜻한다. 체념을 거친 사람만이 세계를 긍정할 수 있다.

능동적 존재로서의 인간은 자신의 삶을 자기만을 위해 살지 않고 자신의 영역에 들어오는 모든 생명과 하나라고 느낌으로써 세계에 대해 정신적 관계를 맺을 수 있다. 그렇게 되면 그는 모든 생명의 운명을 자신 속에서 체험하게 될 것이며 그들에게 가능한 도움을 주게 될 것이다. 그리고 자신에 의해 실현된 생명의 촉진과 구제를 가장 큰 행복으로 느끼게 될 것이다.

만일 인간이 자신의 생명의 신비와, 세계 속에 충만해 있는 생명과 자신의 관계의 신비에 관해 생각하게 된다면 자신의 생명과 자신의 영역에 들어오는 모든 생명에 대해 생의 외경심을 느끼고 이를 윤리적 세계 긍정과 인생 긍정을 통해 행동으로 표시하지 않을 수 없을 것이다. 그렇게 되면 그의 생존은 모든 점에서 자기만을 위해서 살 때보다 더 힘들겠지만 동시에 더 풍부해지고 더 아름다워지고 더 행복해질 것이다. 그의 생존은 이제 무위도식이 아니고 삶은 진정한 체험이 될 것이다.

인생과 세계에 대해 사고하게 되면 직접적으로 그리고 어쩔 수 없이 생에 대한 외경심에 도달하게 된다. 다른 결론이 나올 수가 없다.

일단 사고하게 된 인간이 무위도식의 생활에 집착하려 한다면 그는 다시 무사상 상태에 빠져 그 속에 마비되고 말 것이다. 만일 그가 사고 속에 머무른다면 그는 생에 대한 외경심 외에 다른 결론에 도달할 수 없다.

인간이 회의주의나 윤리적 이상이 없는 생활에 도달할 수밖에 없다고 주장하는 모든 사상은 사상이 아니라 사상으로 자처하는 무사상에 지나지 않는다. 그것이 인생과 세계의 신비에 대해 관심을 갖지 않는다는 점만 보더라도 무사상임이 분명하다.

생에 대한 외경심은 사고의 서로 연관성이 있는 결과로서 세계관의 세 가지 기본 요건이라 할 수 있는 체념, 세계 및 인생 긍정, 윤리를 내포한다.

지금까지 체념의 세계관도 있었고, 세계 및 인생 긍정의 세계관도 있었고, 또 윤리를 충족시키려는 세계관도 있었다. 그러나 어떠한 세계관도 이 세 가지를 하나로 결합시킬 수는 없었다. 이 삼자가 그 본질에 따라 생에 대한 외경심이라는 보편적 신념에 따라 파악될 수 있고 또 서로 연관성을 가진 것으로서 그 속에 내포될 수 있다는 것이 인식될 때 비로소 이 삼자의 결합이 가능할 것이다. 체념과 세계와 인생 긍정은 윤리와 더불어 독자적으로 존립하는 것이 아니라 윤리의 낮은 옥타브에 불과하다.

생에 대한 외경심의 윤리는 현실적인 사고에서 산출되었기 때문에 현실적이며, 또 인간으로 하여금 현실과 현실적으로 그리고 부단히 대결하게끔 한다.

얼른 보기에는 생에 대한 외경심은 살아 있는 윤리의 내용이 되기에는 너무 보편적이고 생기가 없어 보인다. 그러나 사고는 그 표현이 생기가 있는가 하는 점을 문제삼지 않고 그 표현이 적확하고 그 속에 생명이 내포되었는가 하는 점만을 문제삼는다. 생에 대한 외경심의 윤리에서 감화를 받게 된 사람은 그 윤리가 자기에게 제시하는 요구를 통하여 그 생기 없는 표현 속에 어떠한 불길이 타고 있는지 금세 느낄 수 있을 것이다. 생에 대한 외경심의 윤리는 보편적인 것으로 확대된 사랑의 윤리다. 그것은 사고 필연으로 인식된 예수의 윤리다.

생에 대한 외경심의 윤리는 자연적인 생명에 너무 큰 가치를 부여한다는 비난을 듣고 있다. 여기에 대해 생에 대한 외경심의 윤리는 지금까지 모든 윤리가 대상으로 삼는 생명이 그 자체로서 신비스런 가치를 지닌다는 점을 인정하지 않았는데 이것은 잘못이라고 답변할 수 있을 것이다.

모든 정신적 생명은 자연적 생명을 통해 우리에게 나타난다. 그러므로 생에 대한 외경심은 자연적 생명과 정신적 생명에 똑같이 적용된다. 예수의 비유 속에 나오는 사람은 잃어버린 양의 영혼을 구하는 것이 아니라 양 전체를 구한다. 자연적 생명에 대한 외경심이 강해지면 강해질수록 정신적 생명에 대한 외경심도 강해진다.

사람들이 생에 대한 외경심의 윤리에 대해 특히 이상하게 생각하는 것은 이 윤리가 고귀한 생명과 미천한 생명, 가치 있는 생명과 가치 없는 생명을 구별하지 않는다는 점이다. 거기에는 그럴 만한 이유가 있다.

생명체 사이에 보편타당한 가치 구분을 설정하려면 결국 우리들의 감정에 따라 어떤 생명은 우리들에게 가깝고 어떤 생명은 멀다고 판단하게 마련인데, 이것은 전적으로 주관적인 척도에 불과하다. 다른 생명체가 그 자체로, 그리고 우주 속에서 어떤 의미를 지니는지 아는 사람은 우리들 가운데 아무도 없다.

이런 식으로 구분하다 보면 무가치한 생명이 존재하며 이러한 생명은 해치거나 없애버려도 무방하다고 하는 견해가 나타나게 된다. 그렇게 되면 무가치한 생명 속에는 경우에 따라 곤충류나 원시 민족들이 포함될 것이다.

진실로 윤리적인 인간에게는 모든 생명은 신성하다. 인간의 입장에서 볼 때 저열하게 보이는 생명도 그에게는 신성하다. 그는 불가피한 경우, 예컨대 두 가지 생명 가운데 한 생명을 살리려고 다른 생명을 희생하지 않을 수 없는 경우를 제외하고는 생명 사이에 차이를 두지 않는다. 이러한 경우에도 그는 자기가 주관적으로, 임의로 행동하고 있으며, 희생된 생명에 대해 책임을 져야 한다는 것을 의식한다.

나는 새로운 수면병 치료제가 생긴 것에 감사한다. 전에는 괴로워하는 환자를 지켜보기만 했지만 이제는 이 약으로 생명을 구할 수 있게 되었다. 그러나 현미경으로 수면병 균을 볼 때마다 나는 다른 생명을 구하려고 이 생명을 죽여야만 한다는 데 대해 반성해 보지 않을 수 없다.

나는 원주민들이 모래톱에서 잡은 어린 물수리를 그들의 잔인한 손에서 구하려고 샀다. 그러나 이제는 이놈을 굶겨 죽일 것인지 아니면 이놈을 살리기 위하여 매일 작은 고기들을 몇 마리씩 죽여야 할 것인지 결단을 내려야만 했다. 나는 후자를 택하기로 했다. 그러나 매일 내 책임 아래 하나의 생명을 위해 다른 생명을 희생해야 한다는 것은 괴로운 일이다.

인간은 모든 생물과 마찬가지로 생명 의지의 자기 분열의 법칙에 얽매여 있기 때문에 언제나 다른 생명의 희생 위에서만 자신의 생명과 생명 일반을 유지할 수 있는 입장에 서게 된다. 그러나 생에 대한 외경심에 접하게 되면 피할 수 없는 경우에만 생명을 해치거나 죽이지, 사려 없이 그러지는 않는다. 인간은 자유인인 이상 생명을 보호해주고 생명에서 고통과 파멸을 멀리해주는 축복을 맛볼 수 있는 기회를 찾고 있다.

생에 대한 외경심이라는 보편적 윤리가 흔히 감상주의라는 비판을 받는 동물에 대한 동정을 모든 사고인(思考人)의 의무로 제시한다는 것은 어렸을 적부터 동물 애호 운동에 호감을 가졌던 나에게는 큰 기쁨이 아닐 수 없다. 지금까지의 윤리는 인간과 동물 사이의 문제에 대해서는 이해가 없었거나 방안이 없었다. 그것은 생물에 대한 동정을 정당한 것으로 느꼈다 하더라도 원래 인간 대 인간 관계만을 문제삼기 때문에 이를 포용할 수가 없었다.

여론이 동물을 학대하는 민중 오락을 더는 참을 수 없다고 생각하는 때가 언제나 올 것인가!

사고에 의해 산출되는 윤리는 이와 같이 '합리적'이 아니라 비합리적이고 열성적이다. 그것은 영리하게 계산된 의무의 범위를 규정하는 게 아니라 인간에게 그의 영역에 들어오는 모든 생명에 대한 책임을 지우고 이 생명을 헌신적으로 도울 것을 강요한다.

신비주의는 인간으로 하여금 무한한 것과 관계를 맺게 한다는 점에서 심오한 세계관이다. 생에 대한 외경심의 세계관은 윤리적 신비주의다. 이 윤리적 신비주의는 논리적 사고에서 산출된다. 우리의 생명 의지가 자기 자신과 세계에 대해 사고하게 되면 우리는 우리의 영역에 들어오는 세계의 생명을 우리의 생명 속에서 체험하고 우리의 생명 의지를 행동을 통해 무한한 생명 의지에 내맡기게 된다.

합리적 사고는 깊이 파고들어가면 필연적으로 비합리적인 신비주의로 끝난다. 그것은 합리적 사고가 두 개의 커다란 비합리적 존재인 인생과 세계를 대상으로 삼지 않으면 안 되기 때문이다.

무한한 생명 의지는 세계 속에서는 어둡고 고통스런 수수께끼로 나타나지만 우리 속에서는 우리를 통하여 생명 의지의 자기 분열을 지양하려는 사랑의 의지로 나타난다. 생에 대한 외경심의 세계관은 따라서 종교적 성격을 가지고 있다. 이 세계관을 신봉하고 실천하는 사람은 근본적으로 경건하다.

생에 대한 외경심의 세계관은 그 종교적 성질을 띤 활동적 사랑의 윤리와 그 내면성으로 말미암아 기독교의 세계관과 본질적으로 같다. 이리하여 기독교와 사고는 전보다 정신 생활에 더 유익한 새로운 상호 관계를 맺을 수 있게 되었다.

이미 18세기의 합리주의 시대에 기독교는 사고와 결합한 적이 있었다. 그것은 사고가 당시 종교적 성격을 띤 열성적인 윤리를 가지고 기독교에 접근해갔기 때문이다. 그러나 실제로 이 윤리는 사고가 스스로 산출해낸 것이 아니라 무의식중에 기독교에서 인수한 것이었다. 그 뒤 사고가 자신의 윤리에만 의존하지 않을 수 없게 되자 이 윤리는 생기와 종교성이 없어 기독교적 윤리와는 별로 공통점이 없다는 것이 밝혀졌다. 그렇게 되자 기독교와 사고의 유대는 끊어지고 말았다. 오늘날 기독교는 완전히 자기 영역 속으로 후퇴해버렸고 기독교 관념을 기독교 관념으로 전파하는 일에만 몰두하고 있다. 기독교는 기독교 관념이 사고와 일치한다는 것을 증명하는 데 역점을 두지 않고 기독교 관념이 사고 밖에, 그리고 사고 위에 서 있는 것으로 간주되기를 바란다. 이리하여 기독교는 시대의 정신 생활과의 연관성과 함께 정신 생활에 영향을 줄 수 있는 가능성마저 상실하고 말았다.

생에 대한 외경심이라는 세계관의 등장과 함께 기독교는 또다시 윤리적 또는 종교적 성격을 지닌 사고와 보조를 맞출 것인가 맞추지 않을 것인가 하는 문제에 직면하게 되었다.

기독교는 자의식에 도달하려면 사고가 필요하다. 기독교는 몇 세기 동안 사랑과 자비의 계명을 전통적 진리로 소중히 간직했다. 그러나 여기에 입각하여 노예제도, 마녀 화형, 고문, 기타 고대 및 중세의 비인도적 행위에 항거하지는 않았다. 계몽주의 사상의 영향을 받고서야 비로소 인도주의를 위한 투쟁을 하게 되었다. 이 일을 생각해서라도 기독교는 결코 사고에 대해 어떤 우월감을 느껴서는 안 될 것이다.

사람들은 오늘날 걸핏하면 기독교가 합리주의 시대에 '천박'해졌다고들 이야기한다. 그러나 당시의 기독교가 이렇게 천박해진 대신 어떤 일을 해놓았는지 알아보는 것도 옳은 일일 것이다.

오늘날 고문이 다시 도입되었다. 대부분의 국가에서는 사법부의 묵인 아래 경찰과 형리들이 합법적인 소송 절차를 밟기 전에, 또는 합법적인 소송 절차를 밟으며 피고인에게서 죄의 자백을 받아내려고 이루 말할 수 없이 수치스런 고문을 가한다. 이리하여 시시각각으로 일어나는 참상은 그 수를 헤아릴 수 없을 정도다. 이와 같이 고문이 다시 도입된 데 대해 오늘날의 기독교는 행동은 고사하고 말로나마 항거한 적조차 없다. 그리고 현대의 미신에 대해서도 거의 투쟁을 하지 않고 있다. 그리고 설사 오늘날의 기독교가 18세기의 기독교가 시도한 여러 가지 일들을 다시 강행하기로 결심한다 하더라도 시대 정신을 지배할 수 있는 힘이 없기 때문에 그런 일들을 해낼 수가 없을 것이다.

오늘날의 기독교는 그 정신적 또는 윤리적 본질에서 자기를 관철할 수 있는 능력이 없다. 그런데도 교회로서 그 외부적 지위를 세계 안에 해마다 강화해나간다는 자기 기만에 빠져 있다. 오늘날의 기독교는 새로운 형태의 세속화를 통하여 시대 정신에 적응해 나가고 있다. 다른 큰 단체들과 마찬가지로 오늘날의 기독교도 점점 강화되고 점점 획일화하는 조직을 통하여 역사적으로 현실적으로 위대한 단체가 되려고 노력한다. 그러나 그것은 외부적인 힘을 얻는 그만큼 정신적인 힘을 상실하고 있다.

기독교는 사고를 대치할 수는 없고 오히려 사고를 전제로 해야 한다.

기독교는 자력으로 무사상과 회의주의를 극복할 능력이 없다. 사고에서 유래하는 근본적인 신앙심이 존재하는 시대만이 기독교 사상의 영원한 것을 받아들일 수 있다.

강물이 새어 없어지지 않는 것은 그 아래 지하수가 흐르기 때문이다. 이와 마찬가지로 기독교도 사고에서 유래하는 근본적인 신앙심이라는 지하수를 필요로 한다. 사고에서 종교로 가는 길이 막혀 있지 않을 때에만 기독교는 실질적인 정신적 힘이 될 수 있다.

나는 나 자신이 사고에 의하여 종교인으로, 그리고 기독교인으로 남아 있다는 것을 스스로 잘 안다.

사고하는 사람은 사고하지 않는 사람보다 전통적 진리에 대해 더 자유롭게 대한다. 그리고 그 속에 내포된 심오하고 영원한 것을 사고하는 사람은 사고하지 않는 사람보다 더 생생하게 파악한다.

예수가 가르쳐주었고 사고에 의해 파악되는 기독교의 본질은 우리가 사랑을 통해서만 하나님과 결합될 수 있다는 것이다. 하나님에 대한 모든 생생한 인식은 우리가 하나님을 우리 마음속에서 사랑의 의지로 체험하는 데서 비롯된다.

사랑의 이념이 무한에서 우리에게 다가오는 빛임을 깨달은 사람은 종교에서 초감각적인 것에 대한 완전한 지식을 구하지 않는다. 물론 그의 가슴속에도 이 세계 속의 악은 무엇을 의미하는 것일까, 어떻게 해서 존재의 근본 원인인 하나님 속에서는 창조 의지와 사랑의 의지가 하나가 될까, 정신 생활과 물질 생활은 어떤 관계를 맺고 있을까, 어떻게 해서 우리의 생존은 무상하면서도 불멸의 것이 될 수 있을까 하는 등의 커다란 의문이 움직인다. 사실 이러한 문제의 해결을 단념하는 것은 괴로운 일이지만 그는 문제의 해결을 단념할 수가 있다. 사랑을 통하여 정신적으로 하나님 안에 존재한다는 지식만으로도 그는 필요불가결한 것을 소유한 셈이다.

"지식은 끝이 있어도 사랑은 끝이 없다"라고 바울은 말했다.

신앙심은 깊을수록 초감각적인 것에 대한 지식을 요구하지 않는다. 그것은 언덕 위로 넘어가지 않고 언덕 사이를 지나가는 길과도 같다.

사고에서 유래하는 신앙심을 추구하는 기독교가 범신론에 빠지지 않을까 하는 우려는 근거가 없다. 존재하는 모든 것은 모든 존재의 근본 원인 속에 존재하는 것으로 보지 않을 수 없다는 점에서 살아 있는 모든 기독교는 범신론적이다. 그러나 모든 윤리적 신앙심은 하나님의 사랑을 자연 속에서 구하지 아니하고 하나님이 사랑의 의지로서 우리 속에 나타난다는 사실에 의해서만 하나님을 알기 때문에 모든 범신론적 신비주의에 서 있다.

존재의 근본 원인은 자연 속에 나타날 때는 언제나 좀 비인격적이다. 그러나 우리 속에 사랑의 의지로 나타나는 존재의 근본 원인에 대해서는 우리의 윤리적 인격을 대하듯 대한다. 일신론은 범신론과 대립하는 것이 아니라 오히려 범신론에서 생겨난 것이다. 그것은 마치 윤리적으로 규정된 것이 아직 규정되지 않은 자연적인 것에서 생겨나는 것과 같다.

사고를 거친 기독교가 인간에게 진지한 죄의식을 느끼게 할 수 없을 것이라는 염려도 근거가 없다. 죄에 관해 가장 말이 많은 곳이 죄에 관해 가장 절실하게 가르치는 곳은 아니다. 산상수훈에는 죄에 관한 말이 별로 없다. 그러나 예수가 팔복(八福)의 가르침에서 죄에서 해방되어 마음을 깨끗하게 가지려는 동경을 일깨워주기 때문에 이 가르침은 언제나 인간에게 역사(役事)하는 참회 설교가 된 것이다.

만일 기독교가 어떤 전통이나 생각 때문에 윤리적 종교적 사고 안에서 자기를 파악하기를 거부한다면 그것은 기독교 자체를 위해서나 인류를 위해서 불행한 일이다.

기독교가 필요로 하는 것은 예수의 정신에 완전히 충만하여 예수의 정신 속에서 내면화하고 사랑의 살아 있는 종교로 정신화하는 것이다. 그리고 이것이 기독교의 사명이다. 그렇게 되었을 때에만 기독교는 인류 정신 생활의 누룩이 될 수 있다.

19세기 이후 기독교로서 세계에 나타난 것은 예수의 정신에서 나온 성숙한 기독교가 아니라 약점과 오류투성이의 기독교의 시작에 불과하다.

  나는 깊은 사랑으로 기독교에 헌신하고 있기 때문에 성실하고 진실하게 기독교에 봉사하려 한다. 그러나 결코 비뚤어지고 불완전한 기독교 변증론의 사상으로 기독교를 옹호하려 하지는 않는다. 오히려 기독교가 자신의 본질을 의식하게끔 성실한 정신으로 자신의 과거와 사상을 검토할 것을 촉구하는 바다.

  생에 대한 외경심의 윤리적 종교적 관념에 도달하는 근본적 사상의 출현으로 기독교와 사고가 좀 더 가까워지는 것이 나의 희망이다.

  내가 비관적이냐 낙관적이냐 하는 질문에 대하여 나는 나의 인식은 비관적이나 내 의욕과 희망은 낙관적이라고 대답한다.

  나는 우리 개념에 따르면 세계 사건이 무의미하다는 것을 통감한다는 점에서 비관적이다. 내가 나의 생존을 진심으로 기뻐하는 순간은 극히 드물다. 인간의 고통이든 생물의 고통이든 나는 내 주위에서 일어나는 모든 고통을 언제나 같이 체험하지 않을 수 없다. 나는 이와 같이 함께 괴로워하는 일을 면해보려고 한 적은 한 번도 없다. 우리 모두가 세계가 짊어진 고통의 짐을 같이 져야 한다는 것은 나에게는 당연한 일로 생각되었다.

  나는 이미 고등학교에 다닐 적부터 세계 속의 악에 대한 여하한 해석도 나를 만족시킬 수 없으며, 이러한 해석들은 결국 궤변으로 흐르며, 그 궁극적인 목적은 인간으로 하여금 주위의 참상을 생생하게 체험하지 못하도록 하는 것이라는 사실을 확실히 알았다. 라이프니츠 같은 사상가가 이 세계는 사실 좋지는 않지만 가능한 것 중에서는 최선의 것이라고 구차한 설명을 했다는 것은 나로서는 도저히 이해가 가지 않았다.

이와 같이 나는 세계 속의 참상이란 문제에 몰두했지만 그 때문에 번민에 빠지지는 않았다. 나는 이 참상을 다소나마 덜기 위해 우리들 각자가 노력할 수 있다고 굳게 믿었다. 우리가 이 문제에 관해 알 수 있는 유일한 것은 우리가 구원을 가져오는 데 도움이 되기를 바라며 우리의 갈 길을 가지 않으면 안 된다는 사실뿐이라는 것을 차차 이해하게 되었다.

또한 오늘날 인류가 처한 상황을 판단함하는데도 나는 비관적이다. 인류의 처지가 겉보기처럼 그렇게 나쁜 것이 아니라고 믿을 수가 없다. 도리어 나는 인류가 지금 가고 있는 이 길을 계속해가면 새로운 형태의 중세기에 도달할 것이라고 확신한다.

인류는 사고와 사고에서 유래하는 이상을 포기함으로써 정신적 또는 물질적 곤궁에 빠졌다. 나는 이 곤궁이 최대한도로 확대된 모습을 그려본다. 그럼에도 아랑곳없이 나는 낙관적이다. 나는 상실할 수 없는 어린 시절의 신앙으로서 진리에 대한 신앙을 간직해 왔다. 진리에서 오는 정신은 환경의 힘보다 강하다는 것이 나의 신념이다. 인류가 자신의 성향에 따라 스스로 마련하는 운명 외의 어떠한 운명도 인류를 기다리고 있지 않다는 것이 나의 견해다. 그러므로 나는 인류가 몰락의 길을 끝까지 걸어갈 것이라고는 생각하지 않는다.

윤리적 진보의 이상을 힘으로 발산할 수 있을 만큼 순수하고 심오한 인격의 소유자가 나타나 무사상의 정신에 항거한다면 인류 속에 새로운 성향을 산출할 수 있는 정신 활동이 시작될 것이다.

나는 진리와 정신의 힘을 신뢰하기 때문에 인류의 장래를 믿는다. 윤리적 세계 긍정과 인생 긍정은 낙관적인 의욕과 희망을 내포한다. 그리고 이러한 의욕과 희망은 상실될 수 없다. 그러므로 윤리적 세계 긍정과 인생 긍정은 어두운 현실을 있는 그대로 바라보는 것을 두려워하지 않는다.

나 자신의 생활 속에서도 근심과 곤궁과 슬픔이 때때로 너무나 많았기 때문에 내가 그토록 강하지 못했더라면 그 아래 쓰러지고 말았을 것이다. 몇년 전부터 계속 나에게 지워지는 피로와 책임의 짐을 감당한다는 것은 어려운 일이다. 내 생활에서 나를 위한 시간은 많지 않다. 심지어는 아내와 어린 아이에게 바칠 수 있는 시간조차 없다.

또한 나는 축복도 받았다. 나는 자선을 위해 봉사할 수 있게 되었고, 내 활동은 성공을 거두었다. 나는 사람들에게 사랑과 친절을 맛보았고 내 일을 자기 일처럼 여겨주는 충실한 조력자들을 만났다. 나는 가장 힘든 일도 감당해낼 수 있는 건강한 육체가 있고 항상 평정을 유지할 수 있는 기질과 침착하게 생각하며 활동할 수 있는 정력을 지녔다. 나는 내게 주어진 모든 행복을 행복이라고 인정하며 받아들인다. 그리고 여기에 대해 감사의 제물을 바쳐야 할 것이라고 생각한다.

대다수가 억압적인 부자유를 감수해야만 하는 시대에, 내가 한 자유인으로서 활동할 수 있고 또 물질적인 일에 종사하면서 정신적인 영역에서도 활동할 수 있다는 사실을 생각할 때, 나는 깊이 감사하지 않을 수 없다.

나의 생활 환경은 여러 가지 방법으로 나의 활동을 위한 유리한 조건을 마련해주었다. 나는 이것을 받아들일 만한 가치가 있는 인간임을 기꺼이 입증하고 싶다.

계획한 일 가운데 앞으로 얼마나 성취하게 될까?

이제 내 머리도 백발이 되어가기 시작한다. 내 육신도 힘든 일을 하면 피로와 나이를 느끼기 시작한다.

내 힘을 아낄 필요 없이 쉬지 않고 육체적 노동과 정신적 노동을 할 수 있었던 시절을 감사하는 마음으로 그때를 돌이켜본다. 체념이 불가피한 경우에 대비하려고 나는 침착하고 겸손한 마음으로 앞날을 내다본다. 행동인으로서든 수난자로서든 우리는 모든 이성을 초월한 평화를 거쳐간 사람으로서 우리의 힘을 증명해야만 할 것이다.

1931년 3월 7일
랑바레네에서

옮긴이의 말

현대인은 책보다는 텔레비전이나 라디오에 더 친숙하다. 과로하고 산만한 현대인에게는 최신 시설에 의하여 대량 생산되는 각종 새로운 지식을 독자적인 판단을 통하여 자기 나름대로 소화하고 정리한다는 것이 무리한 요구인지도 모른다. 양에 압도되어 선택의 의지를 상실해가는 현대인은 이리하여 자력으로 선택하고 정리하는 골치 아픈 작업보다는 대형화하고 효율을 자랑하는 각종 단체와 조직에서 미리 조리를 해서 내놓는 것을 받아들이는 안이한 길을 택하게 되었다.

이런 의미에서 현대인은 독서에 회의를 느끼는지도 모른다. 책을 통하여 지식을 습득한다는 것은 비능률적일 뿐 아니라 도대체 책이란 것은 생활과 직접적인 관계가 없다는 것이 오늘날의 일반적인 견해인지도 모른다. 그게 사실이라면 현대인에게 책을, 그것도 독자적인 사고를 하며 그것을 실천에 옮긴 한 인간의 내면적 성장 과정을 기록한 따분한 책을 읽어보라고 권하는 일이 과연 의의가 있는 일인지 한번 생각해볼 필요가 있다. 그러나 약은 환자에게만 필요한 것이다. 만일 현대인이 자기를 상실해가고 있지 않다면 오히려 독서가 큰 의미가 없을지 모른다. 여기에 역설의 묘미가 있다.

현대의 모든 정신적 황폐는 사람들이 독자적 사고라는 험난한 가시밭길보다는 선택 의지를 포기하고 모든 것을 권위에 맡기는 안일한 길을 선택한 데서 비롯된다. 이러한 정신적 황폐를 극복하는 길은, 이상하게 들릴지 모르지만, 역시 사람들이 독자적 사고를 통하여 사물에 대하여 독자적인 가치 판단을 내릴 수 있는 능력을 회복하는 길밖에 없다. 그리고 이러한 자기 회복은 여하한 권위나 단체에 의해서도 대행될 수 없다. 인간 각자의 노력과 투쟁에 의해서만 가능한 것이다.

오늘날 알베르트 슈바이처를 모르는 사람은 별로 없다. 그의 생애는 영화화되기까지 했다. 그리고 그는 노벨 평화상을 수상하기도 했다. 그러나 그가 노벨 평화상을 수상한 원시림의 의사요 유명한 파이프오르간 연주자였다는 사실 이상을 아는 사람은 별로 없다.

어떤 의미에서 그는 과거의 인물이다. 그는 차츰 우리의 기억에서 사라져가고 있다. 늘상 과도한 새로움 속에서 지친 현대인은 과거의 인물에는 별 흥미를 느끼지 못한다. 자기 생활과 직접적인 관계가 있는 오늘날의 인물에 관심이 많기 때문이다.

또 다른 의미에서 그는 과거의 인물이다. 그의 사고 방식은 합리적이며 윤리적이다. 그는 "진리와 정신의 힘을 신뢰한다"고 공언하고 있다. 그는 독일 관념론의 사상 체계를 비판하지만 그의 문장과 문체에는 독일 관념론의 냄새가 물씬물씬 난다.

옮긴이는 처음에는 그의 《생애와 사상》을 번역하며 원시림의 의사로 활동하기 이전의 그의 평범한 생활 기록과 사변적인 신학 이론 전개에 별로 흥미를 느끼지 못했다. 그러나 두 번 세 번 거듭 읽는 사이에 어느덧 그의 체온을 느끼기 시작했다. 그는 성실하고 개방적이고 허식과 편견이 없는 다정다감한 인간이었다.

옮긴이는 이미 신학 교수이며 이름난 파이프오르간 연주자였던 그가 인류에 봉사하겠다는 일념에서 그렇게도 애지중지하던 대학 교수직과 파이프오르간 예술을 버릴 각오 아래 원시림의 의사가 되기 위해 나이 서른에 길고도 어려운 의학 공부를 시작하기로 결심하는 장면을 읽을 때마다 가슴이 뿌듯해짐을 느끼지 않을 수 없었다. 그리고 만난을 무릅쓰고 이 어려운 일을 감당해내는 그의 모습이 잊혀질 것 같지가 않다.

자꾸 읽어나갈수록 슈바이처는 보르헤스의 돌로 깎은 기사처럼 다시 살아나더니 옮긴이의 영혼을 완전히 장악해버렸다. 그도 역시 지난날의 위대한 인물들처럼 과거의 인물이 아니라 약동하는 하나의 생명이었다. 그리고 그가 생명이 될 수 있었던 것은 독자적인 사고를 통하여 독자적인 가치 판단을 하고 이것을 굽힐 줄 모르는 의지와 지칠 줄 모르는 건강으로 실천에 옮길 수 있었기 때문이다. 슈바이처 자신이 무사상 상태를 통탄하고 현대인에게 사고하기를 권하는 이유도 바로 여기에 있는 것이다.

이 책은 Fischer 포켓판 *Albert Schweitzer*의 *Aus meinem Leben und Denken*을 완역한 것이다. 파이프오르간과 그 제작법

에 관한 부분은 번역하기가 힘겨웠다. 그러나 파이프오르간에 관한 슈바이처의 해박한 지식을 독자들에게서 가로챈다는 것이 죄스러워 최선을 다해 번역을 해보았다. 그러나 번역에 완성이 없는 것이라면 옮긴이는 슈바이처를 우리들에게 이해시키는 데 다소라도 도움이 될 수 있는 것으로 만족한다. 그 이상 무엇을 더 바라겠는가.

천병희

옮긴이 **천병희**

서울대학교 문리대 독문과 및 동 대학원을 졸업하고
동 대학원에서 문학박사 학위를 받았다.
하이델베르크대학교에서 5년간 독문학 및 고전문학을 수학했고
북바덴 주정부 시행 그리스어 자격시험 및 라틴어 자격시험에 합격했다.
서울대학교 강사를 지냈고 단국대학교 문리대 독문학과 교수와
단국대학교 명예교수를 역임했다.
주요 논문으로 〈휠덜린의 핀다르 수용에 관한 연구〉,
〈Hölderlin und Griechentum〉, 〈휠덜린의 송시 소고〉, 〈독일 비가소고〉,
〈아이스퀼로스와 그리스 비극〉, 〈핀다르 시의 이해〉,
〈호메로스의 작품과 세계〉가 있으며,
역서로 호메로스의 《일리아스》, 아리스토텔레스의 《시학》,
아리스토텔레스의 《정치학》(공역), 플라톤의 《국가》(공역),
호라티우스의 《시학》, 소포클레스의 《오이디푸스왕》 외 다수가 있다.

나의 생애와 사상

1판 1쇄 발행 1975년 7월 10일
2판 1쇄 발행 1999년 11월 10일
2판 재쇄 발행 2023년 6월 1일

지은이 알베르트 슈바이처 | **옮긴이** 천병희
펴낸곳 (주)문예출판사 | **펴낸이** 전준배
출판등록 2004. 02. 12. 제 2013-000360호 (1966. 12. 2. 제 1-134호)
주소 04001 서울시 마포구 월드컵북로 21
전화 393-5681 | **팩스** 393-5685
홈페이지 www.moonye.com | **블로그** blog.naver.com/imoonye
페이스북 www.facebook.com/moonyepublishing | **이메일** info@moonye.com

ISBN 978-89-310-0105-1 03800

• 잘못 만든 책은 구입하신 서점에서 바꿔드립니다.

문예출판사® 상표등록 제 40-0833187호, 제 41-0200044호